道徳教育を学ぶための重要項目100

貝塚 茂樹・関根 明伸 編著

編著者・執筆者一覧

【編著者】

貝塚　茂樹　　武蔵野大学教授
関根　明伸　　国士舘大学教授

【執筆者】（五十音順）

新井　浅浩　　城西大学教授
貝塚　茂樹　　上掲
木下　美紀　　福岡県福津市立上西郷小学校主幹教諭
木原　一彰　　鳥取県鳥取市立世紀小学校教諭
佐藤　高樹　　帝京大学准教授
関根　明伸　　上掲
富岡　　栄　　日本大学理工学部講師
中野　啓明　　新潟青陵大学教授
西野真由美　　国立教育政策研究所総括研究官
走井　洋一　　東京家政大学教授
林　　敦司　　鳥取県八頭町立郡家東小学校教頭
林　　泰成　　上越教育大学副学長
藤井　基貴　　静岡大学准教授
前田　哲雄　　鳥取県鳥取市立青谷中学校校長
柳沼　良太　　岐阜大学准教授
山田　恵吾　　埼玉大学准教授

はじめに

　本書を手に取っていただきありがとうございます。本書は道徳教育を考え、議論しながら学び、よりよい道徳授業の実践をめざす人のための入門書です。

　2015（平成27）年3月27日、学校教育法施行規則の一部を改正する省令および学習指導要領の一部改正が告示され、学校教育法施行規則のなかの「道徳」は「特別の教科である道徳」（以下、道徳科と略）と改められました。これによって、小学校は2018（平成30）年度、中学校は2019（平成31）年度から道徳科が完全実施され、検定教科書も使用されることになります。

　道徳科設置の直接の契機は、教育再生実行会議が2013（平成25）年2月26日に発表した「いじめ問題等への対応について（第一次提言）」にありました。ここでは、「現在行われている道徳教育は、指導内容や指導方法に関し、学校や教員によって充実度に差があり、所期の目的が十分に果たされていない状況」にあるとしたうえで、「道徳の教材を抜本的に充実するとともに、道徳の特性を踏まえた新たな枠組みにより教科化し、指導内容を充実し、効果的な指導方法を明確化する」ことを提言しました。

　ただし、道徳の教科化をめぐる論議は、「第一次提言」によって初めて政策課題となったわけではありません。2000（平成12）年の教育改革国民会議や2006（平成18）年の教育再生会議の報告書も道徳（徳育）の教科化を提言しています。歴史的にいえば、道徳の教科設置の議論は、1945（昭和20）年の敗戦直後の戦後教育改革にまで遡ることができます。つまり、道徳の教科化は、「戦後70年」越しの教育課題であったわけです。

　残念ながら、戦後の日本社会は、戦前から戦後への歴史的転換の意味を十分に検証することに必ずしも成功してはいません。そのため、ともすれば戦前の教育に対する感情的な拒否感のみが強調され、道徳教育は政治的なイデオロギー対立の争点として議論されることが多かったのも事実です。教育の分野にかぎらず、戦後の日本社会には「道徳教育アレルギー」ともいうべき感情的な拒否感も根強く、結果としてそれは、道徳教育研究の「貧困」をもたらすとともに、学校での道徳の授業を軽視する要因となってきました。

　特に学校教育では、1958（昭和33）年に教科ではない「道徳の時間」が設置されました。しかし、「道徳の時間」については、「道徳教育のめざす理念が関係者に共有されていない」「教員の指導力が十分でなく、道徳の時間に何を学んだかが印象に残るものになっていない」「他教科に比べて軽んじられ、実際には他の教科に振り替えられていることもある」などの点が一貫して問題視されてきました。

　道徳教育は、人間教育の普遍的で中核的な構成要素であると同時に、その充実は今後の時代を生き抜く力を児童生徒に育成するための必要不可欠の課題です。ところが、「道徳の時間」のこうした現状は、学校教育が児童生徒の道徳性に正面から向き合っていないことを意味して

います。これは、教育の責任と使命を果たしていないことに等しく、何よりそれは、児童生徒ばかりでなく社会にとっても不幸なことです。道徳科の設置は、こうした歴史的な課題を解決し、教育の責任と使命を果たすためにも必要な改革であったといえます。

　もちろん、道徳教育は教育の根幹に関わる大きな課題であり、その充実の方途は決して簡単ではありませんし、また単純でもありません。だからこそ、私たちはよりよい道徳教育の在り方について常に考え、議論し続けることがどうしても不可欠となります。2014（平成26）年10月の中教審答申は、「多様な価値観の、時に対立がある場合を含めて、誠実にそれらの価値に向き合い、道徳としての問題を考え続ける姿勢こそ道徳教育で養うべき基本的資質である」とし、「考え、議論する道徳」への質的転換を求めているのはそのためといえます。

　道徳科の設置で、日本の道徳教育は新たな一歩を踏み出すことになります。教育は「国家百年の大計」といわれますが、100年後の日本の児童生徒たちのために私たちが「遺産」として引き継ぐべきものは何か。そのために私たちは何をすべきか。こうしたことを真摯に考え続けながら、誠実で真剣な議論をしていく必要があります。本書は、そのための基礎的な教材でもあります。

　本書は、道徳教育の理論と歴史、そして道徳科における授業実践を幅広く、かつわかりやすく学ぶことができるように次のような工夫をしました。

①2017（平成29）年3月改正の学習指導要領に対応した内容とした。
②道徳教育についての「重要項目100」を抽出し、原則として1項目を見開き2頁としてコンパクトに整理した。また、関連項目のコラムを加えることで、内容を多角的な観点から考察できるようにした。
③可能なかぎり難解な表現を避けるとともに、脚注や図表を充実させることで内容補足するとともに、参考文献を加えることでより発展的な学びへと展開できるようにした。

　基本的に本書は、大学の教員養成課程や教員研修で使用するテキストを想定しています。しかし、学校関係者や教員志望者だけではなく、道徳教育の在り方を考えようとする方々にも十分に役立つように編集しています。

　本書が今後の道徳教育の充実と発展に少しでも寄与することは、執筆者全員の希望であり、心からの願いです。

　　2016（平成28）年1月

　　　　　　　　　　　　　　　　　　　　　　　　　　　　　　　貝塚　茂樹

目　次

はじめに

第1部　道徳教育の理論と歴史

1. 道徳とは何か ·· 2
2. 道徳教育の定義 ·· 4
3. 徳目と道徳的価値 ·· 6
4. 道徳性の発達 ·· 8
5. 道徳教育と教育臨床 ··· 10
6. 社会規範と道徳性 ·· 12
7. 道徳と宗教との関係 ··· 14
8. 近代日本の徳育論争と教育勅語 ·· 16
9. 大正新教育運動と修身教授改革論 ··· 20
10. 修身科の指導法と評価 ·· 22
11. 戦後教育改革と道徳教育 ··· 24
12. 「道徳の時間」における授業論の展開 ·· 26
13. コラム　人権教育・同和教育 ··· 30
14. 「道徳の時間」の充実策の展開 ··· 32
15. 「道徳の時間」から「特別の教科　道徳」へ ·· 34
16. 「考え、議論する道徳」への転換 ·· 36
17. 「主体的・対話的で深い学び」と道徳科 ··· 38

第2部　諸外国における道徳教育

18. アメリカ〈人格教育〉 ·· 40
19. イギリス〈シティズンシップ教育〉 ··· 42
20. コラム　日本のシティズンシップ教育 ··· 44
21. ドイツ・フランスの道徳教育 ··· 46
22. 韓国の道徳教育 ·· 50
23. シンガポール ··· 52

第3部　学校教育と道徳教育

24　現代社会と道徳教育〈グローバル社会と多様性〉 …… *54*
25　コラム　ESD …… *56*
26　教育基本法と道徳教育 …… *58*
27　「道徳の時間」の内容の変遷 …… *60*
28　学習指導要領における「特別の教科　道徳」の位置づけ …… *62*
29　学校教育全体で行う道徳教育 …… *64*
30　学校における道徳教育の指導体制 …… *66*
31　道徳教育推進教師の役割 …… *68*
32　道徳科の教科書と教材・資料 …… *70*
33　「特別の教科　道徳」と各教科 …… *72*
34　「特別の教科　道徳」と特別活動 …… *74*
35　「特別の教科　道徳」と「総合的な学習の時間」 …… *76*
36　コラム　薬物乱用防止教育 …… *78*
37　「特別の教科　道徳」と生徒指導 …… *80*
38　小学校「特別の教科　道徳」の目標 …… *82*
39　小学校「特別の教科　道徳」の内容 …… *84*
40　小学校「特別の教科　道徳」の方法 …… *86*
41　道徳教育における評価 …… *88*
42　「特別の教科　道徳」の評価 …… *90*
43　小学校の全体計画と「特別の教科　道徳」の年間指導計画 …… *92*
44　中学校「特別の教科　道徳」の目標 …… *96*
45　中学校「特別の教科　道徳」の内容 …… *98*
46　中学校「特別の教科　道徳」の方法 …… *100*
47　中学校の全体計画と「特別の教科　道徳」の年間指導計画 …… *102*
48　高等学校の道徳教育 …… *106*
49　高等学校の公民科（「倫理」）における道徳教育 …… *108*
50　コラム　性教育 …… *110*
51　幼稚園・特別支援学校における道徳教育 …… *112*
52　家庭・地域社会における道徳教育 …… *114*
53　コラム　食育 …… *116*

第4部　学習指導過程と学習指導案

54	学習指導案とは何か	118
55	学習指導過程とは何か	120
56	導入の工夫	122
57	教材の収集と開発	124
58	発問の方法　―多様な考えを表出させる発問の工夫―	126
59	板書の方法	128
60	話合い活動	130
61	役割演技（ロールプレイ）	132
62	体験活動	134
63	小学校　学習指導案作成の手順	136
64	小学校　学習指導案「ねらい」の設定の方法	140
65	小学校　学習指導案の教材観・児童観・方法観	142
66	小学校　学習指導過程　―「導入」・「展開」・「終末」―	144
67	中学校　学習指導案作成の手順	146
68	中学校　学習指導案「ねらい」の設定の方法	150
69	中学校　学習指導案の生徒観・教材観・方法観	152
70	中学校　学習指導過程　―「導入」・「展開」・「終末」―	154

第5部　道徳科授業論の展開

71	道徳科授業論の種類と特徴	156
72	読み物教材を用いた授業	160
73	読み物教材を用いた授業の展開例①（小学校）	162
74	読み物教材を用いた授業の展開例②（小学校）	164
75	コラム　もうひとつの「手品師」	166
76	「偉人伝」を用いた授業	168
77	「偉人伝」を用いた授業の展開例（小学校）	170
78	視聴覚教材を用いた授業	172
79	視聴覚教材を用いた授業の展開例（中学校）	174
80	問題解決的な学習を用いた授業	176
81	問題解決的な学習を用いた授業の展開例（中学校）	178
82	構成的グループエンカウンターを用いた授業	180
83	構成的グループエンカウンターを用いた授業の展開例（中学校）	182

84	モラルジレンマ学習を用いた授業	184
85	モラルジレンマ学習を用いた授業の展開例（小学校）	186
86	モラルスキル学習を用いた授業	188
87	モラルスキル学習を用いた授業の展開例（小学校）	190
88	役割演技（ロールプレイ）を用いた授業	192
89	役割演技を用いた授業の展開例（小学校）	194
90	体験活動を用いた授業	196
91	体験活動を用いた授業の展開例（中学校）	198
92	「いじめ」を対象とした授業	200
93	「いじめ」を対象とした授業の展開例（中学校）	202
94	コラム　「いじめ」	204
95	「いのち」を対象とした授業	206
96	「いのち」を対象とした授業の展開例（小学校）	208
97	情報モラルを対象とした授業	210
98	情報モラルを対象とした授業の展開例（中学校）	212
99	コラム　情報モラル	214
100	郷土資料（地域教材）を用いた道徳科授業	216

資料編 218

- 教育基本法　*218*
- 小学校学習指導要領（第1章　総則）〈抄〉　*220*
- 小学校学習指導要領（第3章　特別の教科　道徳）　*221*
- 中学校学習指導要領（第1章　総則）〈抄〉　*222*
- 中学校学習指導要領（第3章　特別の教科　道徳）　*223*
- 道徳科における質の高い多様な指導方法について（イメージ）　*225*
- 小中学校の内容項目一覧　*226*

索　引 228

道徳教育を学ぶための重要項目100

第1部 道徳教育の理論と歴史

1 道徳とは何か

1 「道徳」の語源

道徳とは何か。まずは漢字の起源に遡って考えてみよう。

もともと「道」という言葉には「首を手に携えて行く」という意味があったとされる。古代中国では、首には強い呪力があると信じられており、他の氏族がいる土地を通る際には、異族の首を携えて進むことによって、土地を祓い清め、災いから逃れようとしたという。この祓い清められた場所を「道」と呼んだ。そこから「道」という漢字には人が安心して進むことができる場所、ひいては人が進むべきところを意味するようになり、「道義」や「道理」といった言葉もこれに付随して生まれることとなった。

次に「徳」という言葉も人間の呪力と関連した語源をもつことで知られている。徳は古代の漢字書体である金文では「彳」、「省」、「心」の語から成る[1]。「省」は眉に飾りをつけて、目の呪力を用いて周りを見回すことを表す。この「省」に「心」と「彳」がつけ加えられて、「徳」という漢字は「目の威力を他の地に及ぼす」ことを意味した。そのような力は個人が備えもつ霊力のようなものとされ、「徳」は個人に内在する優れた心性を指し示すようになったという[2]。

このように「道徳」という言葉は、進むべき道という外在的な意味と、備えるべき心性という内在的な意味とに分けることができる。『広辞苑』でも「道徳」の項目は、「人のふみ行うべき道。ある社会で、その成員の社会に対する、あるいは成員相互間の行為の善悪を判断する基準として、一般に承認されている規範の総体。法律のように外面的な強制力を伴うものではなく、個人の内面的な原理」と定義され、めざす「道」と備える「徳」との両面から説明されている。

2 道徳と倫理、道徳と法

西洋語で道徳を表す「moral（英）、Moral（独）、morale（仏）」の語源はラテン語で習慣・風習を意味する「mos」の複数形「mores」とされる。また、倫理を表す「ethics（英）、Ethik/Sittlichkeit（独）、éthique（仏）」の語源もギリシア語で習俗・習慣を意味する「ethos」となる。つまり、西洋語の「道徳」と「倫理」はともに「習俗・習慣」という意味をもつ。違いをあげるとすれば、ethicsは今日では倫理だけでなく、倫理学を指すのに対し、moralには学問としての意

1 金文の「徳」

2 白川静『常用字解』平凡社、2003年。同『新訂 字統』平凡社、2007年

味合いは含まれていない。学問として道徳を語る際には、moral philosophy（道徳哲学）や moral science（道徳科学）のように別の言葉をつけ加える。

日本においては、明治時代に ethics が「倫理学」と訳されて以降、「倫理学」は**カント**[3]や**ヘーゲル**[4]をはじめとする西洋の倫理問題を扱う研究領域を指すことが一般的となった。これに対して「道徳」は東洋的で身近な価値や規範を扱う言葉として、学校教育を通して広く浸透してきた。こうした倫理と道徳に関わる認識のずれは両者の学問的な往還を困難にさせる要因ともなっており、それがまた学としての道徳の基礎づけの課題の一つともいえる。

また道徳という言葉は法概念とも深く関連している。西洋の近代法学は道徳との区分を明確にすることで発展してきた歴史をもつ。ドイツの法学者**トマジウス**[5]は、法を他者との関係を規定する「外面的平和」を志向するものと見なし、法的義務は一定の強制を伴うものであるとした。これに対して、道徳については主体の良心に関わる「内面的平和」を志向するものであり、道徳的義務は「強制」を免れるととらえられている。両者の特徴は法学上においては「外面的」で「強制的」な法と「内面的」で「非強制的」な道徳とに区分されている。

3 慣習的道徳と理性的道徳

道徳はまた、ある特定の時代や社会のなかで共有されている「慣習的道徳」と、時代や社会を超えても通用する普遍的な価値としての「理性的道徳」とに分けられる。カントは伝統や慣習に従うのではなく、自律した個人が自らの理性に基づいて行為するような普遍的な道徳法則を提起したことで知られる。カントは法律やルールによる他律的で外面的な強制ではなく、人間が自らの内面的な道徳法則に自律的に従うことを道徳的と見なした。そのため道徳的行為の価値は結果ではなく、動機においてのみ認められた。こうしたカントの「理性的道徳」主義の立場は、普遍的な原理として厳格に道徳的規律を規定したものとされる。

その一方で、道徳に普遍性はなく、ただ多様な価値が存在するのみとする「価値相対主義」の立場は、個としての道徳（＝私的道徳）の基準をもたらすとはいえ、他方で社会との関わりのなかで守るべき道徳（＝公的道徳）の基準をあいまいにすることにつながりやすい。「道徳とは何か」という問いは、まさに道徳における普遍主義と価値相対主義とを乗り越える視座を探究するための問いでもある。

以上のように、もともと漢字における「道徳」は、めざす「道」と備える「徳」との二重の意味を担っていた。社会や共同体で共有されてきた規範を「道」としつつ、これが普遍的な価値となりうるかを主体的に吟味し、「徳」として内面化する姿勢を保つこと、この「道」と「徳」とを往還する人間の営みこそ、時代精神に呼吸する価値として「道徳」を創造し続ける力となる。

（藤井基貴）

---

3 カント（Immanuel Kant、1724-1804）
ドイツの哲学者・倫理学者。道徳については、カント（篠田英雄訳）『道徳形而上学原論』岩波文庫、1976年 が入門書となる。

4 ヘーゲル（Georg Wilhelm Friedrich Hegel、1770-1831）
ドイツ観念論を代表する哲学者。著書に『精神現象学』（1807年）などがある。

5 トマジウス（Christian Thomasius、1655-1728）
ドイツの哲学者・法学者。

◀参考文献▶
- 林泰成『新訂 道徳教育論』放送大学教育振興会、2009年
- 深田三徳・濱真一郎編著『よくわかる法哲学・法思想』ミネルヴァ書房、2007年

2　道徳教育の定義

1　道徳は教えられるのか

　道徳とはそもそも教えられるものなのか。これは古来より繰り返し議論されてきた問いである。古代ギリシアの哲学者**ソクラテス**（Sōkrátēs、前469-前399）は、徳が「善きもの」であるならば「知識」にほかならず、知識であるならば教えられるはずであると述べている[1]。これに対して、**アリストテレス**（Aristotelēs、前384-前322）は徳を理論的な「知性的徳」と実践的な「習性的徳」とに分け、日々の繰り返される活動のなかで中庸の精神に基づいて習得される「習性的徳」を重視した[2]。

　西洋では中世から近代にかけてキリスト教が学校にも影響を与え、教会が道徳的・倫理的領域に関する教育を担った。近代ドイツの哲学者**カント**は「しつけることだけではまだ十分ではないのであって、とりわけ重要なのは子どもがみずから思考することを学ぶことである」と述べて、他人や教会に道徳性の涵養がゆだねられている状況を批判し、「自分の理性を使う勇気をもて」と個人の自律を促す啓蒙主義の精神を説いた[3]。啓蒙思想の浸透および国民国家の成立によって教育が脱宗教化され、国家によって担われるようになると、教育活動のなかに知識の習得を主眼とする「教授」と生活習慣や態度に関わる「訓育」との区分が設けられる。道徳教育は「訓育」の一環をなすものとして学校教育のなかに組み込まれた。このことは同時に、公教育における道徳教育がいかなる原理によってなされるべきかを問い直す契機ともなった[4]。

　19世紀後半、子どもの活動を学校教育の中心に据えようとした**デューイ**（John Dewey、1859-1952）は、道徳を慣習的道徳と反省的道徳とに分類した。慣習的道徳とは伝統的に受け継がれてきた規範や行動様式を指し、反省的道徳とは良心や理性の判断力を養うことによって構成されるものとされる。デューイは「道徳性は社会的なものである」（Morality is social）と述べて、学校生活と社会生活との間にある「知」の隙間を埋め合わせつつ、学校の教育活動全体を通して、経験に基づいた道徳教育をめざした。その思想の影響を受けた心理学者**コールバーグ**（Lawrence Kohlberg、1927-1987）は、人間の内面には普遍的な発達段階をもつ道徳性が備わっていると考え、その効果的な指導方法を追求した[5]。その試みは慣習的道徳を乗り越えて反省的道徳を習得させるための理論研究と実践研究の横断作業でもあった。

2　道徳教育の考え方とアプローチ

　このように道徳教育には思想的・歴史的にみて二つの立場が認められる。一つ

1　ソクラテスは知識としての徳の教育可能性について明言することなく、より根源的に次のように問いかけている。「ほんとうの確かな事柄は、いかにして徳が人間にそなわるようになるかということよりも先に、徳それ自体はそもそも何であるかという問いを手がけてこそ、はじめてわれわれは知ることができるだろう」。プラトン（藤沢令夫訳）『プラトン全集9──メノン』岩波書店、1975年、332頁

2　アリストテレスは徳の項目として「勇気」、「節制」、「寛大」、「豪快」、「矜持」、「穏和」、「友愛」、「真実」、「機知」、「正義」などをあげ、これらについての両極端な態度を避けて、つねに中庸を選ぶことによって「習性的徳」が人柄・習慣（エートス）として内面化されると考えた。

3　藤井基貴「教育史におけるカント──大学史・教育思想史・影響作用史」『日本カント研究』16、2015年、67-86頁

4　公教育の三原則である「義務、無償、世俗性」のなかで道徳教育は世俗性の問題に特に関わる。世俗性にはフランスのような「非宗教性（ライシテ）」という意味合いもあれば、ドイツにようにさまざまな宗教的立場を平等に扱う「開放性」、「寛容」の立場がある。

は社会や共同体のなかにある規範や慣習を価値づけ、これを体系化し、大人や教師が子どもに伝達し、その内面化を図るという立場である。この考えに立つ指導法を伝統主義的アプローチと呼ぶ。これに対して、子どもの内なる本性を尊重し、主体性や自律心を引き出して、自己の成長を促すという考え方に立つ指導法はロマン主義的アプローチと呼ばれる[6]。

儒教的道徳の影響が広く認められる東洋圏では前者の考え方がなじみ深く、日本でも前者に根ざした授業実践が主流をなしてきた。例えば、「読み物資料」を扱った授業は、物語の登場人物の心情の読み取りを通して、教材に内在する**道徳的価値の伝達**をねらいとすることが多く、伝統主義的アプローチに基づく実践といえる。その一方で、伝統主義的アプローチにも軸足を置きながら、可能な限りでロマン主義的アプローチを取り入れようとする「進歩主義的アプローチ」と呼ばれる実践がある。代表例として「**モラルジレンマ授業**」「**構成的グループエンカウンター**」「**価値の明確化**」「**モラルスキルトレーニング**」があげられる。これらの実践では児童生徒の主体性や「道徳的価値の創造」に主眼が置かれており、その多様な指導の在り方は道徳教育の充実と発展に大きな貢献を果たしてきた。

3 学校における道徳教育

道徳教育は人間の生き方、価値の在り方に直接的に関わる領域である。教育学者の**村井実**は「道徳は教えられるのか」という根源的な問いに立ち返りながら、児童生徒が「善さ」や「悪さ」について討議を通して吟味し、教師はその成長に寄り添いながら「綿密な計画と周到な訓練」によって段階的に道徳教育を進め、「道徳的主体性の形成」をめざさなければならないと述べた[7]。

学習指導要領において道徳教育は、すべての教育活動を通じて行われるものとされており、この原則は「**全面主義的道徳教育**」と呼ばれている。教育課程を編成する各学校においては、それぞれの教科等の目標や内容と道徳教育とを関連づけ、これを計画的・発展的に指導内容に生かすことが求められている。道徳教育についての全体計画を記した一覧は「別葉」と呼ばれる[8]。2015（平成27）年7月に出された『小学校学習指導要領解説 特別の教科道徳編』では、従来の学校における道徳の授業は、「読み物資料」を中心として登場人物の心情理解のみに偏った実践が繰り返されてきたと指摘されており、これからは答えが一つでない道徳的な課題を取り上げ、児童生徒がそれらを自分自身の問題ととらえ、向き合う「**考え、議論する道徳**」への転換を期待している。

これからの学校における道徳教育は、道徳的価値について「教えること」と「考えさせること」を両輪とする教育アプローチの実践開発に加えて、児童生徒の発達段階に即した意図的・計画的・継続的な取り組みの追求を一体的に推進することが一層求められている。

（藤井基貴）

---

5 コールバーグは「仮説ジレンマ」の議論を通じて個人の道徳性の発達をとらえ返そうと試みたが、晩年には学校全体が社会的問題に向き合い「道徳的雰囲気」を醸成することが重要と考え、「ジャスト・コミュニティ」（正義の共同体）と呼ばれる実践を展開した。

6 林泰成『新訂 道徳教育論』放送大学教育振興会、2009年、81-102頁

7 村井実『道徳は教えられるか』国土社、1990年

8 「別葉」には、道徳教育に関わる内容、授業計画や体験活動等の時期、体制及び家庭・地域との連携等が記載される。

◀参考文献▶

・デューイ（川村望訳）『デューイ＝ミード著作集〈3〉人間性と行為』人間の科学社、1995年
・デュルケム（麻生誠・山村健訳）『道徳教育論』明治図書、1964年

3 徳目と道徳的価値

1 道徳教育と徳目主義

　道徳的行為はその状況で最も適切であると行為者が判断・選択したものであるが、その背後には「○○は正しい」「△△するのがよい」といった道徳的な「正しさ」や「よさ」を意味する**道徳的価値**があると考えられる。そして、そうした望ましいとされる道徳的価値を抽象化した、例えば、「正義」「友情」といった文言で表現されたものを**徳目**と呼ぶ。

　徳目は「正しさ」や「よさ」に関わるものであるが、これを時代や社会を越えた普遍的なものととらえる立場と、歴史的社会的制約を受けるものととらえる立場がある。前者を**本質主義**（essentialism）といい、後者を**進歩主義**（progressivism）と呼ぶ[1]。本質主義の教育観に立てば、歴史の風雪に耐えてきた文化に普遍的な価値を見いだすことになるので、こうした徳目を伝達することが教育の役割と位置づけられることになる。逆に、進歩主義は、こうした本質主義の教育を**注入主義**（indoctrination）と批判し、児童生徒の興味・関心に即し、彼らが成長していく過程を重視することになる。

　ただ、具体的な道徳的場面の背景をなす道徳的価値を抽象化した徳目を伝えることだけに終始すれば、道徳的な判断や行為にまでいたらない。徳目そのものを伝えることが道徳教育であるという考え方を**徳目主義**というが、本質主義は普遍的な価値を伝えることに意味を見いだそうとするので、徳目主義に陥ってしまう危険がある。具体的な場面での道徳的な判断や行為が考慮されなければならない道徳教育においては、徳目主義は乗り越えられなければならないだろう。

2 「価値の明確化」論と道徳教育

　徳目主義を乗り越える一つの方法として注目されるのが、「価値の明確化」論と呼ばれるものである。これは児童生徒一人ひとりが大切にしている価値を明確にさせることを通じて、道徳性の形成を支援しようとするものである。したがって、これは普遍的な価値の伝達という本質主義の立場ではなく、進歩主義の立場に立つものである。

　「価値の明確化」では、児童生徒が価値を内面化することをめざすのではなく、価値づけ（valuing）[2]の過程、つまり、3つの過程とそのもとにある7つの基準「Ⅰ　選択すること（①自由に選択すること、②複数の選択肢のなかから選択すること、③各々の選択肢の結果について十分な考慮の後で選択すること）、Ⅱ　尊重すること（④尊重し、大切にすること、⑤肯定すること）、Ⅲ　行為すること（⑥選択に基づいて行為すること、⑦繰り返すこと）」を学ぶことをめざす[3]。

1　本質主義の代表的な論者としてバグリー（William Chandler Bagley、1874-1946）を、進歩主義の代表的な論者としてデューイ（John Dewey、1859-1952）をあげることができる。

2　近年の研究のなかには、"valuing"を「価値づくり」と訳し、「価値づけ」は"valuation"の訳とするものもあるが（小柳正司編『道徳教育の基礎と応用——生き生きと学ぶ道徳の教育』あいり出版、2013年、120-121頁）、本章ではラスらの著書の訳語をそのまま用いた。

これらすべてが満たされれば、自己選択能力や自己指導能力が獲得されると考えたのである。

3 道徳的価値のダイナミズム

「価値の明確化」論は、確かに徳目主義を乗り越えることをめざすものであるが、本質主義か進歩主義かという対立を乗り越えるものではない。本質主義は道徳的価値を普遍的なものと見なすため、徳目主義へと陥る危険性を内包していた。進歩主義は当該の社会で重要とされている道徳的価値を軽視してしまうということになりかねなかった。

もちろん、教育の目標や内容に関わる価値は、「価値的体験や信念的確信に根ざしている」ものである。だとすれば、全人類・全歴史を通じた普遍的な価値を措定することはできず、ニヒリズム[4]や相対主義[5]を認めるしかないということになる。しかし、こうした体験や信念に基礎づけられる価値を教育が前提としているかぎり、それは個人的なものではなく、その教育が行われる社会に依拠したものになるはずである[6]。

それは大人たちが忘れてきたものをノスタルジックに学校教育を通じて次の世代に身につけることを求めることではない。そうではなく、教育が行われる社会全体で共有すべき（であるし、共有もできる）価値を前提にして教育を行うことが求められているのであって、それは相対主義でもなければニヒリズムでもないのである。

このことは、超歴史的な価値を認めようとする本質主義と、過程そのものに注目したために価値の内面化への視点が弱くなった進歩主義との対立を乗り越える道筋を示してもいる。つまり、価値の相対性を認めつつ、その価値がその時代や社会に生きる人たちに妥当することを認める立場—「勇気ある高邁な歴史主義」[7]ともいう—である。価値が私たちに妥当するとすれば、そこに一定の普遍性を見いだすことができるが、それは超歴史的な価値ではなく、歴史的な伝統と私たちという主体との対話の上に形成されたものであるという認識にほかならない。

2015（平成27）年3月に一部改正された『小学校学習指導要領』の「第3章 特別の教科 道徳」の目標で示されている「道徳的諸価値についての理解を基に、自己を見つめ、物事を（広い視野から）多面的・多角的に考え、自己の（人間としての）生き方についての考えを深める学習」（括弧内は中学校）はまさにこうした伝統と私たちとの対話を求めているといえる。

（走井洋一）

3 ラス、サイモン、ハーミン（遠藤昭彦監訳）『道徳教育の革新—教師のための「価値明確化」の理論と実践』ぎょうせい、1991年、35-52頁参照。

4 人間の存在には意義、目的や、理解できるような真理や本質的な価値がないとする立場。

5 経験や文化に対するものの見方がその他の複数の要素や見方と相対的関係にあるとする考え方。

6 ブレツィンカ（小笠原道雄・坂越正樹監訳）『信念・道徳・教育』玉川大学出版部、1995年、1頁および23頁ほか参照。

7 スターン（細谷貞雄ほか訳）『歴史哲学と価値の問題』岩波書店、1966年、316頁参照。

◀参考文献▶

- 新井保幸・上野耕三郎編『教育の思想と歴史』協同出版、2012年
- ラス、サイモン、ハーミン（遠藤昭彦監訳）『道徳教育の革新—教師のための「価値明確化」の理論と実践』ぎょうせい、1991年
- ブレツィンカ（小笠原道雄・坂越正樹監訳）『信念・道徳・教育』玉川大学出版部、1995年
- スターン（細谷貞雄ほか訳）『歴史哲学と価値の問題』岩波書店、1966年

4 道徳性の発達

1 道徳性の発達段階説

　児童生徒がいかにして道徳性を獲得するのかを理解することができれば、私たちは児童生徒に何をどのように、どういう順序で教えればよいのかという見通しをもつことができる。このことを心理学から解明しようとした最初の人が**ピアジェ**（Piaget, J.、1896-1980）である。

　彼は、すべての道徳が規則の体系から成り立ち、それらに対する尊敬の度合いで道徳性の発達をとらえることができると考えて、「マーブル・ゲーム」[1]の規則に対する振る舞いからそれを明らかにしようとした。規則の実践について４つの段階「運動的・個人的段階（～２歳）、自己中心的段階（２～７、８歳）、初期協同的段階（７、８歳～11、12歳）、規則の制定化の段階（11、12歳～）」、規則の意識についての３つの段階「無意識的受容の段階（～４歳）、規則＝永続的で神聖な法則の段階（４～９歳）、規則＝相互同意の法則の段階（10歳～）」を見いだしたうえで[2]、道徳性の発達においては、まず拘束（他律）の道徳があり、それが発展して協同（自律）の道徳が現れると考えた。

　一方、ピアジェの発達段階説に対して、**ブル**（Bull, N.J.、1916- ）は他律のとらえ方が不十分であると批判し、発達段階が段階であるだけでなく、道徳のレベルであることを指摘する。つまり、他律は私たちにとって生涯にわたってずっと判断の根拠の一つになっていることを明らかにしたのである。そればかりか、道徳以前（アノミー）、外的道徳（他律）、外－内的道徳（社会律）、内的道徳（自律）の４つで示されたどの発達の段階（レベル）も、どの年齢段階で多く現れるかという研究結果

> 1　ピアジェは「マーブル・ゲーム」のうち「方形ゲーム」を取り上げているが、これは地面に四角を描き、そこにいくつかのマーブルを置き、外側からマーブルを投げ当てて、四角から外に出す、というルールで進められるものである。
>
> 2　規則の実践とは規則を有効に適用していくことであり、規則の意識とは規則に対してもつ意識のことを意味している。

道徳性の発達段階の考え方

ピアジェ	ブル	コールバーグ
拘束（他律）の道徳	道徳以前（アノミー） 外的道徳（他律）	服従と罰への志向 素朴な自己中心的志向
協同（自律）の道徳	外－内的道徳（社会律）	よい子志向 権威と社会秩序維持への志向 契約的遵法的志向
	内的道徳（自律）	良心または原理への志向

を示しながらも、それぞれが持続的に道徳的判断に作用していることを示した。

　コールバーグ（Kohlberg, L.、1927-1987）はピアジェの発達段階説を継承しつつ、３水準６段階の発達段階説（第１水準：服従と罰への志向、素朴な自己中心的志向、第２水準：よい子志向、権威と社会秩序維持への志向、第３水準：契約的遵法的志向、良心または原理への志向）を提示した。コールバーグはこれらの発達段階に順序性があることを認めているが、どの年齢段階がどの発達段階に該当するかは必ずしも明らかにしてはいない。それは、それぞれの段階が、児童生徒自

身の外的世界についての認知だけでなく、外的世界の構成原理そのものにも基礎づけられた認知構造の変容によってもたらされるがゆえに、社会や文化によって発達段階の現れ方が異なることになるからである。

2 身体・道徳性・アフォーダンス

ピアジェに端を発する道徳性の発達段階説は、狭い意味での心理的な問題として扱われてきた。しかし、道徳性が道徳的行為を基礎づけるものであるとすれば、道徳性は行為（身体）と切り離すことができない。心と身体を分けた認知の在り方（心身二元論）に異議を唱えるのが**アフォーダンス理論**である[3]。

この理論では、私たちに対して対象と関わるごとにそれがその意味をアフォード（＝提供する）という。既定の意味に左右されることなく、その都度の関わりにおいて私たちはその意味を見いだすのである。別の言い方をすれば、「意味が交渉によってつくられる」[4]といってもよい。つまり、私たちの行為一般の意味や対象との関わり方は、その都度の状況において決定される、あるいは文脈に埋め込まれているのである。

このような見方から児童生徒が道徳性をいかに獲得していくのかを考えるならば、その都度の状況のなかでの自らにとって妥当な道徳的な行為が選択されていくことになるはずであるし、体験活動の充実が求められるなかではこうした観点が今後問われることになる。

3 「心の理論」に基づく道徳性の獲得

従来の発達段階説に対する批判として、人間の先天的能力である「心の理論」を十分に把握していないとするものがある。「心の理論」とは、他者の行動に他者の目的・意図などの内容を理解することができる場合にもつものとされているが、論者によって多少異なるものの、生後12か月くらいから他者の意図を把握しようとし、それをもとに協力的な関係を構築しようとするという[5]。ピアジェはおおむね10歳前後に自己中心性を脱して協同の段階にいたるとしていたが、「心の理論」に基づけば、かなり早い段階から協同の段階が現れることになるのである。

さらに、早い年齢段階から、社会契約的な基盤をもたずに、「わたしたち」という相互依存の関係、すなわち、協力という規範と同調という規範をもとに行動することも明らかになっている[6]。このように考えれば、道徳教育は、学級での集団への帰属を中心に組み立てられる必要があることも指摘できる。

(走井洋一)

---

3 ギブソン（古崎敬ほか訳）『生態学的視覚論——ヒトの知覚世界を探る』サイエンス社、1985年、137-157頁参照。

4 レイヴ、ウェンガー（佐伯胖訳）『状況に埋め込まれた学習——正統的周辺参加』産業図書、1993年、7頁参照。

5 トマセロ（橋彌和秀訳）『ヒトはなぜ協力するのか』勁草書房、2013年、23-24頁参照。

6 同上書、76頁以下参照。

◀参考文献▶

- ピアジェ（大伴茂訳）『臨床児童心理学Ⅲ——児童道徳判断の発達』同文書院、1957年
- ブル（森岡卓也訳）『子供の道徳発達段階と道徳教育』明治図書、1977年
- コールバーグ（永野重史監訳）『道徳性の形成——認知発達的アプローチ』新曜社、1987年
- ギブソン（古崎敬ほか訳）『生態学的視覚論——ヒトの知覚世界を探る』サイエンス社、1985年
- レイヴ、ウェンガー（佐伯胖訳）『状況に埋め込まれた学習——正統的周辺参加』産業図書、1993年
- 子安増生『心の理論——心を読む心の科学』岩波書店、2000年
- トマセロ（橋彌和秀訳）『ヒトはなぜ協力するのか』勁草書房、2013年

5 道徳教育と教育臨床

1 道徳教育の実践的課題

　いじめ・不登校をはじめ、非行・暴力、さらに格差・貧困など、児童生徒が抱えているさまざまな痛みや困難をどう受け止め支援するかは、教職実践上の大きな課題であり、学校の教育活動全体を通じて道徳性を養うことを目標とする道徳教育にもその役割が求められる。特にいじめ問題への対応は、道徳教科化にいたる道徳教育の改善に関する議論の発端である。そのような生活現実における困難な問題に主体的に対処できる判断力や実践力の育成に向けて、道徳教育の充実が期待されている[1]。

　しかし、道徳教育の実践に対する従来の考え方を変えることなくして、その実現は困難である。改革論議の引き金といえる大津市立中学校でのいじめ自殺事件（2011〈平成23〉年）において、第三者調査委員会がまとめた「調査報告書」では「いじめ防止教育（道徳教育）の限界」についても指摘されていた[2]。同報告書では、他人のこころへの共感というこころの営みが、いかに人生における生き甲斐等の自分のこころの充足にも結びつくかということを、「生の事実で繰り返し執拗に教える必要性がある」（傍点―引用者）と訴えている。だが、従来の道徳教育が陥りがちだった、読み物資料に登場する架空人物の心情を（自分の選択的決断としてではなく、不特定個人の心理的ケースとして）観察・読解するといった授業形式では、そのような対応はできない。フィクションとは異なって、学校生活の具体的場面で起こる道徳教育上の諸問題が、杓子定規に「（ある）正しさ」をあてはめて瞬時に納得し、解決できるようなものでないことは、児童生徒自身も直感的に見抜いていることである。

2 教育臨床の視点

　道徳教育の充実に向けた前提として必要となるのは、児童生徒が苦悩しているその現実状況を的確にとらえる教育臨床の視点である。教育臨床の視点とは、"ともに在り・寄り添う"ことを基軸に、そこから見えてきた児童生徒たちの現実状況を的確にとらえ、具体的な手立てを講じ、さらにカリキュラム改革を視野に入れた今後の学校教育の在り方・方向性を追求する視点を指している。「教育に子どもたちを合わせる」のではなく、まずは「彼らの現実状況に教育の営みを合わせていく」ことを基本的なスタンスとする。（現実状況のいかんにかかわらず）教師の意図に即して合理的に児童生徒を指導する方法・技術の普遍的な「理論」を発明・適用するという伝統的な発想に立つのではなく、何より自分自身が責任ある存在として「現場」に深く関与する過程を通して、問題となっている現

---

[1] 教育再生実行会議「いじめ問題等への対応について（第一次提言）」(2013〈平成25〉年2月26日)、および『中学校学習指導要領解説 特別の教科 道徳編』（文部科学省、2017〈平成29〉年7月）における「改訂の基本方針」などを参照。

[2] 大津市立中学校におけるいじめに関する第三者委員会「調査報告書」(2013〈平成25〉年1月31日)。これは、事件が起きた中学校が平成21-22年度に文部科学省から指定を受け、「道徳教育実践研究事業」推進指定校として、道徳教育を推進していたことによる。報告書では次のように述べられている。「この道徳実践が全く無意味であったとは思えないが……道徳教育や命の教育の限界についても認識を持ち、むしろ学校の現場で教員が一丸となった様々な創造的な実践こそが必要なのではないかと考える」(75頁)。

実の構造や固有の意味を対話的に理解し、変革の可能性を探究していく——、そのような「臨床の知」[3]に通じるスタンスは、今日の「教師の専門性」として求められるスタンスでもある（ショーンのいう「反省的実践家（reflective practitioner）」としての専門家像）[4]。

3 「ケア（リング）」論の視点

児童生徒が日々を送る学校生活場面には、いくつもの学校ストレッサー（ストレスを引き起こすもとになるもの）が存在している。友人関係や対教師関係、日々の学習や部活動など学校において自明の前提となっているものであっても、それが児童生徒にとっては大きなストレスを引き起こす場合がありうる。そのような状況に対し、道徳教育上の観点にも示唆を与えてくれるものとして、「**ケア（リング）**」論の知見があげられる。教育の営みと関連させて「ケア」の問題が注目されるようになった背景には、ギリガン[5]やノディングズ[6]らの功績がある。

例えば、ギリガンは男女の道徳観の質的違い[7]に着目し、**コールバーグ**が提示した道徳性の発達理論（本書8‐9頁参照）を批判した。これまで道徳問題が、普遍妥当性を志向する理性的・客観的な正義の倫理の問題として扱われてきたのに対し、ギリガンが示した「ケアの倫理」は、身近な他者への責任と心配りからの道徳的判断を志向するという文脈依存的な思考様式であり、関係的・心情的な倫理を重視している。

もちろん、「ケア（リング）」は、単に「他人に思いやりを示す」といった**道徳的価値**に還元されるものでも、「誰かが別の誰かをケアする」といった〈与える―与えられる〉の一方向の関係性に集約される概念でもない。自律した個人に価値を置く近代社会の原則や、知識の個人的獲得といった学習観を超えて、他者との関わり合い・学び合いのなかで喜びをともにしたり、苦難を克服していくための連帯を形成する場として学校を再定義する重要性に目を向けさせるものである。

これを道徳教育の観点からとらえ直すなら、次のような実践的課題が見いだされる。すなわち、普遍的とされる道徳的価値を児童生徒個人に伝えて理性的行動を促すという発想ではなく、その前提として、共感的で応答的な関係性を学校・教室のなかに生み出す必要性である。いじめ問題を例にとれば、きまりや**徳目**によっていじめ自体に厳正に対処しようとする姿勢だけではなく、それと並行していじめを否定できる関係を児童生徒の間に育んでいくことが肝要であり、それがいじめを乗り越える事実をつくるということである[8]。「いじめをするな」という抽象的命令ではなく、「いじめをしたくない」とする関わり合いへの心情を表出する場の創造が、道徳性育成の基盤をなすのであり、道徳教育の充実もこの点を無視してはならない。

（佐藤高樹）

---

[3] 中村雄二郎『臨床の知とは何か』岩波新書、1992年。哲学者の中村は、客観性・普遍性を重視するあまり、対象から距離を置いた表面的分析に陥りがちな「科学の知」を批判する文脈で、「臨床の知」という概念を提唱した。

[4] ドナルド・ショーン（Schön, Donald A., 1931-）「行為の中の省察」を基礎とする「反省的実践家（reflective practitioner）」という専門家像への移行を論じた。

[5] キャロル・ギリガン（Gilligan, C., 1937-）

[6] ネル・ノディングズ（Noddings, N., 1929-）

[7] 自らを自律的な人格と見なし、論理的思考に基づいて「正しいこと」を行おうとする男子の道徳性に対し、自らの行為の是非を常に周囲の他者との「結びつき（connection）」のなかで考え、「思いやり（care）」に焦点を当てる女子のそれとの違い。『もうひとつの声』（生田久美子・並木美智子訳、川島書店、1986年）を参照。

[8] 寺岸和光「『いじめ』を越えた子どもたちとの歩み」（第23回晩鳥敏賞論文）を参照（Webで閲覧可）。

◀参考文献▶

- 新井郁男・犬塚文雄・林泰成『道徳教育論』放送大学教育振興会、2005年

6 社会規範と道徳性

1 社会規範の多層性・多重性

　社会規範とはある社会のなかで通用するきまりのことを意味し、明示的には法律のようなかたちで現れる。ただ、そうした明示的なものばかりが社会規範ではない。例えば、日本という社会には「日本国憲法」を頂点とした法体系があるが、そのなかにも、「法の適用に関する通則法」第3条において「公の秩序又は善良の風俗に反しない慣習は、法令の規定により認められたもの又は法令に規定されていない事項に関するものに限り、法律と同一の効力を有する」と定められているように、慣習が含まれている。つまり、社会規範は明示的なものから暗示的なものまでを含む多層的なものである。

　さらに、明示的である社会規範はその構成員にとって共有しやすいが、明示的ではない（暗示的な）社会規範は相対的に共有しがたくなる。その結果、同じ社会の構成員であっても、社会規範を共有している人／共有していない人、さらにはその社会規範を正しいとはせずに、別の社会規範を正しいとする人たちが生じてくることになる。その点で、ある社会に通用するさまざまな社会規範は重なり合っており、多重性を有しているといえる。

2 社会規範の二面性──客観性と主観性

　社会規範はきまりであるから、それを共有している人には守る義務が生じるが、どのような場合でも守らなければならないとはいいがたく、その意味では絶対的なものではないといえる。例えば、他者を身体的に傷つけることはその権利を侵害することにほかならないので、傷害罪として罪に問われるのだが、よく知られているように、その他者が自分に危害を加えようとする場合に相手を傷つけたとしても違法性が阻却される（＝罪に問われない）[1]。

　このように、法律に明記されているきまりであっても、場合によってはそれを守る義務が免除されるケースがある。こうした特殊なケースばかりでなく、社会規範は状況によって正しいといえない場合もあれば、時代の変化に伴って変更を余儀なくされることもあり、必ずしも絶対的なものではない。それには以下のような理由があると考えられる。

　私たちはある社会に生まれ出たときには、その社会で通用する規範を引き受けることになる。それゆえ、これらの規範は、新たにその社会に参加した私たちの主観が入り込む余地のない客観性を有したものであるといえる。この場合の客観性は主観的ではないということとともに、共有したいかどうかは別としても、誰にでも共有可能であるということも意味している。そして、こうした規範の多

1　傷害罪は「人の身体を傷害した者は、15年以下の懲役又は50万円以下の罰金に処する」（「刑法」第204条）と定められているが、同時に「急迫不正の侵害に対して、自己又は他人の権利を防衛するため、やむを得ずにした行為は、罰しない」（同法第36条第1項）とも定められている。

くは、構成員が社会生活を円滑に進めるために生まれてきたものであるはずである。

ただ、構成員が入れ替わり、新陳代謝していくことによって、その社会は当然ながら変容することとなる。そうなると、構成員の一部（ないしは大部分）は、従来正しいとされてきた規範を破棄し、新しい規範を生み出そうとする。もちろん、そのなかには主観的なものとされて別の構成員に受け入れられないものがある一方、共有されてその社会の規範となっていくものも生じる。後者は新たな社会規範としてその社会に次に参加する構成員に引き継がれていくこととなる。

このように、私たちは社会規範をいったんは引き受けつつ、生活の実態にそぐわないと考えれば、新たな社会規範を生み出すという営みを繰り返している。すなわち、社会規範は、私たちにとって自らの意志が反映されていない客観的な側面をもっていると同時に、私たち自身がつくり出すという主観的な側面をもっているものである。

3 社会規範と道徳性

2017（平成29）年改正『小学校学習指導要領』では、「自己の（人間としての）生き方を考え、主体的な判断の下に行動し、自立した人間として他者と共によりよく生きるための基盤となる道徳性」（括弧内は中学校、以下同様）を培うことを道徳教育の目標としている。

このような、「自己の（人間としての）生き方を考え」たり、「主体的な判断の下に行動し」たり、「自立した人間として他者と共によりよく生きる」こと、一言で言い換えれば、自律[2]的な人間の在り方といってよいだろうが、そうした在り方が求められるのは、社会規範の二面性があるからにほかならない。

ここで誤解してはならないのは、自律的な人間に求められているのは、恣意に従って（＝自分の思いのまま）行動することではないということである。私たちは社会規範をいったん引き受け、自らの生活に応じてそれを改変してきた。つまり、私たちが自律的であるためには、社会で通用している規範をいったん引き受け、社会生活におけるその妥当性を問い直して、その都度の行動を判断していくことができることが求められているということである。それゆえ、道徳教育がめざす道徳性の育成は、こうした観点から、既存の道徳的な価値の伝達にとどまらない視点が必要になるのである。

（走井洋一）

2 「自立（independence）」は他に依存しないこと、「自律（autonomy）」は自分のことを自分で決定すること、を意味する。『学習指導要領』では自立した人間が主体的に判断できるようになることを求めているので、正確には自立して（他に依存せず）自律すること（自分で決定すること）を求めているといえる。

◀参考文献▶

- 紺野祐・走井洋一ほか『教育の現在──子ども・教育・学校をみつめなおす（改訂版）』学術出版会、2008年
- ディルタイ（長井和雄・竹田純郎・西谷敬編集／校閲）『ディルタイ全集 第4巻──世界観と歴史理論』法政大学出版局、2010年
- 文部科学省『小学校学習指導要領』、2017年
- 文部科学省『中学校学習指導要領』、2017年

7 道徳と宗教との関係

1 戦後の道徳と宗教教育をめぐる問題

教育基本法第15条は、宗教教育を次のように規定している。

> 第15条 教育に関する寛容の態度、宗教に関する一般的な教養及び宗教の社会生活における地位は、教育上尊重されなければならない。
> 2 国及び地方公共団体が設置する学校は、特定の宗教のための宗教教育その他宗教的活動をしてはならない。

一般に宗教教育は、①宗派教育、②宗教的情操教育、③宗教知識教育、の三つに分類される[1]。①宗派教育は、私立学校では認められるが、政教分離の規定から、国・公立学校では認められていない。②の宗教的情操教育についてはさまざまな議論があるが、国・公立学校、私立学校いずれでも認められる、というのが教育行政の基本的な立場である。③の宗教知識教育は、国・公立、私立を問わずすべての学校での教育が認められている。ただし、実際にはその扱いは消極的であり、歴史や国語や芸術で宗教文化の一端には触れても、宗教の歴史、思想にまでは踏み込む授業はほとんどの場合行われていないのが実態である。

一般に戦後日本の教育においては、宗教を「タブー視」する傾向があり、宗教教育に関する議論も活発ではなかった。その背景の一つには、戦前の教育が宗教と過度に結びついたという批判が根底にあると指摘される[2]。

しかし、教育基本法に明確に規定されているにもかかわらず、教育が宗教を「タブー視」している状況は決して望ましくない。特に国公立学校で宗教教育が十分に行われていない状況は、児童生徒が重要な社会的かつ文化的事象である宗教の意味を学ぶ機会が失われていることを意味しており、道徳教育としても大きな問題がある。

2 道徳と宗教との関係

人間は有限で相対的な存在である。しかし、この有限にして相対的な存在であるという事実に満足できないのもまた人間の本質である。有限なる存在でありながら無限の欲望をもち、相対的な世界に存在しながら絶対的な理想を求めるのが人間である。そこに人間の苦悩と矛盾があるといえる。

人間存在の苦悩と矛盾は、文化や科学によって完全な解決が得られることはなく、救いが得られることはまれである。そして、こうした人間の現実的な矛盾や苦悩を自覚せしめ、永遠の理想によって人間の精神生活を豊かにする道筋を与える教育的な機能と役割をもつものの一つが宗教である。

教育の目的が「人格の完成」（教育基本法第1条）にある以上、教育における宗教

---

[1] これに他宗教への理解教育や無宗教の人々の立場を認めようとする「宗教的寛容教育」や「対宗教安全教育」を加える必要があるとの指摘もある。（菅原伸郎『宗教をどう教えるか』朝日新聞社、1999年）

[2] 国際宗教研究所編『教育のなかの宗教』新書館、1998年

の機能を無視することはできない。また、人間存在における有限の意味を正しく理解してこそ教育はその理想に到達することが可能となる。その意味で宗教教育とは、人類が長い時間をかけて形成してきたさまざまな宗教的伝統や考え方、そして現在の宗教を取り巻く諸問題を学ぶことで、児童生徒たちが自らの人生の意義を考えることやその考え方を学ぶことを助ける教育の形態であるということができる。少なくとも、「われわれの人格と人間性は永遠絶対のものに対する敬虔な宗教的心情によって一層深められる」[3]といえる。

3 天野貞祐『国民実践要領』酣灯社、1953年

3 「宗教的情操」と学習指導要領

国・公立学校の宗教教育は、特に「宗教的情操」をめぐる論議を中心に展開されてきた。「宗教的情操」の定義は、必ずしも明確ではなかったが、1966（昭和41）年の中央教育審議会答申（別記）「期待される人間像」は次のように定義した。

> すべての宗教的情操は、生命の根源に対する畏敬の念に由来する。われわれはみずからの自己の生命をうんだのではない。われわれの生命の根源には父母の生命があり、民族の生命があり、人類の生命がある。ここにいう生命とは、もとより単に肉体的な生命だけをさすのではない。われわれには精神的な生命がある。このような生命の根源すなわち聖なるものに対する畏敬の念が真の宗教的情操であり、人間の尊厳もそれに基づき、深い感謝の念もそこからわき、真の幸福もそれに基づく。

ここでいう「生命の根源すなわち聖なるものに対する畏敬の念」が「宗教的情操」であるという理解は、その後の学習指導要領の内容にも基本的に引き継がれている。具体的に中学校学習指導要領では、内容項目の「D 主として生命や自然、崇高なものとの関わりに関すること」のうち、特に「美しいものや気高いものに感動する心をもち、人間の力を超えたものに対する畏敬の念を深めること」に密接に関係あるものとされた。しかし、学習指導要領では、宗教という言葉が使用されていないこともあり、これまで「畏敬の念」を宗教に直接に結びつけた内容と指導はほとんど検討されてこなかった。

この点は、教育基本法と学習指導要領との乖離としてこれまでも指摘されてきたが[4]、『学習指導要領解説 特別の教科 道徳編』（中学校）では、「国際理解・国際親善」の項目で「宗教が社会で果たしている役割や宗教に関する寛容の態度などに関しては、教育基本法第15条の規定を踏まえた配慮を行うとともに、宗教について理解を深めることが、自らの人間としての生き方について考えを深めることになるという意義を十分考慮して指導に当たることが必要である」と明記された。道徳教育における宗教を明確にするとともに、どのように宗教を教材化するかは重要な課題である。

なお、私立の小・中学校では、「特別の教科 道徳」（道徳科）の授業を「宗教」に代えて行うことができることは従来と変わりはない。

（貝塚茂樹）

4 貝塚茂樹ほか『日本の宗教教育と宗教文化』文化書房博文社、2004年などを参照。

◀参考文献▶

- 貝塚茂樹『戦後教育のなかの道徳・宗教〈増補版〉』文化書房博文社、2006年
- 宗教教育研究会編『宗教を考える教育』教文館、2010年

8 近代日本の徳育論争と教育勅語

1 近代日本の教育課題と儒教

江戸時代、武士階層を中心に広く日本社会に定着し、秩序の安定の機能を果たしたのは儒教であった。人の在り方を示す「仁義礼智信」の五常と、父子・君臣・夫婦等の人間関係の在り方を示す五倫を核とする儒教は、この時代の教育の柱であった。儒教による社会秩序が大きく揺らぐのは、明治維新期である。

19世紀後半、西洋列強がしのぎを削る国際社会のなかで、日本が独立を保つためには、内政・外交のあらゆる領域に及ぶ改革が必要であった。教育分野では、①国家を支える日本国民としての自覚、②西欧の先進の知識・技術の摂取を主要な課題として、1872（明治5）年に**学制**を発布し、新たな教育制度を創始した。それまでの身分制に基づく教育をやめ、全国に統一的な学校を開設し、すべての国民が学ぶ仕組みをつくろうとしたのである。

そこでは、「学問は身を立るの財本である」とされ、生まれながらの家柄や身分などの属性よりも、何を学び、何ができるのかという能力重視の時代となることが宣言された。「天は人の上に人を造らず人の下に人を造らずと云へり」で始まる『学問のすゝめ』（福澤諭吉[1]、1871年初版）も、勉学による知識や能力こそが、職業や社会的地位の獲得をもたらし、一身の独立、ひいては一国の独立を保つことにつながるとしている。

「国民」という新たな人間観、知識や技術を身につけるという能力主義的な教育観のもとで、従来の人間社会の秩序を超え出ようとする新しい日本人の在り方が問われることとなったのである。

2 啓蒙思想と修身

幕末に佐久間象山[2]が唱えた「東洋道徳、西洋芸術」は、政治や道徳、教育面では儒教の伝統を守りつつ、科学や技術面では西洋のものを摂取するという考えである。流入する欧米文化に伝統文化はいかに対処すべきかを自覚的にとらえるものであった。しかし、実際には、西洋の先進の文化・技術の威力はすさまじく、近世日本が培ってきた儒教や民衆の風俗・文化は、役に立たない遅れたものとして捨て去られていった。

その傾向は、西欧を範にした新しい学校制度にとりわけ色濃く現れた。小学校の最初の教科書である『小学読本』は、アメリカの教科書の翻訳を中心とするもので、ベースボールのさし絵が掲載されるほどであった。また、小学校の教科「修身口授（ギョウギノサトシ）」では、口授による道徳教育が行われた。そのための教師用書には、ミル著・中村正直訳『西国立志編』やボンヌ著・箕作麟祥訳

---

[1] 福澤諭吉（1835-1901）
慶應義塾の創設者。『西洋事情』『世界国尽』『文明論之概略』など、多くの著書を著し、明治期の啓蒙思想の普及において指導的な役割を果たした。

[2] 佐久間象山（1811-1864）
幕末の思想家、洋学者。開国論を唱え、攘夷派に暗殺されるが、その思想は勝海舟や坂本龍馬などの開明派に影響を与えたとされている。

『泰西勧善訓蒙』、チェンバース著・福澤諭吉訳『童蒙教草』などの欧米の倫理書を翻訳した啓蒙的な性格をもつものが採用され、大きな役割を果たすこととなった。こうして新たな「日本人」の教育は、欧米人を模範とするものになっていったのである。

3 徳育論争

しかしながら、このような翻訳型教科書は、日本人の生活現実から遊離するものであった。この状況に危機感をもち、伝統文化による「日本人」の育成を図る動きが国家の中枢に現れる。1879（明治12）年、明治天皇は**元田永孚**[3]に起草を命じ、**「教学聖旨」**を発した。開化的な教育政策が知識偏重に陥り、「文明開化ノ末ニ馳セ、品行ヲ破リ、風俗ヲ傷フ者」が増えたとして、「祖宗ノ訓典」に基づいて「仁義忠孝」、すなわち儒教を教育の核としなければならないとしたのである。

これに対して開化政策推進の立場である伊藤博文[4]は、『教育議』を著して反論した。「品行」「風俗」の問題は文明開化に伴うもので、本質的な問題ではないこと、元田が主張する「国教」樹立に政府が介入すべきでないこと、学校教育は儒教ではなく、科学の進展に基づくべきことを主張するものであった。

元田は『教育議附議』によってこれに反論した。「国教」は新たに創造するのでなく、儒教中心の倫理を復活させること、その「国教」樹立の主体は天皇であり、人民の信従を得るかたちで行うことが重要であるとした。

この元田と伊藤のやり取りを契機に1880年代、学校教育における徳育の在り方をめぐる論争が政府内、言論界に広く展開した。これを徳育論争という。

例えば、「公議輿論」を徳育の根拠とする福澤諭吉（「徳育如何」）、「愛他心」（宗教）を道徳の中心とする加藤弘之[5]（『徳育方法案』）、「理学」（科学）が道徳向上をもたらすとした杉浦重剛（『日本教育原論』）、欧化日本における道徳確立の独自性について論じた西村茂樹[6]（『日本道徳論』）、習慣が道徳教育の有力な方法とした山崎彦八（『日本道徳案』）などがある。

教育勅語が発せられるまで続いた徳育論争は、伝統的な儒教道徳と欧米の市民倫理との対立を軸として展開しつつ、近代化における日本の教育課題の構図を広く示すものとなった。

4 教育勅語

徳育論争は、「徳育の標準」となるべき一定の方針策定を要請することになる。1890（明治23）年2月に開かれた地方長官会議では、日本固有の倫理に基づいて徳育の方針を確立すること、その方針に基づいて学校教育を行うことなどを「徳育涵養ノ義ニ付建議」としてまとめ、政府に提出した。

政府は、この建議を契機に徳育方針の策定に着手する。その起草に当たった法

3　元田永孚（1818-1891）
幕末・明治期の儒学者。明治天皇の侍講として、儒教を中心とする天皇制国家の形成に努めた。

4　伊藤博文（1841-1909）
明治期の政治家。長州の松下村塾で学ぶ。内閣総理大臣や枢密院議長を務めるなど、近代日本国家の基盤形成に指導的な役割を果たした。

5　加藤弘之（1836-1916）
明治期の官僚、思想家。明六社に参加した。帝国大学総長、枢密院顧問を務めた。著書に『真政大意』『国体新論』など。

6　西村茂樹（1828-1902）
明治期の思想家、教育者。日本弘道会を創設するなど道徳教育の振興に尽力した。

5　井上毅（1844-1895）
明治期の官僚、政治家。大日本帝国憲法の制定に寄与した。

制局長官**井上毅**[5]は、政治上の命令と区別すること、宗教上の争いや哲学上の議論をひき起こさないこと、などに留意しながら草案を作成した。この草案に元田永孚が修正を加え、1890（明治23）年に渙発せられたのが、**教育勅語（教育ニ関スル勅語）**である。

教育ニ関スル勅語（教育勅語）　　（現代仮名遣いによる読み方）

教育勅語

朕惟うに我が皇祖皇宗国を肇むること宏遠に徳を樹つること深厚なり我が臣民克く忠に克く孝に億兆心を一にして世々厥の美を済せるは此れ我が国体の精華にして教育の淵源亦実に此に存す爾臣民父母に孝に兄弟に友に夫婦相和し朋友相信じ恭倹己れを持し博愛衆に及ぼし学を修め業を習い以て智能を啓発し徳器を成就し進んで公益を広め世務を開き常に国憲を重じ国法に遵い一旦緩急あれば義勇公に奉じ以て天壌無窮の皇運を扶翼すべし是の如きは独り朕が忠良の臣民たるのみならず又以て爾祖先の遺風を顕彰するに足らん斯の道は実に我が皇祖皇宗の遺訓にして子孫臣民の倶に遵守すべき所之を古今に通じて謬らず之を中外に施して悖らず朕爾臣民と倶に拳々服膺して咸其徳を一にせんことを庶幾う

明治二十三年十月三十日
御名御璽

教育勅語は、本文315字からなり、その内容は3段に分けられる。第1段は、「教育ノ淵源」としての「国体の精華」を説き、第2段は、臣民（国民）が守り行うべき12の徳目を列挙している。さらに、第3段では、前段に示した道が「皇祖皇宗の遺訓」であり、「古今」「中外」に対しても普遍性をもつものであるとした。教育勅語の口語訳は次のようになる（国民道徳協会訳）。

> 私は、私達の祖先が、遠大な理想のもとに、道義国家の実現をめざして、日本の国をおはじめになったものと信じます。そして、国民は忠孝両全の道を全うして、全国民が心を合わせて努力した結果、今日に至るまで、美事な成果をあげて参りましたことは、もとより日本のすぐれた国柄の賜物といわねばなりませんが、私は教育の根本もまた、道義立国の達成にあると信じます。
> 　国民の皆さんは、子は親に孝養を尽くし、兄弟、姉妹はたがいに力を合わせて助け合い、夫婦は仲むつまじく解け合い、友人は胸襟を開いて信じ合い、そして自分の言動をつつしみ、すべての人々に愛の手をさしのべ、学問を怠らず、職業に専念し、知識を養い、人格をみがき、さらに進んで、社会公共のために貢献し、また、法律や、秩序を守ることは勿論のこと、非常事態の発生の場合は、真心をささげて、国の平和と安全に奉仕しなければなりません。そして、これらのことは、善良な国民としての当然のつとめであるばかりでなく、また、私達の祖先が、今日まで身をもって示し残された伝統的美風を、更にいっそう明らかにすることでもあります。
> 　このような国民の歩むべき道は、祖先の教訓として、私達子孫の守らなければならないところであると共に、このおしえは、昔も今も変わらぬ正しい道であり、また日本ばかりでなく、外国へ行っても、間違いのない道でありますから、私もまた国民の皆さんとともに、祖父の教えを胸に抱いて、立派な日本人となるように、心から念願するものであります。

教育勅語は法令ではない。勅語＝天皇の言葉として、教育の方針が発表されたことに超法規的な重みと解釈の柔軟性を帯び、時どきの政治状況に利用されやす

い側面があった。

　教育勅語が渙発された後、**修身科**の授業は、教育勅語に掲げられた徳目を教えることが基本となった。例えば尋常小学校においては、孝悌、友愛、仁愛、信実、礼敬、義勇、恭倹などの徳目を教え、これらを通じた「尊皇愛国ノ士気」と「国家ニ対スル責務ノ大要」を育成することが求められ、特に女児には「貞淑ノ美徳」を涵養することが重視された。

　また、1891年11月の「**小学校教則大綱**」第2条では、「修身ハ教育ニ関スル勅語ノ旨趣ニ基キ児童ノ良心ヲ啓培シテ其徳性ヲ涵養シ人道実践ノ方法ヲ授クルヲ以テ要旨トス」と規定され、これによって修身の授業時間は、尋常小学校では週27時間のうち3時間、高等小学校では週30時間のうち2時間があてられることとなった。

5 「教育と宗教」論争

　教育勅語発布後、学校教育の場でキリスト教徒に対する抑圧事件が生じるようになる。キリスト教徒である**内村鑑三**[6]が、教育勅語に敬礼しなかったことにより第一高等中学校教員の職を追われた不敬事件（1891〈明治24〉年）に代表されるような、国家主義者が教育勅語を「錦の御旗」に、教育現場からキリスト教徒を排除する動きである。元来、「徳育の標準」として公布されたはずの教育勅語が、学校教育を統制する理念として機能し始めたことを表すものであった。

　1892（明治25）年には、教育勅語の公式解説書『勅語衍義』の著者で東京帝国大学教授の井上哲次郎[7]が、キリスト教は教育勅語の趣旨に反するとの談話をしたことを契機とする**「教育と宗教」論争**が起こった。これは、キリスト教が天皇への無条件の忠誠を説く教育勅語と適合的であるか否かを主要論点として、井上のほか、内村をはじめとするキリスト教徒、評論家、教育家、学者、仏教徒などが参加した、「戦前日本における最大規模の論争」と呼ばれる論争である。

　井上は、教育勅語が国家主義であるのに対してキリスト教が無国家的であること、またキリスト教には忠孝がないことなどを指摘し、教育勅語に「同化」することを求めた。これに対して、キリスト教は「政教独立」の立場をとるゆえにどの国家にも適合すると主張し、先の内村も教育勅語を宗教的崇拝の対象とはしないが敬礼は拒まない、などと反論した。

　1年にわたる議論に着地点は見いだせず、自然消滅のかたちとなったが、井上が天皇の権威を前提とした議論を展開させている以上、その結末は明らかであった。この論争は、発せられたばかりの教育理念が教育界に定着する契機となった。

（山田恵吾）

6　内村鑑三（1844-1930）
思想家。札幌農学校卒。キリスト者で無教会主義を唱えた。著書に『余は如何にして基督信徒となりし乎』『代表的日本人』など。

7　井上哲次郎（1856-1944）
大正期に時代状況に応じた天皇制国家の在り方を追求し、1926（大正15）年『我が国体と国民道徳』を著したが、「不敬」であると非難され、発禁処分となった。

◀参考文献▶
- 貝塚茂樹『道徳教育の教科書』学術出版会、2009年
- 石島庸男・梅村佳代編『日本民衆教育史』梓書房、1996年
- 久木幸男・鈴木英一・今野喜清編『日本教育論争史録　第1巻　近代編（上）』第一法規、1980年

9 大正新教育運動と修身教授改革論

1 修身教育批判の登場と教育方法改革

　第二次世界大戦前における日本の学校教育では、**教育勅語**を基本理念として、**修身科**を筆頭教科とする教科課程の構造化がなされてきた。各教科の目的は教育勅語に基づく道徳的価値へと還元され、修身教育の従属的位置に置かれた。戦前の教育はこのように修身科を中核として、それを他教科の教授さらには訓育・訓練によって補完し、補強する構造によって展開していく[1]。

　だが、そのように制度的に構造化された道徳教育は、現実には必ずしも政府が期待したように定着していったわけではない。実践史の次元でとらえたとき、教育勅語発布に至る前後の徳育をめぐる論争期から、すでに修身科廃止をめぐる論説が出されるなど、修身科には常にその実践をめぐる批判がつきまとっていた経緯がある。批判の多くは修身科の教授方法に向けられ、大正期を中心に改善へ向けての議論が活発化した。

　特に著名な批判としてあげられるのが、文部官僚で後に私立成城小学校初代校長となる**澤柳政太郎**[2]の修身科廃止論である。澤柳は道徳性の発達を植物の成長にたとえ、煉瓦を積み上げるように外から善悪の認識を論理的に伝達しても道徳教育の目的である「徳性の涵養」を達成することはできない、植物を栽培するように適切な時期を待たなければ効果は上がらないと述べた。澤柳はこの「発育主義」の観点から、修身科の効果が上がらない原因をその開始期にあるととらえ、尋常第1～3学年での修身科廃止を主張した[3]。

　この主張は成城小学校のカリキュラムに実際に採用され、大正新教育運動の隆盛のなかで注目を浴びる。修身を実施しない低学年では、「聴方科」という同校が独自に新設した科目（国語科の一分科に位置づく）を通し、「童話」「寓話」「伝説」「伝記」「歴史譚」など、児童の関心に沿う豊富な「お噺」教材によって語彙の充実化を図るとともに、感動や共感など、児童に内在する情意面の開花を企図した。

　一方、高学年の修身科では、同校主事の**小原國芳**（玉川学園創立者）により、「修身教授の哲学化」という方針のもと「道徳に関する知性の開発、即ち道徳に関する批判力の養成」を重視するという、修身科の知的再編が試みられた。小原もまた、聴方科から引き続き、豊富な読み物資料——膨大な量の古典、格言、偉人伝、文学的作品、さらには新聞記事（時事問題）——を収集、教材として活用する。それらに示される事例的知識を手がかりとして児童が自ら**道徳的価値**（＝徳目）の批判的解釈を行い、また内面的自覚化を図る実践成果を多数蓄積している[4]。

1　藤田昌士『道徳教育——その歴史・現状・課題』エイデル研究所、1985年

2　**澤柳政太郎**(1865-1927) 長野県生まれ。文部省普通学務局長、文部次官などを歴任し、第三次小学校令制定や教科書国定化、義務教育年限延長などの諸施策に中心的役割を果たす。教育の科学的研究の必要性を主張（『実際的教育学』）、その理念のもと1917年に創設した成城小学校は、新教育の実験校として全国の教師に影響を及ぼした。
なお、本項に登場するその他の人物については、参考文献や唐澤富太郎編著『図説教育人物事典』（上・中・下巻、ぎょうせい、1984年）を参照。

3　『日本道徳教育論争史』第6巻（日本図書センター、2013年）、および成城学園澤柳政太郎全集刊行会編『澤柳政太郎全集』第4巻（国土社、1979年）を参照。

4　小原國芳『修身教授革新論』集成社、1920年、および同『修身教授の実際』（上・下巻）集成社、1922年。

2 徳目主義を乗り越える具体的実践の展開と課題

成城小学校以外にも、1910-20年代には師範学校附属小学校や私立学校の教師たちを中心に、明治期の定型化された教授法を批判して児童生徒の活動性や自発性に着目した授業の創造＝現場からの教育改革の動きが活発となった。そのような**新教育**（「大正自由教育」）の高まりのもと、修身教育の領域においても先進的な取り組みがいくつも誕生した。例えば、明石女子師範学校附属小学校主事の及川平治による「病友を見舞ふ」実践や、奈良女子高等師範学校附属小学校（以下、奈良女高師附小）における「生活修身」の展開、池袋児童の村小学校の**野村芳兵衛**の実践など、その例は枚挙にいとまがない[5]。これらに共通するのは、いずれも児童生徒が直面する生活現実を出発点とした道徳教育の展開を考えていたことである。所与の修身科の枠組みのもと、教えるべき道徳的価値（＝徳目）をあらかじめ設定し、教師主導のもと特定の仕方・見方でその徳目を解釈するという授業形式（**徳目主義**）を彼らは強く批判する。ただ徳目を内面化するだけではなく、児童生徒たちが生活のなかから「題材」を構成して自分の生活上の要求を満たそうとする活動をめざす、そのような実践性を伴った総合的な学習として、多くの新教育論者たちは道徳教育をとらえていた。

しかし、一般の公立学校で国定教科書の縛りをくぐり抜けて自由な修身教育を行うのは困難であった。教科書不使用を当局から問題視され、教師が退職に追い込まれる事件（川井訓導事件）も一方で起きていた。

そのような時代的制約下でも積極的に修身教育改良に取り組んだ公立小学校の例として、東京浅草の富士小学校の実践があげられる。同校では奈良女高師附小の影響を受けつつ「生活の修身学習」に取り組んでいた[6]。同校訓導の奈良靖規の主張・実践からそれを確認できる。奈良の方法は、児童が生活の事実を「題材」とする学習を経て抽出した道徳観念が教科書に示してある**徳目**のどれに相当するかを考え、自身の学びとつなげながら徳目の意味内容を精緻にしていくというものであった。円グラフ型の徳目整理表（右図）を使うことで、教科書を活用しつつも単なる徳目の注入に陥らずに、児童自らが道徳を発見する実践を可能にしている。

（佐藤高樹）

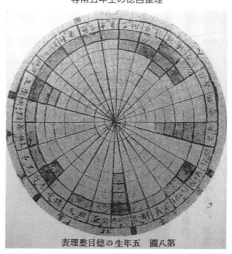

（奈良靖規『民族理想に立つ修身教育』より）

5　各主張の概要については、中野光、吉村敏之編『日本の教師11 生活と生き方の指導』（ぎょうせい、1994年）などを参照。

6　富士小学校の実践については、校長上沼久之丞『体験 富士の学校経営』（明治図書、1936年）をはじめ、当時の同校教師たちによる著書・論文のほか、鈴木そよ子「富士小学校における教育実践・研究活動の展開」（『東京大学教育学部紀要』第26巻、1987年）などの研究成果が蓄積されている。

◀参考文献▶

- 貝塚茂樹監修『文献資料集成 日本道徳教育論争史』（第Ⅱ期「修身教育の改革と挫折」全5巻）日本図書センター、2013年
- 中野光『大正自由教育の研究』（教育名著選集⑥）黎明書房、1998年
- 中野光、吉村敏之編『日本の教師11 生活と生き方の指導』ぎょうせい、1994年

10 修身科の指導法と評価

1 修身科における指導法

　1890（明治23）年の教育勅語の渙発によって、道徳教育の方向性が明確になり、翌1891（明治24）年に出された「小学校教則大綱」第2条では、「修身ハ教育ニ関スル勅語ノ旨趣ニ基キ児童ノ良心ヲ啓培シテ其徳性ヲ涵養シ人道実践ノ方法ヲ授クルヲ以テ要旨トス」と規定された。これによって、尋常小学校においては、孝悌、友愛、仁愛、信実、礼敬、義勇、恭倹などの徳目を教え、これらを通じた「尊王愛国ノ士気」と「国家ニ対スル責務ノ大要」を育成することが求められ、特に女児には「貞淑ノ美徳」を涵養することが重視された。

　1904（明治37）年以降、初等教育学校の教科書は、国定教科書制度のもとで国定教科書となり、中等教育学校では検定教科書制度が継続された。国定修身教科書の特徴としては、大きく2つを指摘することができる。第1は、教育勅語や「小学校教則大綱」に掲げられた徳目に基づいて教材を配列し、系統的に道徳を教えようとする方法である[1]。具体的に国定修身教科書では、題目に「父母ニ孝」「兄弟ニ友」といった徳目を掲げて教材の性質を提示し、それを説明するための訓言、格言、例話や寓話によって各課の教材を構成し、それを毎学年その徳目を繰り返すという方法が採られた。**徳目主義**といわれるこの方法は、「徳目を定着させるために訓言、格言があり、例話は徳目にもとづく行為のモデルとして、また徳目に帰納する事例として示される。所与の徳目の束にのっとって人は行為し、行為は徳目に還元される」[2]とする理解に基づくものであった。

　また、1897（明治30）年以降はヘルバルト学派[3]の影響を受けた**人物主義**も修身教科書の特徴となった。そもそも、徳目は抽象的な観念であるために授業は形式的なものとなりやすく、また実際の生活では徳目が相互に矛盾をきたす場合も生じた。そこで、児童に人物のもつ魅力と興味を喚起し、人物的感動を与えるために、児童の模範とする理想的な人物（二宮尊徳、楠正成、貝原益軒、中江藤樹など）に関する教材が配列された。こうした教材では、人物の伝記や逸話のなかに各種の徳目や訓言を織り込み、児童の興味を喚起することで授業の効果を高めることが意図された。

　ヘルバルト学派の五段階教授法は、修身教授にも適用されて五つの順序に従って授業が構成された。また、ヘルバルト学派の興味論に影響され、修身教授でも「児童の興味を如何にして引くべきかに注意が向けられ、興味を引き起こすに足るが如き談話法が研究せられ、特にこの方法が修身の談話に用いられる」[4]傾向が広まっていった。

　初等教育段階では、学級担任が修身科の授業を担当することが基本とされてい

---

[1] 海後宗臣「教育勅語渙発以後に於ける小学校修身教授の変遷」『海後宗臣著作集』第六巻 社会科・道徳教育、東京書籍、1981年、521頁

[2] 稲垣忠彦『明治教授理論史研究』理論社、1982年、361頁

[3] ヘルバルト（1776-1841）の教育学説を継承し発展させた教育学者の総称。1880年代末から日本の教育にも強い影響を与えた。

[4] 海後前掲書、522頁

たが、校長や年配の教師が実際の授業を行うことも少なくなかった。また、一般に修身科の授業は、道徳の知識を重視する形式が中心となったが、日常生活での道徳的実践を視野に入れた礼儀作法の内容も重視されていた。

2 修身科における評価

(1) 明治・大正期の評価

明治初めの修身科の評価について、文部省は「中小学ノ修身科ハ他ノ緒科ト同シク試験シ且平時ノ行状点ヲ合算シテ及第ヲ定ムヘシ」(『文部省日誌』第25号、1882年)としている。つまり、修身科の学科試験の成績と「行状点」を加えて評価することが基本であった。一般に、「行状点」の評価は、児童生徒の平素の勤惰(勤怠)[5]の様子や素行を観察し、減点法で評定・記録される場合が多かった。例えば、1885(明治18)年の長野県「小学各科始業法」には、修身科の評価に関する次のような留意事項が示されている。

[5] 勤勉と怠惰の様子。

- 知識のみの検査に終わらず心意に如何なる感情をいだいているかを検査すること。
- 修身科は二分して講読と問答とし、それぞれに百点を配当する。
- 勤惰品行は修身科より独立させて別項とし百点を配当する。
- 勤惰品行は平素に観察検定し、それを帳簿に記録し定時臨時の際これを得点表に加える。

1900(明治33)年の小学校令施行規則において、学籍簿の作成が義務づけられ、評価欄に**操行欄**が設けられた。操行とは、児童の品性、行為、道徳的判断、情操、習慣などの総称である。これによって、道徳的知識の評価としての修身科の学業成績とあわせて、児童の性格や行動、態度や習慣の評価である操行が中心的位置を占めることになった。そのため、「学科はできても平素行状の悪しきものは落第とす」という留意事項を施した学校もあった[6]。

(2) 戦前昭和期の評価

1941(昭和16)年の国民学校の設置は、「皇国民ノ錬成」をめざしたもので、道徳の実践指導が重視された。ここでは、修身科の知的指導から押し広げられた道徳的判断、道徳行為から習慣化までを包括する総合的な修身教授の方向性が重視された。

同年8月に「国民学校の学齢簿及学籍簿ニ関スル件」が通牒され、成績の標語は、「優、良、可トシ、良ヲ標準トス」とされる一方、従来の試験中心の評価から「修得、考察、処理、応用、技能、鑑賞、実践及学習態度等ノ各方面ヨリ」成績を考慮することが求められた。しかし、こうした評価には明確な基準があったわけではなく、教師の裁量に大きく任される部分が多かった。また、評価の在り方も地域や各学校によって差異があった。

(貝塚茂樹)

[6] 天野正輝「明治期における徳育重視策の下での評価の特徴」『龍谷大學論集』第471号、2008年

◀参考文献▶
- 貝塚茂樹『道徳教育の教科書』学術出版会、2009年
- 押谷由夫編『道徳性形成・徳育論』放送大学教育振興会、2011年

11 戦後教育改革と道徳教育

1 戦後教育改革期における道徳教育問題の展開

(1)「三教科停止指令」と「公民教育構想」

　1945（昭和20）年8月の敗戦から1952（昭和27）年4月に独立が回復するまでの間、日本は連合国軍[1]（実質的にはアメリカ）による占領を受け、さまざまな分野での改革が占領軍主導のもとで行われた。この時期の教育改革は、道徳教育の分野にも大きな変化をもたらした。占領軍は、同年12月31日に「修身、日本歴史及ビ地理停止ニ関スル件」を指令する。一般に「三教科停止指令」と称されるこの指令は、修身、日本歴史、地理の三教科の授業を占領軍が許可するまで停止し、教科書の「書き直し」を命じたものであった。

　これに対して日本側（文部省）は、戦後の新たな道徳教育の模索を独自に進めた。その基本的な方針は、修身科を廃止し新たに「公民科」を設置しようとするものであった。

　しかし、新たな「公民科」の設置は、修身科の存続と教科書の「書き直し」を求めた「三教科停止指令」の方針とは相反するものであった。そのため、占領軍は当初、「公民科」の設置を認めず、あくまでも修身教科書の「書き直し」を要求した。ところが、占領軍はその後、日本側が構想した「公民科」の内容が、アメリカの一部の州で実施していた社会科と類似しているなどを理由として、社会科の設置を強く求めていった[2]。

　1947（昭和22）年に創設された社会科は、歴史、地理を含めた広域総合教科であり、修身科に代わる教科としての「公民科」の設置をめざした「公民教育構想」の内容とは異質のものであった。したがって、結果として社会科の創設は、道徳教育を担う明確な教科が教育課程からなくなることを意味すると同時に、戦後の道徳教育の内容と位置づけを不安定なものとした。

(2) 戦後の教育勅語問題

　修身科と並んで、戦後教育改革期に大きな課題となったのが**教育勅語**の問題であった。教育勅語に対する文部省の立場は、教育勅語には高い道徳の理念が掲げられていたが、それらが戦争による軍国主義や極端な国家主義によって歪曲されてしまったというものであった。そのため文部省では、戦後の教育においても教育勅語は道徳教育の基準として有効であり、その精神と趣旨を徹底させることが大切であると理解していた。

　教育勅語問題は、1946（昭和21）年10月8日の文部次官通牒「勅語及詔書等の取扱について」が、①教育勅語をもってわが国唯一の淵源となる従来の考え方を排除すること、②式日等の奉読を禁止すること、③教育勅語を神格化する取扱い

---

[1] 正式には「連合国軍最高司令官総司令部」（General headquarters, the Supreme Commander for the Alliend Powers）である。

[2] 片上宗二『日本社会科成立史』風間書房、1993年などを参照。

を止めること、を示すことで一応の決着をみることになる。

しかしながら、この通牒の立場は、1948（昭和23）年に衆参両議院が、占領軍の指示によって教育勅語が過去の文書としても権威と効力を失うことを宣言した「教育勅語排除・失効確認決議」を可決したことで否定されることになる。

（3）天野貞祐の問題提起とその論議

戦前までの道徳教育に大きな役割を果たした教育勅語と修身科が否定されたことで、戦後の道徳教育の理念と内容は混迷していった。それは、道徳教育を担う教科を設置することの是非と道徳教育を設置することの是非に関わる課題が十分に議論されず、未解決のまま積み残されたことを意味していた。

1950（昭和25）年に文部大臣に就任した**天野貞祐**[3]は、この点に関する問題提起を行った。具体的にそれは、いわゆる「**修身科**」復活問題、「**国民実践要領**」制定問題として激しく議論された。結果として天野の問題提起は実現しなかったが、天野の問題提起は1958（昭和33）年の「**道徳の時間**」設置をめぐる議論へと引き継がれた。

3　天野貞祐（1894-1980）

哲学者・教育者。京都帝国大学教授、第一高等学校校長、文部大臣、中央教育審議会会長などを歴任。主著に『道理の感覚』『学生に与うる書』など。

（写真提供：獨協中学・高等学校）

2　「道徳の時間」の設置とその論議

教育課程審議会は、1958年3月15日に「小学校・中学校教育課程の改善について」を答申し、今後も学校教育活動の全体を通じて行うという従来の方針は変更しないが、道徳教育の徹底強化を図るために、「新たに道徳教育のための時間を特設する」ことを提言した。この答申をうけた文部省は、同年3月18日に「道徳の時間」設置の趣旨、目標、指導内容、指導方法、指導計画の作成等についての大綱を示した。特に「道徳の時間」設置の趣旨は、「他の教育活動における道徳指導と密接な関連を保ちながら、これを補充し、深化し、または統合して、児童生徒に望ましい道徳的習慣・心情・判断力を養い、社会における個人のあり方についての自覚を主体的に深め、道徳的実践力の向上をはかる」ものと説明された。

当初、文部省は「道徳の時間」の教科としての設置をめざしていたが、同年8月28日に学校教育法施行規則が一部改正され、「道徳の時間」は小学校・中学校の教育課程のなかに教科ではなく、各教科、特別教育活動、学校行事と並ぶ一つの領域として位置づけられた。

その背景には、「道徳の時間」の設置をめぐる激しい反対論があった。1950年代以降、「文部省対日教組」といった政治的な対立構図が顕著となる状況のなかで、特に**日教組**（日本教職員組合）等は、「道徳の時間」の設置に激しく対抗し、同年9月に各地で開催された道徳教育指導者講習会への妨害行動を繰り返した。「道徳の時間」の授業の実施率が上がらず、その後の授業の形骸化が指摘される背景には、「道徳の時間」設置をめぐる政治的対立が今も深く影響している。

（貝塚茂樹）

◀参考文献▶

- 貝塚茂樹『戦後教育改革と道徳教育問題』日本図書センター、2001年
- 貝塚茂樹『道徳教育の教科書』学術出版会、2009年

12 「道徳の時間」における授業論の展開

1 「道徳の時間」の指導過程論

1963（昭和38）年の教育課程審議会答申「学校教育における道徳教育の充実方策について」に基づいて、1964（昭和39）年から1966（昭和41）年にかけて、文部省は、小・中学校の学年別に『道徳の指導資料』（第1集～第3集）を教師用として各学校に配布するなどの方策を実施した。

また、各教科書会社が副読本を編集、発行し、NHKが「道徳」番組を制作することで、「道徳の時間」の授業への関心も少しずつ芽生えて、道徳資料の類型論、全体計画の計画論など、授業論や資料論の研究も進められた。

なかでも「道徳の時間」の学習指導過程論については、この時期にいくつかの注目すべき理論が展開されている。例えば、勝部真長[1]は、道徳教育には習慣化、内面化、社会化の三段階があるとする。習慣化とは、しつけの段階であり、日常生活の基本的行動様式を身につけさせるために、他律的によい習慣をつくっていくことを意味し、内面化とは、児童生徒に「なぜそうしなければいけないか」を児童生徒なりに「なるほど」と納得させる動機づけの段階である。これは、「他律から自律へ」の転換を意味するが、それが達成されるためには、①正邪善悪の判断ができること、②さらに心情（情操）への深まりを伴うこと、③よいと判断した結果をどう具体化し、表現するか、すなわち「態度」について工夫することが必要であるとする。そして社会化とは、「道徳の時間」を超えて、学級や学校の生活全体を通じての集団生活のなかで連帯感と協同意識を育てていくことであるとする。

勝部は、「道徳の時間」の本来の意義は、内面化を図るところにあるとし、「『道徳』の正統は、あくまでも生活から入って、内面化をくぐり、生活に再び帰る」（『道徳の生活指導』第一法規、1968年）べきであるとしながら、「生活から―内面化する―生活へ」という学習指導過程論を提唱した（次頁参照）。

また、青木孝頼[2]は、「価値の一般化」に基づく学習指導過程論を展開した。「価値の一般化」とは、道徳の指導において「ねらいとする一定の価値の本質を価値として子どもたちに把握させ、体得させる」ことである。資料の内容は、特定場面・条件のもとでの特定の主人公の行為に関してなされるものであり、多様な場面を「列挙」したり、中心資料とは異なる事例を「対比」させることで、中心資料とは離れて児童生徒自身に現在、あるいは将来の生き方について考えさせようとする意図に基づいている。

1　**勝部真長（1916-2005）**
東京生まれ。お茶の水女子大学教授。中央教育審議会委員、日本道徳教育学会会長、日本倫理学会会長などを歴任。『道徳教育』（金子書房、1951年）、『道徳指導の基礎理論』（日本教図、1967年）などがある。

2　**青木孝頼（1924-2011）**
文部省初等中等教育局教科調査官（道徳）を務めた。主な著書に『道徳価値の一般化』明治図書、1967年　などがある。

勝部真長の道徳の時間の展開例

生活へ ← 内面化する ← 生活から

整理	展開	導入	
⑧くふうし、方法しくみを考える ⑦自主性を確立する 意識化 勇気づけ 【主体】	⑥確かめる 一般化する 深化する 価値葛藤 反問 ⑤問題の核心にふれる 判断力と心情を深める 【客観】 ④問題に迫る	③共通の認識を高める 【主観】 ②問題発見 ①生活の場、生活問題を発表する	展開
助言・見守る 態度化 意志化	共通性と特異性	白紙で自由に 観点を明確に 共通理解 意識 焦点化	留意点

（生活指導研究連盟『「人間形成」』第60号、1965年10月）

具体的に青木は、導入段階において「ねらいとする価値への方向づけ」を行い、展開の前段で「ねらいとする価値の中心資料における追求と把握」を、展開後段では、「資料を離れて、価値の一般化を図る」、そして終末で「ねらいとする価値についての整理・まとめ」を行うとしている。

青木の授業論では、資料は授業において重要な役割を果たすが、授業の重点は明らかに「ねらい」とする価値に置かれ、「ねらいとする価値を教える」ことが主眼となっている。青木の学習指導過程論は、当時の指導過程論のなかでも代表的なものであり、今日の小学校道徳授業の中心的な流れの一つとなっている。

2　「資料を」か、または「資料で」か

青木の「資料で」という立場の授業論を批判したのが井上治郎[3]である。井上の主張は、道徳の授業は道徳的価値や徳目を教えるものであってはならず、「資料で」の立場は、「〜を」と続く何かを暗黙のうちに想定しており、その何かは、すなわち道徳的価値や徳目にならざるをえないために不適切であるというものである。井上はまた、道徳の資料は「特殊具体の状況における、特殊具体の人間の生きた姿を、さながらに描き出したものでなければならない」としている。これによって、「話題の主人公（たち）に関して、子どもたちの十人十色の感想が、いやおうなしの誘発される」ことになる。

こうした資料が誘い出す子どもたちの意見は、「批判的な意見と弁護的な意見、ないしは、批判的な意見と称賛的および弁護的な意見の対立というかたちをとる」。したがって、「そのいずれかの意見の対立を前提とし、出発点として、子どもたちの話し合いを組織するのが道徳の授業の姿」であるというのが井上の主張

3　井上治郎（1923-）
文部省初等中等教育局教科調査官（道徳）を務めた。主な著書に『道徳授業から道徳学習へ──道徳授業入門』明治図書、1991年　などがある。

であった。

「資料で」と「資料を」の論争は、その後の道徳授業の二つの流れを形成することになる。しかし、両者の主張は、青木が小学校、井上が中学校の道徳授業を前提としたものであり、それぞれは十分な論議を経ることも、また交流することもなく教育現場に受け入れられていった[4]。

3 多様な道徳授業論の試み

教育学の考え方には、大きく分けて**本質主義**と**進歩主義**の2つの立場があるといえる（本書6頁参照）。本質主義の立場は、歴史の試練に耐えてきた文化遺産の教育的価値を重視し、学校にはそれを次世代に伝達・継承するという社会的役割があることを強調する。これに対して進歩主義の立場は、児童生徒の興味・関心・成長欲求をまず受け止めることに力点を置き、児童生徒の自発性・主体性を尊重して活動意欲を引き出すことを重視するものである[5]。

例えば、アメリカの本質主義の立場は、道徳教育においては、**インカルケーション**（価値の内面化：inculcation）の道徳教育、あるいは人格教育（character education：品性教育ともいわれる）として理解される。この立場では、例えば青少年の問題行動や自制心の欠如は親や教師が善悪をしっかり教えてこなかった結果であるととらえ、社会や大人が望ましいと考える価値を児童生徒に伝達することが道徳教育の目的であるとする。

一方、進歩主義の立場の道徳教育では、インカルケーションの道徳教育は、正直・親切・勇気・忍耐などの社会の慣習的価値を児童生徒に注入するもの（インドクトリネーション：indoctrination）と批判し、ディスカッションなどを通して、子どもの価値表現や価値判断を尊重する道徳教育を主張した。この立場は、「価値の明確化」や**コールバーグ**の「道徳性発達理論に基づく道徳教育」に代表され、1960年代以降のアメリカで大きな流れとなっている。

なかでもコールバーグは、モラル・ディスカッションを積極的に取り入れた道徳教育を提唱した。これは、子どもに「**モラルジレンマ**」（道徳的葛藤）場面を設定することで不均衡状態を経験させ、話合いを通じて、より高度の均等状態に道徳的判断を高めていくことを目的としたものであり、一般には次のようなプロセスのなかで行われる。

---

①児童生徒のジレンマを提示し、次の2つの発問をする。
　「主人公はそうすべきか否か」「それはなぜか」
②第一次判断と、その判断理由を考える。
③判断理由に焦点を当ててディスカッションをする（小グループまたはクラス全体）
④ディスカッションの後、第二次の判断と判断理由を考える。

---

[4] 行安茂・廣川正昭編『戦後道徳教育を築いた人々と21世紀の課題』教育出版、2012年

[5] 小寺正一・藤永保編『新版 道徳教育を学ぶ人のために』世界思想社、2001年

1958（昭和33）年の「道徳の時間」の特設は、ある意味では、インカルケーション的な指導への回帰を意味していた。しかし、「道徳の時間」では、望ましい価値の内面化を図るために価値を教え込まずに児童生徒の道徳性を育成することを前提としてきた。そのため、道徳的な心情や道徳的判断力の育成を重視した道徳教育が模索されると同時に、児童生徒の主体的な価値判断も尊重された。

道徳教育における本質主義と進歩主義の大きな潮流のなかで、日本でも1980年代後半からはコールバーグの授業理論の研究[6]や「価値の明確化」の授業理論[7]が紹介された。また、1990年代には、各教科や総合的学習および特別活動などそれぞれのなかでの道徳的価値に関する流れを押さえ、「道徳の時間」と関連づけて児童生徒が連続的に道徳学習を発展させられるように支援していく「総合単元的道徳学習」が提唱された[8]。

「総合単元的道徳学習」の構想は、インカルケーション（価値の内面化）と児童生徒の自発性・主体性を重視する2つの立場を統合しようとするものと理解することができる。

このほか、日本では特に1990年代以降、道徳授業におけるさまざまな道徳授業論が実践・展開されている。例えば、林泰成は、これらの道徳授業論の類型を「読み物資料を用い、話し合いを中心とする授業」「放送番組を使った授業」「価値観の類型化」「構造式方式」「再現構成法」「総合単元的道徳学習」「統合的道徳教育（統合化方式）」「モラルジレンマ授業」「ロールプレイングを取り入れた授業」「構成的グループエンカウンターを取り入れた授業」「価値明確化」「ケアリング倫理に基づく授業」「モラルスキルトレーニング」などに分類している[9]。また、このほかにも「ディベート的討論」や「ストレス・コーピング」を取り入れた授業や「マンガによる道徳授業」などの実践をあげることができる[10]。

「特別の教科 道徳」の設置にあたっては、「考え、議論する道徳」への「質的転換」が意図され、「問題解決的な学習、道徳的行為に関する体験的な学習等を適切に取り入れるなど、指導方法を工夫すること」（『中学校学習指導要領解説 特別の教科 道徳編』）が求められている。「考え、議論する道徳」をめざす今後の道徳教育においては、さまざまな議論が展開されることになるが、こうした議論のなかに従来の道徳授業論がどのように組み込まれ、また再構成されていくのかが重要な課題である。

（貝塚茂樹）

---

6 荒木紀幸編『道徳教育はこうすればおもしろい――コールバーグ理論とその実践』北大路書房、1988年　など。

7 諸富祥彦『道徳授業の革新』明治図書、1997年　など。

8 押谷由夫『総合単元的道徳学習論の提唱』文溪堂、1995年　などを参照のこと。

9 徳永正直・林泰成他『道徳教育論――対話による対話への教育』ナカニシヤ出版、2003年、103頁

10 諸富祥彦編『道徳授業の新しいアプローチ10』明治図書、2005年　などを参照。

◀参考文献▶

- 貝塚茂樹『道徳教育の教科書』学術出版会、2009年

13 コラム ── 人権教育・同和教育

1 人権教育とは？

人権とは端的には「人が生まれながらにもっている必要不可欠なさまざまな権利」のことをいう[1]。ここから読み取るべきなのは、人権は私たちが生まれながらにもっていて、さらに必要不可欠なものであることである。具体的な場面ごとに、最低限の生活を送る権利、信教の自由の権利などのように展開することになるが、私たちが人間として生きていくための必要不可欠な権利が生まれながらに与えられていることを最初に確認しておきたい。

さらに、**人権教育**は、こうした人権を尊重する精神を涵養することを目的とする活動ということになるが[2]、より具体的には、「人権や人権擁護に関する基本的な知識を確実に学び、その内容と意義についての知的理解」「人権が持つ価値や重要性を直感的に感受し、それを共感的に受けとめるような感性や感覚、すなわち人権感覚」、そしてそれらを基盤とした「自分と他者との人権擁護を実践しようとする意識、意欲や態度」「その意欲や態度を実際の行為に結びつける実践力や行動力」の育成がめざされることになる。

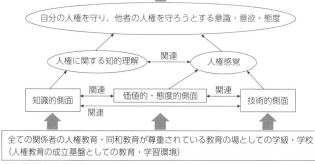

(「人権教育の指導方法等の在り方について（第3次とりまとめ）」の掲載図を簡略化した。)

2 同和教育とは？

「人権教育及び人権啓発の推進に関する法律」第7条に基づいて策定された「人権教育・啓発に関する基本計画」（2002〈平成14〉年3月策定、2011〈平成23〉年4月変更）において、現在および将来にわたって人権擁護を推進していくうえでの重要課題があげられているが、女性、子ども、高齢者、障害者、アイヌの人々、外国人、HIV感染者、ハンセン病患者等とともにあげられているのが、**同和問題**である。

同和問題とは「日本社会の歴史的発展の過程において形成された身分階層構造に基づく差別により、日本国民の一部の集団が経済的・社会的・文化的に低位の

---

[1] 人権教育の指導方法等に関する調査研究会議「人権教育の指導方法等の在り方について（第3次とりまとめ）」(2008〈平成20〉年3月) 指導の在り方編第Ⅰ章1「(1)人権とは」参照。

[2] 「人権教育及び人権啓発の推進に関する法律」第2条参照。

状態におかれ、現代社会においても、なおいちじるしく基本的人権を侵害され、とくに、近代社会の原理として何人にも保障されている市民的権利と自由を完全に保障されていないという、もっとも深刻にして重大な社会問題」[3]である。戦後、3つの特別立法に基づきさまざまな施策が講じられてきたが、同和問題に関する国民の差別意識は「着実に解消に向けて進んでいる」が、「地域により程度の差はあるものの依然として根深く存在している」[4]ことから、現在においてもなお、私たちが取り組んでいかなければならない課題であるといえる。

そのため、同和問題の解決をめざすための同和教育は、同和問題に対する差別意識を解消し、その知識や理解を深め、課題の解決に向けた実践的な態度を培っていくことが望まれる。よく言われることであるが、同和問題には「寝た子をおこすな」式の考え方を排除することが必要である。というのも、私たちの差別には、人々の観念や意識のうちに潜在する心理的差別と、生活実態に具現されている実態的差別があるからである[5]。ともすれば、具体的なかたちをとって現れる実態的差別のみに注目しがちであるが、心理的差別と実態的差別が相互作用的に生起していることに気づき、私たちの思考や感情に巣食う差別意識を自覚化し、解消していくことこそがこの問題の解決につながることを理解しておかなければならない。

3 人権教育・同和教育と道徳教育

道徳教育の観点からすると、2017(平成29)年に改正された小中学校の『学習指導要領』の「第1章 総則」で示される「人権尊重の精神」あるいは「第3章 特別の教科 道徳」の「第2 内容」に示される「法やきまりの意義を理解した上で進んでそれらを守り、自他の権利を大切にし、義務を果たすこと」(小学校第5、6学年)、「法やきまりの意義を理解し、それらを進んで守るとともに、そのよりよい在り方について考え、自他の権利を大切にし、義務を果たして、規律ある安定した社会の実現に努めること」(中学校)に現れているように、内容項目の一つとしてとらえることが可能である。

しかし、人権教育を通じて培うことがめざされる人権尊重の精神とそれを基礎づける知的理解、人権感覚、実践的な態度は、道徳教育においてめざされる道徳性、特に道徳的判断力、道徳的心情、道徳的実践を主体的に行う意欲と態度との親和性を見いだすことができる。それゆえ、両者が連携・協働しつつ進められる必要があるといえる。

ただし、両者にはその目標、内容等に親和性があるとしても、それぞれが独自の教育領域として成立している。つまり、道徳教育のなかで人権教育を扱うこともできるが、人権教育をもって道徳教育の代替とはならないということを最後に確認しておきたい。

(走井洋一)

---

3 「同和対策審議会答申」1965(昭和40)年8月

4 「人権擁護推進審議会答申」1999(平成11)年7月

5 「同和対策審議会答申」1965(昭和40)年8月

◀参考文献▶

- 人権教育の指導方法等に関する調査研究会議「人権教育の指導方法等の在り方について(第3次とりまとめ)」2008年
- 同和対策審議会「同和対策審議会答申」1965年
- 人権擁護推進審議会「人権擁護推進審議会答申」1999年
- 文部科学省『小学校学習指導要領』2017年
- 文部科学省『中学校学習指導要領』2017年

14 「道徳の時間」の充実策の展開

1 教育課程答申「学校における道徳教育の充実方策について」

　教育課程審議会は、1963（昭和38）年7月に「**学校における道徳教育の充実方策について**」を答申した。答申では、「教師のうちには、一般社会における倫理的秩序の動揺に関連して価値観の相違がみられ、また道徳教育についての指導理念を明確に把握しないものがみられる。（中略）道徳の指導について熱意に乏しく自信と勇気を欠いている者も認められる。また、一部ではあるが、道徳の時間を設けていない学校すら残存している」ことが、「道徳教育の充実に大きな障害となっている」と指摘し、当時の道徳授業の問題点を指摘している。

　答申を受けた文部省は、1964（昭和39）年から1966（昭和41）年にかけて、小学校、中学校の学年別に『**道徳の指導資料**』を編集・作成し、各学校に教師用として配布した。しかし、こうした充実策は必ずしも「道徳の時間」の活性化にはつながらなかった。

2 「期待される人間像」の提言

　中央教育審議会は、1966年10月31日に答申の別記として「**期待される人間像**」[1]を公表した。「期待される人間像」では、「日本人としての自覚をもった国民であること」「職業の尊さを知り、勤労の徳を身につけた社会人であること」「強い意志をもった自主自立の人間であること」という理想の人間像を掲げ、その育成を目標とした。

　「期待される人間像」の内容に対する論議の焦点となったのは、天皇と愛国心に関わる問題であった。第二部第四章「国民として」において、①正しい愛国心を持つこと、②象徴に畏敬の念を持つこと、③すぐれた国民性を伸ばすこと、が掲げられた。ここでは、国家を「世界において最も有機的であり、強力な集団である」と位置づけながら、「国家を正しく愛することが国家に対する忠誠である。正しい愛国心は人類愛に通ずる」と述べた。「期待される人間像」に対する議論の多くは、政治的なイデオロギー対立を色濃くしたものに終始し、その趣旨と内容が実質的に教育界に浸透することはなかった。

3 臨時教育審議会以後の教育改革と道徳教育

　1980年代に入ると、校内暴力などの「教育荒廃」がさらに深刻化していった。こうした状況に対して、1984（昭和59）年に内閣直属の諮問機関として設置した**臨時教育審議会**[2]は、特に中等教育において、①自己探求、人間としての「生き方」の教育を重視する、②児童・生徒の発達段階に応じ、自然の中での体験学習、集

---

[1] 中央教育審議会の第19特別委員会（主査は高坂正顕）の審議を経て提出されたものであり、第1部「当面する日本人の課題」と第2部「日本人にとって期待されるもの」の2部から構成されている。

[2] 中曽根内閣のもとで設置され、1987（昭和62）年8月までに4つの答申を提出した。

団生活、ボランティア活動・社会奉仕活動への参加を促進すること、などの道徳教育の充実策を提言した。

臨時教育審議会の答申をうけて、『平成元年版学習指導要領』は、自ら学ぶ意欲と社会の変化に対応できる人間の育成を強調し、「自ら考え主体的に判断し行動する力を育てる教育の質的転換」をめざした。具体的には、学習指導要領の「道徳」の目標に「生命に対する畏敬の念」を加えるとともに、「主体性のある」日本人の育成を強調した。

また、『平成10年版学習指導要領』では「生きる力」の育成を図るために、道徳教育は①豊かな心と未来を拓く実践力の育成と学校の教育活動全体で取り組むべき道徳教育のかなめとしての「道徳の時間」の役割を強調すること、②校長や教頭の参加と他の教師との協力的な指導を取り入れること、③ボランティア活動や自然体験活動などの体験活動を生かす多様な指導の工夫、が求められていた。

さらに、中央教育審議会は、1998（平成10）年6月30日に「**新しい時代を拓く心を育てるために―次世代を育てる心を失う危機―**」（「心の教育」答申）を答申し、学校の教育活動全体で行う道徳教育の「かなめ」としての「道徳の時間」の役割とその活性化を提言するとともに、ボランティア活動、自然体験活動、郷土の文化・伝統に親しむ活動といった体験的な道徳教育の必要性を求めた。

こうした提言に基づいて、文部科学省は、2002（平成14）年に『**心のノート**』[3]と題する小冊子を作成し、全国の小・中学生に配布した。その趣旨は、「児童生徒が身に付ける道徳の内容を、児童生徒にとってわかりやすく書き表し、道徳的価値について自らきっかけとなるもの」とされ、「道徳の時間」などでの活用が期待された。

4　教育改革国民会議の提言と教育基本法の改正

内閣総理大臣の私的諮問機関であった**教育改革国民会議**は、2000（平成12）年12月、小学校に「道徳」、中学校に「人間科」、高校に「人生科」などの教科を設けるなどの提言を盛り込んだ報告書を発表した[4]。報告書は特に、「学校は道徳を教えることをためらわない」として、「学校は、子どもの社会的自立を促す場であり、社会性の育成を重視し自由と規律のバランスの回復を図ることが重要である。また、善悪をわきまえる感覚が、常に知育に優先して存在することを忘れてはならない」と指摘した。

2006（平成18）年12月22日、教育基本法が約60年ぶりに改正され、これに基づく『平成20年版学習指導要領』では、「道徳の時間」を要として全教育活動を通して児童生徒たちの人格形成を図ることを求める一方、道徳教育の推進を主に担当する**道徳教育推進教師**を設け、どの学校においても確実に道徳教育の効果を上げることができる指導体制の充実を求めた。

（貝塚茂樹）

3　『心のノート』は、100名あまりの学識経験者や小・中学校教員の協力によって作成され、小学校1・2年用、小学校3・4年用、小学校5・6年用、中学校用の4種類がある。それぞれのページには、児童生徒が道徳的価値に気づいたり、自らを振り返ったりするイラストや写真、詩や文章、自らの思いを記入する欄などがあった。

4　報告書「教育改革国民会議報告―教育を変える17の提言」は、「新しい時代にふさわしい教育基本法」の必要性を盛り込み、これが教育基本法改正へとつながった。

◀参考文献▶

- 貝塚茂樹『戦後教育は変われるのか』学術出版会、2008年
- 貝塚茂樹『道徳教育の教科書』学術出版会、2009年

15 「道徳の時間」から「特別の教科 道徳」へ

1 教育再生実行会議と「道徳の充実に関する懇談会」の提言

　道徳の教科化成立の直接の契機は、第二次安倍内閣のもとに2013（平成25）年1月に設置された**教育再生実行会議**[1]の提言である。教育再生実行会議が、同年2月に発表した「いじめ問題等への対応について（第一次提言）」は、「現在行われている道徳教育は、指導内容や指導方法に関し、学校や教員によって充実度に差があり、所期の目的が十分に果たされていない状況」にあるとしたうえで、「新たな枠組みによって教科化し、人間の強さ・弱さを見つめながら、理性によって自らをコントロールし、より良く生きるための基盤となる力を育てること」と提言した。

　「第一次提言」に基づき、同年3月、文部科学省に「道徳教育の充実に関する懇談会」[2]（以下、懇談会と略）が設置され、道徳の教科化に向けての具体的議論が開始された。懇談会が同年12月にまとめた報告書（以下、「報告」と略）は、道徳教育の一層の充実を図るために、「道徳の時間」を教科とすることを提言した。学校教育法施行規則や学習指導要領において**特別の教科 道徳**と位置づけることによって、その目標・内容をより構造的で明確なものとするとともに、学校の教育活動全体を通じて行う道徳教育の要（かなめ）としての性格を強化し、各教科等における指導との役割分担や連携の在り方等を改善することが期待できる、というのが「報告」の意図であり結論である。

　また「報告」は、道徳教育が、「自立した一人の人間として人生を他者とともにより良く生きる人格の形成を目指すものである」としたうえで、教育の根本に道徳教育が据えられるべきものであるとした。しかし、現在の学校は、道徳教育の理念の共有や教師の指導力など多くの面で課題が山積している現状にあり、

　「道徳教育の目指す理念が関係者に共有されていない」「教員の指導力が十分でなく、道徳の時間に何を学んだかが印象に残るものになっていない」「他教科に比べて軽んじられ、実際には他の教科に振り替えられていることもある」などの状況が、本来の道徳教育の在り方からは程遠い状況にあると指摘した。

　こうした道徳教育の現状を改善し、現行の「道徳の時間」が学校の教育活動全体で行う道徳教育の要としての役割を果たすためには、教科化による制度的な変革が必要となるというのが「報告」の基本的な立場であった。「報告」は、これまでの道徳教育に対する「アレルギー」を払拭し、人間としての在り方に関する根源的な理解を深めながら、社会性や規範意識、善悪を判断する力、思いやりや弱者へのいたわりなどの前提となる「人間として踏まえるべき倫理観や道徳性」を育成することを強く求めた。

1　第二次安倍内閣における教育提言を行う私的諮問機関であり、2013（平成25）年1月に発足した。

2　懇談会は、合計10回の審議を行い、2015（平成26）年12月26日に「今後の道徳教育の改善・充実方策について——新しい時代を、人としてより良く生きる力を育てるために（報告）」を提出した。

2 中央教育審議会答申「道徳に係る教育課程の改善等について」

懇談会による道徳の教科化の提言は、中央教育審議会専門部会での議論を経て、2014（平成26）年10月21日の中央教育審議会答申「**道徳に係る教育課程の改善等について**」（以下、「答申」と略）によって具体化された。

「答申」は、道徳教育の充実を図るためには、「道徳の時間」を「特別の教科 道徳」として新たに位置づけ、「その目標、内容、教材や評価、指導体制の在り方等を見直すとともに、『特別の教科 道徳』（仮称）を要として道徳教育の趣旨を踏まえた効果的な指導を学校の教育活動全体を通じてより確実に展開することができるよう、教育課程を改善することが必要と考える」とした。

また「答申」は、「特別の教科 道徳」が、「道徳性の育成」を目標として、「道徳的価値」の理解を基軸としながら、自己を見つめ、ものごとを多面的・多角的に考えることで、自己の生き方や人間としての生き方についての考えを深める学習の必要性とともに、検定教科書の導入と問題解決的な学習や体験的な学習を取り入れた多様で効果的な指導法の改善を提言した。

さらに、「特別の教科 道徳」の評価は、児童生徒の一人ひとりのよさを認め伸ばし、道徳性にかかる成長を促す評価となるように配慮する必要がある。そのためにも、児童生徒の「道徳性」を多面的、継続的に把握し、総合的に評価していくことが求められ、成長を見守り、努力を認め励まし、さらに意欲的に取り組めるような評価となることが望ましいとした。

3 「特別の教科 道徳」の成立

2015（平成27）年3月27日に、学校教育法施行規則の一部を改正する省令および学習指導要領の一部改正が告示され、学校教育法施行規則のなかの「道徳」は**「特別の教科である道徳」**（以下、道徳科と略）と改められた。これによって、道徳科が正式に決定し、小学校では2018（平成30）年度、中学校では2019（平成31）年度から道徳科が完全実施され、同時に検定教科書が使用されることとなった[3]。

道徳科は、「道徳的価値について多面的・多角的に学び、実践へと結び付け、更に習慣化していく指導へと転換する」という「考え、議論する」道徳への「質的転換」をめざすものと示された。2017（平成29）年3月に『平成29年版学習指導要領』が告示され、これに基づき2018（平成30）年1月に『学習指導要領解説 道徳編』が刊行された。

これまでの歴史を振り返ると、道徳教育をイデオロギー対立の対象から解き放ち、児童生徒の「道徳性」を直視した道徳教育を可能とするためにも道徳の教科化は必要な措置であった。その意味で道徳科の成立は、戦後の道徳教育史における歴史的課題を解決するための方策として位置づけることができる。

（貝塚茂樹）

---

3 「移行措置」として、2015（平成27）年4月から新学習指導要領に基づいての授業が可能となっている。

◀参考文献▶

- 貝塚茂樹『道徳の教科化――「戦後70年」の対立を超えて』文化書房博文社、2015年
- 貝塚茂樹「改正学習指導要領を踏まえた今後の道徳教育に期待すること」『教育委員会月報』通巻第789号、2015年6月

16 「考え、議論する道徳」への転換

1 「主体的・対話的で深い学び」としての「考え、議論する道徳」

　2014（平成26）年10月の中央教育審議会答申「道徳に係る教育課程の改善について」は、これからの時代を生きる児童生徒には、さまざまな価値観や言語、文化を背景とする人々と相互に尊重し合いながら生きていくことがこれまで以上に求められる。その際に必要となるのは、将来の社会を構成する主体となる児童生徒が高い倫理観をもちながら、「人としての生き方や社会の在り方について、多様な価値観の存在を認識しつつ、自ら感じ、考え、他者と対話し協働しながら、より良い方向を目指す資質・能力を備えること」が重要であるとした。

　そのうえで、特に道徳教育については、「特定の価値観を押し付けたり、主体性をもたず言われるままに行動するよう指導したりすることは、道徳教育が目指す方向の対極にある」と指摘しながら、「多様な価値観の、時に対立がある場合を含めて、誠実にそれらの価値に向き合い、道徳としての問題を考え続ける姿勢こそ道徳教育で養うべき基本的資質である」とした。

　そして、こうした資質・能力を育成するためには、一人ひとりの児童生徒が自分ならどのように行動・実践するかを考え、自分とは異なる意見と向かい合い議論するなかで、道徳的価値について多面的・多角的に学び、実践へと結びつけることのできるために指導が必要となる。

　道徳科の設置にあたっては、答えが一つではない課題に対して児童生徒が道徳的に向き合う「考え、議論する道徳」へと「質的転換」を求められた。それは、従来のように読み物の登場人物の心情を読み取ることに重点が置かれた授業や児童生徒に望ましいと思われるわかりきったことを言わせたり書かせたりする授業からの脱却を明確に求めるものであった。言い換えれば、「考え、議論する道徳」とは、道徳科において「主体的・対話的で深い学び」を実践する授業改善の視点であるといえる。

　これからの社会が、「多様性を基盤とした社会」の実現をめざす以上、自分とは異なる意見と向かい合い議論するなかで、道徳的価値について多面的・多角的に学び、実践へと結びつけるという「考え、議論する道徳」を実現することは、重要な課題である。

2 道徳教育の本質としての「考え、議論する道徳」

(1)「道徳的諸価値」の自覚

　道徳教育のめざすものは、「道徳的諸価値の自覚」である。ここでいう「自覚」とは、単純にものごとを知識として「知る」ことではなく、「わかる」あるいは

「腑に落ちる」という感覚に近いものである。

例えば、このことはいじめを例とすればわかりやすい。「いじめは悪い」ということを頭では知ってはいても、いじめがいっこうに減らないのは「いじめは悪い」ということの意味が、「腑に落ちていない」、つまりは「自覚」されていないためである。

一般に「自覚」とは、自分自身の在り方を反省し、自分が何者であるかを明瞭に意識化することである。ソクラテスの「汝自身を知れ」という言葉を引くまでもなく、「自覚」とは、哲学にとっての出発点であると同時に目標でもあり、自己認識や自己反省と重なる。

もちろん、「自覚」するということは簡単なことではない。その難しさの根拠は、自分が自分自身を意識化することにある。そのためには、認識する自分と認識される自分を区別しなければならないが、両者は同時に同じ自分でもあるというパラドックスを抱え込んでいる。

(2)「考え、議論する」ことの意味

このパラドックスのなかで、私たちが道徳的諸価値を「自覚」するために何が必要か。例えば小林秀雄[1]は、「自覚」するためには「考える」ことが不可欠と述べる。小林によれば、「考えるということは、自分が身を以て相手と交わるということ」であり、「対象と私とが、ある親密な関係へ入り込むということ」を意味している。つまり、「考える」ことそれ自体が「他者」とつながることであり、自分と「他者」の関係性を欠いては「自覚」へいたることはないと理解されている[2]。

また、「考える」という行為は、「他者」とよく話し合うことでもあり、本来は対話的なものである。さまざまな「他者」との対話を繰り返す経験は、自分の考えを確認し、よりよい視点を発見するために不可欠のものである。もちろんこの「他者」には、「自己」も含まれる。「自己を見つめる」「自分が自分に自分を問う」という意味の内省や「自己内対話」は、「もう一人の自分」との出会いであり対話である。

道徳的諸価値を「自覚」するとは、考えることを通じて、「自己」を含めた「他者」と対話し、議論することによる「腑に落ちる」という経験である。その意味では、「知る」から「自覚」へとつなぐための方法と過程(プロセス)が「考え、議論する道徳」であるといえる。

確かに、「考え、議論する道徳」は、道徳教育の「質的転換」を象徴するものである。しかしそれは、決して新しい概念を提示したものではなく、道徳教育の学びの本質を表現したものと考えることができる。

(貝塚茂樹)

---

1 小林秀雄(1902-1983)。文芸評論家。主著に『無常といふ事』『本居宣長』など。

2 小林秀雄「信じることと知ること」『学生との対話』収載。新潮社、2014年

◀参考文献▶

- 松本美奈ほか『特別の教科 道徳 Q&A』ミネルヴァ書房、2016年
- 西野真由美ほか『「考え、議論する道徳」の指導法と評価』教育出版、2017年

「主体的・対話的で深い学び」と道徳科

1 「主体的・対話的で深い学び」と「考え、議論する道徳」

2016（平成28）年12月21日の中央教育審議会答申[1]では、すべての教科等について、①何を理解しているか、何ができるか（生きて働く「知識・技能」の習得）、②理解していること、できることをどう使うか（未知の状況にも対応できる「思考・判断力・表現力等」の育成）、③どのように社会・世界と関わり、よりよい人生を送るか（学びを人生や社会に生かそうとする「学びに向かう力・人間性等」の涵養）、の三つの柱に基づいて育成すべき資質・能力を明確にし、そのために必要な指導方法の工夫・改善を図っていくことを求めた。

道徳教育を通じて育む資質・能力とは、「自己の生き方を考え、主体的な判断の下に行動し、自立した人間として他者と共によりよく生きるための基盤となる道徳性」（学習指導要領第1章総則）、道徳性を構成する諸様相である「道徳的な判断力、心情、実践意欲と態度」（学習指導要領第3章「特別の教科 道徳」）といえる。

この道徳性は、前述の三つの柱すべてに関わるが、特に、③どのように社会・世界と関わり、よりよい人生を送るかに深く関わるものである。私たちが人生のなかでさまざまな課題に直面した時、これらにどのように向き合い、いかなる価値を大切にしながら判断し、解決していくのかの資質・能力が道徳性と位置づけることができる。

こうした資質・能力を育成するための指導方法の工夫・改善を図ることが「主体的・対話的で深い学び」の視点であり、それを道徳科において具体化したものが「考え、議論する道徳」である。

2 「主体的な学び」と道徳科

2016年12月の中央教育審議会答申において、「主体的な学び」とは、「学ぶことに興味や関心を持ち、自己のキャリア形成の方向性と関連付けながら、見通しを持って粘り強く取り組み、自らの学習活動を振り返って次につなげる」学びのことであるとされている。

「主体的な学び」を道徳科との関連でとらえれば、①児童生徒が問題意識をもち、②自己を見つめ、道徳的価値を自分自身との関わりでとらえ、自己の生き方について考える学習とすることや、③各教科で学んだこと、体験したことから道徳的価値に関して考えたことや感じたことを統合させ、④自ら道徳性を養うなかで、自らを振り返って成長を実感したり、これからの課題や目標を見つけたりすることが重要である。

道徳科において、「主体的な学び」を実現するためには、道徳科で学んだこと

[1] 「幼稚園、小学校、中学校、高等学校及び特別支援学校の学習指導要領等の改善及び必要な方策等について」

を自分との関わりでとらえながら道徳的価値に向き合い、いかに生きるべきかを考え続けることで、よりよい人生を切り拓いていくことの大切さを気づかせる指導の工夫が求められる。

3 「対話的な学び」と道徳科

「対話的な学び」とは、「子ども同士の協働、教師や地域の人との対話、先哲の考え方を手掛かりに考えることを通じ、自らの考えを広げ深める」学びのことである。

「対話的な学び」を道徳科との関連でとらえれば、①子ども同士の協働、②教員や地域の人との対話、③先哲の考え方を手掛かりに考えたり、④自分と異なる意見と向き合い議論すること、⑤道徳的価値の葛藤や衝突が生じる場面を多面的・多角的に議論することなどを通じて、自分自身の道徳的価値の理解を深めたり、広げたりすること、が重要である。

特に、道徳科の授業において、子ども同士の「対話的な学び」を効果的に行うためには、教師と子ども、子ども同士の信頼関係が基盤となる。また、逆に「対話的な学び」を成立させることが、よりよい学級経営につながることにもなる。道徳科での学びとともに、児童生徒が自分の考え方や感じ方を表現できる学級の雰囲気を醸成していくことが大切である。

4 「深い学び」と道徳科

「深い学び」とは、「習得・活用・探求という学びの過程のなかで、各教科等の特質に応じた見方・考え方を働かせながら、知識を相互に関連づけてより深く理解したり、情報を精査して考えを形成したり、問題を見いだして解決策を考えたり、思いや考えをもとに創造したりすることに向かう」学びのことである。

「深い学び」を道徳科との関連でとらえれば、①道徳的諸価値の理解をもとに、自己を見つめ、ものごとを多面的・多角的に考え、自己の生き方について考える学習を通じて、②さまざまな場面、状況において、道徳的価値を実現するための問題状況を把握し、適切な行為を主体的に選択し、③実践できるような資質・能力を育てることが重要である。

道徳科における「見方・考え方」とは、さまざまな事象を道徳的諸価値の理解をもとに、自己との関わりのなかで広い視野から多面的・多角的にとらえ、自己の人間としての生き方について考えることである。こうした「見方・考え方」を踏まえて「深い学び」を実現するためには、日常生活の問題を道徳的な問題として把握したり、自己の生き方に関する課題に積極的に向き合って考え判断したりするという、問題解決的な学習などの多様な指導法を工夫して実践する必要がある。

（貝塚茂樹）

◀参考文献▶

- 松本美奈ほか『特別の教科 道徳 Q&A』ミネルヴァ書房、2016年
- 「考え、議論する道徳」を実現する会編『「考え、議論する道徳」を実現する！』図書文化、2017年
- 吉富芳正編『「深く学ぶ」子供を育てる学級づくり・授業づくり』ぎょうせい、2017年

第2部 諸外国における道徳教育

18 アメリカ〈人格教育〉

1 人格教育が登場する背景

アメリカでは**人格教育**（キャラクターエデュケーション）が学校教育で広く普及している。人格教育とは、児童生徒の認知的・情意的・行動的な人格を総合的に育成することを目的とした教育である。

19世紀の末頃からアメリカでは既に人格教育が行われていた。ここでは教訓的な話を載せた教科書を使って、児童生徒に道徳的な内容を教え、日常生活で実践するよう指導していた。しかし、人格教育をしても児童生徒の人格形成や問題行動の改善に効果がないと批判され、1930年代頃から徐々に衰退していった。

その後、価値観が多様化するとともに従来の価値規範が崩れるなかで、荒廃する学校を立て直すために1990年代から人格教育が再び台頭してきた。現在は、アメリカの連邦教育省が中心となり、州や地方の教育委員会がさまざまなNPO（非営利団体）や高等教育機関と連携して人格教育を推進している。

2 アメリカの人格教育の基本方針と指導内容

アメリカの新しい人格教育は、州や地方によって重点は異なるが、主に①道徳的価値の理解を促し、②道徳的行為を動機づけ、③道徳的行為を習慣化することを基本方針としている。

人格教育では、児童生徒が教材を読んで道徳的価値について理解を深め、そのよさを感受するような授業もあれば、道徳的問題を取り上げてどうすべきかを考え議論するような授業もある。授業の内容を実際に生活場面で行い、よい習慣を身につけるよう指導している。このように児童生徒の人格の認知的側面と情意的側面と行動的側面を総合的に育成することをめざしている。

人格教育で指導する主要な道徳的価値は、**核心的価値**（コアバリュー）と呼ばれている。例えば、倫理・人格向上センターでは、核心的価値として「正直、勇気、責任、勤勉、奉仕、尊重」をあげている。キャラクター・カウンツ連合では、「信頼、尊重、責任、配慮、公正、市民性」を掲げている。人格教育連盟では「思いやり、正直、公正、責任、自他の尊重」を掲げている。

地域や学校で中核的価値は異なるが、基本的には5～8に限定して、それぞれの価値について繰り返し重点的に指導することで確実な定着を図っている。

3 アメリカの人格教育の指導方法と評価方法

人格教育では、児童生徒が核心的価値を単に理解するだけでなく、いかに日常生活で活用するかが重視される。そのため、児童生徒が主体的に道徳的問題について考え、グループや学級で話し合う指導方法が多く取り入れられている。

例えば、「忍耐」に関する授業では、「忍耐とは何か」「忍耐強く続けることが難しい仕事は何か」「もし忍耐が身についたら、どんなよいことがあるか」「忍耐が人生でいかに必要か」「成功するためにいかに忍耐したか」を尋ねる。また、忍耐を必要とする問題場面を提示して、どうすればよいかを考える問題解決的な学習も活用される。こうして児童生徒は忍耐という価値の意義を理解し、その行為を動機づけられ、日常生活で実践し習慣化するようになる。

人格教育では、1990年代から厳密に科学的な根拠に基づく評価が求められてきた。そこでは、道徳教育の目標や基準を設定し、それに対応した評価を行い、教育の結果責任や説明責任を果たしていく。

さらに、人格教育に関係する人々にアンケート調査が行われ評価されることもある。児童生徒に対する項目としては、「お互いを思いやり、助け合うことができる」などを尋ねる。教師に対する項目では、「児童生徒を公平に扱う」などを尋ねる。学校に対する項目では「保護者を尊重し歓迎し配慮する」などを尋ねる。基本的には、5段階で関係者の自己評価となる。

また、人格教育の授業をより厳密に科学的に評価する方法として、介入群と対照群を設定する分析方法が用いられることもある。近年では、児童生徒が現実的な状況で課題を解決する力を評価する**パフォーマンス評価**[1]や、児童生徒のレポートやワークシートやファイルを評価する**ポートフォリオ評価**[2]も導入されている。

4 学校教育全体の取り組み

アメリカの人格教育は、学校の教育活動全体を通して包括的に行うことが重視されている。例えば、人格教育パートナーシップでは「人格教育の11の原理」を提示し、学級や学校を「ケアリング・コミュニティ(思いやりのある共同体)」にし、教職員は学習・道徳コミュニティの一員となって人格教育の責任を分かち合うことをめざしている。また、学校は家庭や地域社会と連携した包括的アプローチで人格教育に取り組むことが推奨されている。学校が家庭や地域社会と協力して、児童生徒の人格形成の役割を担うパートナーとなることを重視している。

さらに、人格教育は、各教科や生徒指導、カウンセリング、特別活動などと関連づけられ、さまざまな場面で道徳的実践の指導(一種のスキル・トレーニング)が行われている。人格教育は教科横断的で総合的な学習として学校の教育活動全体に広く浸透しているのである。

(柳沼良太)

---

1 児童生徒にパフォーマンス課題に取り組ませ、その思考過程を評価する方法。

2 児童生徒のワークシートや自己評価の記録、教師の指導記録などを蓄積して、総合的に評価する方法。

◀参考文献▶

- 柳沼良太『実効性のある道徳教育──日米比較から見えてくるもの』教育出版、2015年
- トーマス・リコーナ、マシュー・デイビッドソン(柳沼良太監訳)『優秀で善良な学校~新しい人格教育の手引き~』慶應義塾大学出版会、2012年

19 イギリス〈シティズンシップ教育〉

1 イギリスのシティズンシップ教育の展開と内容

イギリス（ここでは主にイングランド）では、21世紀初頭から、**シティズンシップ教育**（教科「シティズンシップ」）を本格的に導入した。中等学校では、2002年よりシティズンシップ教育を必修とし、初等学校では、人格および社会性の発達のための教育であるPSHE（人格・社会性・健康・経済）教育と統合したかたちで、必修に準ずる扱いとされている。

シティズンシップ教育は政治教育の側面を色濃くもっていたが、2002年に導入された当初の三要素として、「社会的・道徳的責任」「共同体への関与」「政治的リテラシー」があげられていたように、徳育ないしは価値教育の側面をもっている。なお、イギリスでは上記に加えて**宗教教育**[1]が必修となっている。したがって、イギリスの価値教育は以上の三つによって相互補完的に展開している。また、これらのうち、いずれに重点を置くかについては、その時どきの政権の方針によって変化が生じている。

イギリスのシティズンシップ教育の実際の展開としては、特設の教科として展開される場合、他教科のなかで行われる場合、また、学校内外の市民的・社会的活動によって展開される場合とがある。

表1 イギリスの「価値教育」のカリキュラムにおける位置づけ

	宗教教育	PSHE教育	シティズンシップ教育
初等学校 （5歳-11歳）	必修	両者が統合された形で準必修	
前期中等学校 （11歳-16歳）	必修	準必修	必修

2 民主主義的価値

イギリスのシティズンシップ教育は、民主主義的価値を重んじる教育である。この場合の民主主義的価値とは、例えば遵法、寛容、交渉による解決、暴力的でなく平和的解決を大切にするなどである。

このための教育として、民主主義の概念や選挙などの諸制度を学ぶと同時に、民主主義的価値を実感として体験することが重要と考えられている。そのために、学校において民主的な組織の在り方や、民主的な行動を体験することが重視されている。組織の在り方とは、学校に所属する成員が何らかのかたちで自分の意見を表明する仕組みが用意されていることを指す。その成員には、児童生徒も含まれている。

---

1 宗教教育
宗教教育は、かつては国教であるキリスト教の聖書を中心とした内容であったが、現在では、キリスト教に加えて、イギリスに居住している人々が信仰する他の宗教（ユダヤ教、イスラム教、ヒンズー教、仏教、シク教など）の内容を取り入れたものとなっている。内容は、宗教知識教育である「宗教について学ぶ」側面と、それらの知識を通して子どもたちがさまざまな世界宗教の考え方や信条、自分自身の考え方・態度・信条について探求する「宗教から学ぶ」側面で構成されている。

3 実践的特質

　全英教育研究財団（NFER）[2]の研究によれば、イギリスのシティズンシップ教育の実践的展開のありようは、「カリキュラム」と「カルチャー」と「コミュニティ」の三つのＣという側面から見ることができるという。

　「カリキュラム」とは、時間割のなかに組み込まれて、特設時間や、関連他教科（PSHE教育など）のなかで展開される場合や、全校集会や学校行事などで教育される場合がある。「カルチャー」の側面とは、学校文化による機会と経験を提供するもので、いわば学校共同体のなかで、シティズンシップを育成していくというものである。民主的機関としての学校、学校の運営・意思決定への（教師や児童生徒の）参加、学校共同体への帰属感、生徒代表会議、クラブ活動や、市民的活動、環境、政治、人権、活動、模擬裁判などである。また、児童生徒が募金活動やスポーツや芸術などの諸活動へ参加していくというものである。

　「コミュニティ」の側面とは、この場合は地域など校外コミュニティとの連携のことであり、地域の行事への参加や、地域コミュニティの課題解決への参画や、校内においてボランティア団体など、外部講師の協力を得ることなどである。さらに、スポーツクラブやユースクラブなど学校外の活動への参加である。

　イギリスのシティズンシップ教育のめざすものは「能動的な市民性」である。NFERの研究によればイギリスのシティズンシップ教育の実践的側面のうちの「カルチャー」の側面として、児童生徒の自己効力感を高めることが重要であると指摘されているが、このことは能動的な市民性を考えるうえで、注目に値する。そのための学校づくりとして、自分たちの意見を聴いてもらえることや、自分の意見を表明することが授業内外のさまざまな場面で実現されているが、自分が学校生活のなかで、何らかの影響を与えると感じられることで、児童生徒は自分の効力感を高めることになる。

　シティズンシップ教育におけるこうした取り組みのなかに、児童生徒が学んだ価値に基づいて行動すること、すなわち民主主義的価値をもとに実際の行動に移すための最も重要な土台づくりを見いだすことができる。

　このように、イギリスのシティズンシップ教育は、カリキュラムだけでなく、さまざまな市民的政治的活動への参加や、地域との関わり、そして学校自体を民主化させて、そのなかで児童生徒のシティズンシップを育成していくという総合的な試みである。

（新井浅浩）

2　全英教育研究財団（NFER）
イギリスの教育研究における代表的な機関の一つである。現在は、政府や地方当局、大学、慈善団体、企業などからの委託研究を受託することで運営されている。PISAなどの国際学力テストのイギリスにおける実施機関でもある。

◀参考文献▶

- 武藤孝典、新井浅浩編著『ヨーロッパの学校における市民的社会性の教育の発展—フランス・ドイツ・イギリス』東信堂、2007年
- Kerr, D., Keating, A., Benton, T., et al., *Citizenship education in England 2001-2010: young people's practices and prospects for the future: the eighth and final report from the Citizenship Education Longitudinal Study (CELS)*, Research Report, Department for Education, 2010.

コラム ── 日本のシティズンシップ教育

1 公民教育とシティズンシップ教育

　シティズンシップ教育は、日本に従来からある公民教育とどのような違いがあるのだろうか。

　世界の動きを見ると、社会の仕組み、政治体制、市民としての義務と権利などについての知識を教えるものを公民教育、社会において責任ある市民としての資質・能力と態度の形成をめざすものをシティズンシップ教育と称する。しかし、双方を含めてシティズンシップ教育ととらえる比較研究もあることから定義は一様ではない。また、世界の国々では、道徳教育と公民教育では、比重の置き方に差異があり、前者に重点を置く国と、後者に重点を置く国が見られるが、そのありようは、シティズンシップ教育の在り方にも影響を与えているといえる。

　日本の公民教育については、そのねらいには、社会の諸問題に着目し、自ら考えようとする態度を育てるというものがあるが、実際にはこれまでは知識の獲得に重点を置いた教育が行われてきた。

　そこで、日本においては、これまでの公民教育とは別に新たにシティズンシップ教育の取り組みが徐々に見られるようになってきた。文部科学省からシティズンシップ教育についての全体像は提示されていないが、2006（平成18）年には、経済産業省が「シティズンシップ教育宣言」[1]を出している。経済産業省の研究グループがまとめた報告書とシティズンシップ宣言には、①シティズンシップ教育を市民的行動に必要な知識、②他者と協働し能動的に関わるための意識、③多様な価値観・属性で構成される社会において自らを生かし、ともに社会に寄与するスキル、の3つからなる能力の全体像が提示された。

2 実践的展開の例

　日本でシティズンシップ教育の実践が見られるようになったのは、2000年以降である。それらは、文部科学省の主導のもとに全国に共通して導入されたものではなく、文部科学省の研究開発校に指定されたものや、各地においてそれぞれ独自に展開されたものである。それゆえ、展開のありようも多様になったことが指摘されている。それは社会科のなかの教科として実践されたものと、社会科以外の教科として道徳を中心に全校の活動によって進められているものがある。

　一例として東京都品川区において2006年から導入されている「市民科」[2]の実践を見てみよう。品川区の「市民科」のねらいは、「教養豊かで品格のある人間を育てることを目指し、児童生徒一人一人が自らの在り方や生き方を自覚し、生きる筋道を見付けながら自らの人生観を構築するための基礎となる資質や能力を育

---

1 「シティズンシップ教育宣言」
2006（平成18）年3月に経済産業省が出した「シティズンシップ教育と経済社会での人々の活躍についての研究会 報告書」を要約したもの。同研究会では、右のような3つの能力を身につけることは、いかなる人々にとっても個々人の努力に負うことには限界があり、家庭、地域、学校、企業、団体など、さまざまな場での学習機会や参画機会の保障を通じて初めて体得されうるものであると考え、シティズンシップ教育の具体的な内容や実施の在り方を検討した。

2 「市民科」
東京都品川区の市民科導入の背景には、最近の子どもたちが将来についての夢をもてないだけでなく、子どもの規範意識や社会的マナー、公共心が低下しているという認識がある。そして、社会の一員としての役割を遂行できる資質・能力とともに、確固たる自分をもち、自らを社会的に有為な存在（社会のなかの個）として意識しながら生きていける「市民性」を育てる学習を、小中一貫教育において創設した。

む」ことであり、「道徳の時間」「特別活動（学級活動）」「総合的な学習の時間」を統合した学習となっている。「市民科」は市民科学習（教科書を活用した学習）、児童会、生徒会活動、クラブ活動（小学校のみ）、学校行事で構成されている。学年ごとのねらいを見ると、1・2学年では「基本的生活習慣と規範意識」、3・4学年では「よりよい生活への態度育成」、5～7学年では「社会的な行動力の基礎」、8・9学年では「市民意識の醸成と将来の生き方」となっている。「市民科」では、育てる資質を次の7つとしている。すなわち、主体性、積極性（以上、個と内面）、適応性、公徳性、論理性（以上、個と集団）、実行性、創造性（以上、個と社会）である。さらに、これらの資質と関連させて、日常・社会生活のさまざまな場面・状況・条件に関わる5つの領域と、実践的に活用できる態度や行動様式、対処方法として以下の15の能力を設定している。

東京都品川区「市民科」5つの領域・15の能力

対　象	領　域	能　力		
個にかかわること	自己管理	自己管理	生活適応	責任遂行
個と集団・社会をつなぐこと	人間関係形成	集団適応	自他理解	コミュニケーション
	自治的活動	自治活動	道徳実践	社会的判断・行動
社会にかかわること	文化創造	文化活動	企画・表現	自己修養
	将来設計	社会的役割遂行	社会認識	将来志向

出典：新しい学習「市民科」（東京都品川区ホームページ http://www.city.shinagawa.tokyo.jp/hp/menu000006200/hpg000006190.htm　アクセス日：2015年10月14日）

　これを見ると、望ましい行為・行動をトレーニングするという特徴が浮かび上がる。「市民科」の成果としては、基本的生活習慣検査（3・4・5年生対象、平成24年度実施）の結果、返事、挨拶などの礼儀作法、身体の不自由な方やお年寄りに優しく接する公徳心、学校や社会のルールを守って生活しようとする規範意識などが身についてきていることが明らかになっている。

　水山光春は日本においてシティズンシップ教育を導入した典型的な6校を分析した結果、その内容については比較的技能中心であり、教える価値についてはそれほど明確になっていないという。

　なお、文部科学省は、2015年8月、次期学習指導要領（2020年度から小中高で順次導入開始予定）において、高校の公民科で新教科「公共」を必修科目として新設する案を公表した。これは選挙などの政治参加や社会保障、契約、家族制度、雇用、消費行動などを学ぶものである。討論や模擬投票、模擬裁判、新聞活用などを取り入れ、若者の自立心を育み社会参加の意欲を高めるとともに、立場によって意見の異なる課題について、議論や交渉を通して解決できる能力を培うことをねらいとしている。これはまさにシティズンシップ教育のめざすものであり、具体的な内容の策定が注目される。

（新井浅浩）

◀参考文献▶

・水山光春「日本におけるシティズンシップ教育実践の動向と課題」『京都教育大学教育実践研究紀要』第10号、2010年

21　ドイツ・フランスの道徳教育

ヨーロッパ大陸の隣国どうし、ともにEU（European Union：欧州連合）[1]の中心的役割を担うドイツとフランスであるが、両国の道徳教育は対照的である。

ドイツでは、基本法（憲法に相当）において、「宗教科は、非宗派学校を除き、公立学校の正規の教科である」と定められており、キリスト教の**宗派教育**がほとんどの州で実施されている。他方、フランスでは、第三共和制成立後の19世紀後半から、「非宗教」を意味する**ライシテ**[2]（laïcité）が公教育の原則として確立しており、公立学校では宗教によらない道徳教育が実施されている。

また、EUでは、こうした加盟各国の違いを超えて、ともにヨーロッパ市民を育成するための**市民性教育**（シチズンシップ教育）に力を入れている。

1　ドイツ

ドイツは16州で構成される連邦国家であり、教育に関する権限は各州の専管事項となっている。そのため、ドイツでは、州によって学校制度が異なり、学習指導要領も各州で独自に作成されている。しかし、近年では、連邦として教育内容の統一化を図る政策が推進されており、学習内容や教育課題が「スタンダード」としてKMK（各州文部大臣常設会議）によって示されるようになった。「宗教」は、この会議の合意（1994年）により、基礎学校（小学校）の教科として設置することとされている。また、学習領域（テーマ）として、「環境と健康」「郷土愛と異文化」に関する学習を設置することも定められている。

「宗教科」は各宗教団体の教義を教える宗派教育であるため、保護者や生徒には履修しない権利が認められている。1970年代以降、宗教科を履修しない児童生徒数の増加に伴い、こうした児童生徒を対象とした「代替科目」の設置が各州で進められるようになった。現在はすべての州で、「宗教」を履修しない児童生徒はこれら「代替科目」を履修することとなっている。科目の名称は州によって異なる（表1参照）が、「倫理」や「哲学」などが多い。

代替科目の履修者は増加傾向にあり、例外的な措置を意味する「代替」ではなく、「選択科目」として並列に位置づけようとする提案がなされることもある。また、東西ドイツ統一（1990年）後、それまで宗教が教えられてこなかった旧東ドイツ州にも「宗教科」が必修となったが、唯一、ブランデンブルク州は、宗教を含む倫理を扱う独自教科「生活形成・倫理・宗教（LER）」を必修と位置づけ、「宗教」を選択科目とした。しかし宗教科の位置づけを低下させるこうした提案や制度に対する各宗教団体からの批判は大きく、現在もほとんどの州で「宗教」は必修教科に位置づけられている。

1　EU（欧州連合）
1993年に設立。「人間の尊厳の尊重、自由、民主主義、平等、法の支配、マイノリティに属する人々の権利を含む人権の尊重という価値」（欧州連合条約第2条）に基づいて設置され、これらの価値の促進を目的としてうたっている。この条約において、「市民性」という語が使用され、国家の市民であるとともにヨーロッパの市民でもあるという考え方が示された。2016年現在の加盟国は28か国。

2　ライシテ
ライシテ（laïcité）とは、フランス語で「非宗教、世俗性、政教分離」を意味する。フランスは、共和国憲法第1条において、「フランスは、不可分の、非宗教的、民主的で社会的な共和国である」と定めている。ライシテは、このフランス共和国の基本理念としての政教分離原則を指す。

表1　ドイツの各州で設置されている「宗教」以外の科目

科目名	採用している州
倫理・倫理科	バーデン＝ヴュルテンベルク、バイエルン、ベルリン[a]、ヘッセン、ザクセン、ザクセン＝アンハルト、ラインラント＝プファルツ、ザクセン、チューリンゲン
一般倫理	ザールラント
生活形成・倫理・宗教	ブランデンブルク
哲学	ブレーメン[b]、ハンブルク、シュレスヴィヒ＝ホルシュタイン
子どもと哲学する	メクレンブルク＝フォアポンメルン
実践哲学	ノルトライン＝ヴェストファーレン
価値と規範	ニーダーザクセン

a：ベルリンでは、「倫理」が正規の教科、「宗教」は自由選択。
b：ブレーメンでは、例外規程により宗派教育である「宗教科」は設置されておらず、「聖書史」が教えられている。

（本表は筆者作成）

　宗教科のカリキュラムは、各宗教団体が作成する。しかしそれ以外の学校カリキュラムが知識教授に偏っているわけではない。ドイツ各州で作成される教育目標には、人格形成や道徳性などが盛り込まれており、人格形成は学校の責務と見なされている。

　KMKが策定した「教育スタンダート」は、児童生徒が一定の学年段階までにどのようなコンピテンシー（Kompetenz）を獲得すべきかに関する最低基準を定めたものである。対象教科は、ドイツ語、第一外国語、数学および理系科目に限定されるが、一部の州では、社会科系など他教科についても共同で枠組みの開発が行われた。この枠組みでは、教科を超えて育成すべき汎用的なコンピテンシーとしての「行為コンピテンシー」[3]の育成が重視されている。この共同開発に関わった各州（ベルリン、ブランデンブルク、メクレンブルク＝フォアポンメルン）では、道徳に関わる科目についても、「行為コンピテンシー」の育成を位置づけた学習指導要領をそれぞれ独自に開発している。

　例えば、メクレンブルク＝フォアポンメルン州の「子どもと哲学する」の基礎学校（小学校に相当）版では、共同開発された枠組みに基づき、行為コンピテンシーを認知能力と社会的能力、スキル、習慣、態度などの相互関係、有機的な結合によって発揮される力であるとして、この関係性を重視するとともに、それらが、学校の授業だけで身につくものではないことから、学校外の体験と関連づける意義を強調、学習が文脈や状況に結びつけられねばならないとする基本的な理念が解説されている。そのうえで、この科目で育成すべき力が、行為コンピテンシーの構成要素に従って示され、学習を通して何ができるようになるかという到達目標として具体化されている。また、コンピテンシーの育成にとって本質的な指導方法として、児童生徒の体験を生かすことや、協同での問題探究、多様な対話の促進などが重視されている。

3　行為コンピテンシー
「行為コンピテンシー」は、「個々人が職業的、社会的、私的なさまざまな状況において、思慮深く、また個人的・社会的に責任をもって振る舞う用意があり、またその力があることとして理解される」。行為コンピテンシーは、より具体的に、①事象コンピテンシー、②方法コンピテンシー、③自己コンピテンシー、④社会コンピテンシー－の4つの次元で構成される。
(Sekretariat der Kultusministerkonferenz (Hrsg.) *Handreichung für die Erarbeitung von Rahmenlehrplänen der Kultusministerkonferenz für den berufsbezogenen Unterricht in der Berufsschule und ihre Abstimmung mit Ausbildungsordnungen des Bundes für anerkannte Ausbildungsberufe*, 2011., p.15)

また、各州とも持続可能な社会構築への関心が高く、ESD[4]や環境教育が教科横断的テーマに位置づけられている。人格形成の教育を特定教科によらず、各教科の学習や学校生活全体を通して実践しているのがドイツの道徳教育といえよう。

2 フランス

フランスは、かつて第三共和制下において、宗教によらない世俗的な道徳教育を目的として「道徳」を教科として創設した歴史をもつ。その後、「道徳」の名称が使われなかった時期もあるが、特定宗派によらず、公民的道徳を育成する方針は一貫してきた。

2013年7月、当時の国民教育大臣ペイヨン氏のもとで、従前の法律を改定する学校基本計画法（通称ペイヨン法）が制定された。この改定の柱の一つが、道徳教育の改革である。

改定に伴い、2013年9月には「学校におけるライシテ憲章」が発表され、ライシテ（非宗教）の重要性が改めて強調されている。憲章では、「国家は共和国の価値を生徒たちに共有させる使命を学校に課す」と明示、ライシテが価値に対する中立や消極的姿勢ではなく、客観的で多様な見方を保障しつつ、人格形成と市民性の学習を求めるものであることを示している。

ペイヨン法のもとで行われた教育改革によって、道徳教育は、新教科「道徳・公民」に刷新された（2015年9月の新学期から実施）。従前の教科名は、小学校で「道徳と公民」、コレージュ（中学校）で「公民教育」、リセ（高等学校）では「公民・法・社会」と学校段階によって異なっていた。新教科では名称が統一されるとともに、小学校から高等学校まで一貫した理念が示された。設置時間数は、小中学校では週1時間、リセは年間最低18時間となっている。

「道徳・公民」の基本方針は、「ライシテの枠組みの中で行われる」と明示されたうえで、この教科で教える価値は、「個人の信条や信仰または生活の選択がいかなるものであっても、全員に受け入れられうるものでなければならない」とされている。具体的には、「学校で教える価値は、民主主義的な共和国の市民権の原則や価値と密接に関係する公民的道徳である。これらの価値は、自由、平等、友愛、ライシテ、連帯、正義の精神、尊重、あらゆる形態の差別の排除である」として、共和国で共有されるべき価値があげられている。

ドイツにおける「**コンピテンシー**」同様、フランスでも教科を超えて育成すべき資質・能力が「**共通基礎**」[5]として定められている。この「共通基礎」も新法下で改訂され、「思考とコミュニケーションのための言語活動」「学習の方法とツール」「人格・市民性育成」「自然体系と技術体系」「世界と人間活動の表現」の5領域となった。改訂版では、複雑で予期しない状況に対処するため、知識や能力、態度を動員して問題を解決する力の育成をめざしていることが明示されている。

---

4 ESD
ESDは Education for Sustainable Development の略で「持続可能な開発のための教育」と訳されている。ESDは、持続可能な社会づくりの担い手を育む教育であり、地球規模のさまざまな課題－環境・貧困・人権・平和・開発など－の解決につながる価値観や行動を生み出し、持続可能な社会を創造していくことをめざす学習や活動である。（参照HP：日本ユネスコ国内委員会「持続可能な開発のための教育」http://www.mext.go.jp/unesco/004/1339957.htm アクセス日：2015年1月5日）
KMKは2007年にドイツ・ユネスコと協同で『学校における持続可能な開発のための教育』に関する勧告を出している。なお、ドイツでは、「持続可能な開発のための教育」は、ドイツ語でBNE（Bildung für nachhaltige Entwicklung）と呼称されているが、ここではESDで統一する。

5 共通基礎
義務教育期間中に身につけるべき知識とコンピテンシーを示したもので、先の教育基本法（フィヨン法）のもとで導入された。2013年に「知識・コンピテンシー・教養の共通基礎」として改訂された。

6 「生涯学習のためのキー・コンピテンシー」
EUの政策執行機関であるEC（European Commission：欧州委員会）の教育・文化総局が、2006年12月に発表した「生涯学習のためのキー・コン

これに対応して、「道徳・公民」の学習指導要領は、「育成すべき資質・能力」「理解すべき内容」「教育方法」を具体的に示している。

「道徳・公民」教育の目的は、「行動のドグマまたはモデルを課すのではなく、生徒に対し、個人的・社会的生活における自らの責任を徐々に自覚させる資質を育むことである。道徳的・公民的教養や批判的精神を習得することをめざす」とされ、「価値、知識、実践」を関連づける教科と位置づけられている。

教科の内容は、①感受性、②法律とルール、③判断、④コミットメント（実践）という相互に関連する4側面で構成される。学習方法は、児童生徒の活動を重視、グループ学習や討議を中心に進めるよう示されている。

従来の教科は、知識学習が中心で実践との関連性は低かったが、今次の改革では、「あらゆる段階のあらゆる教育が道徳・公民教育に関連づけられるべきである」とされ、教科学習や学校生活との関連が強く意識されている。学習指導要領では、教科「道徳・公民」の学習内容に加え、「学級・学校における実践例」もあげられている。表2は、小学校高学年における「判断（自分自身で他者とともに考える）」に関する項目の一部抜粋（抄訳）である。

表2 フランスの「道徳と公民」学習指導要領の記載例

判断：自分自身で他者とともに考える		
目標 1．批判的反省の適性を伸ばす：道徳的判断の妥当性の規準を求める。議論やディベートにおいて自他の判断を比較する。 　　2．自分の個人的な利益と全体の利益を区別する。		
めざす知識、能力、態度	教育内容	学級・学校における実践例
1/a 個人の意見や選択を表現し正当化するため、短い論証を述べる。	・選択とその正当化 ・論証の単純な構成 ・行動の善悪の判断理由	・物語（神話、短編小説）または学級生活の状況から、正義、不正や善悪にアプローチする。 ・年齢に応じた道徳的ジレンマ ・価値の明確化の訓練
1/b 討論において自分の意見を他者に押しつけずに主張し、他者の意見を受け入れる。	・グループ討議のルール ・論証の手ほどき ・偏見とステレオタイプ	

3 ヨーロッパの市民性教育

ドイツ・フランス両国が属するEUは、設立以来、多文化、多言語の超国家的な統合体として、さまざまな文化の共存に向け、「ヨーロッパ市民」を育成するための市民性教育を推進する教育政策を打ち出してきた。2006年には「生涯学習のためのキー・コンピテンシー」[6]を公表、8つのキー・コンピテンシーの一つに「社会的・市民的コンピテンシー」をあげ、加盟各国に対し、多様化する社会に参加し、異文化と交流しつつ建設的な社会生活を送るための資質・能力－アクティブな市民性－の育成を求めてきた。民族の歴史や文化などさまざまな差異を乗り越えて、ヨーロッパ共同体の市民としてともに生きるための**市民性教育**の理念は、今日のドイツ・フランスの教育改革にも反映されている。　　　（西野真由美）

ピテンシー－ヨーロッパの準拠枠組み」で示された（なお、EUでは「コンピテンス（competence）」の語を使用しているが、邦訳ではOECDが使用している「コンピテンシー（competency）」で統一して訳されることが多い。本項でもコンピテンシーで統一している）。

◀参考文献▶

- 小島佳子「フランス」『諸外国の教育2013年度版』文部科学省、2013年（「学校におけるライシテ憲章」の訳は本文献に従っている。）
- European Commission, *Key Competences For Lifelong Learning －European Reference Framework*, Office for Official Publications of the European Communities, 2007.
- Ministère de l'Éducation nationale, *Programme d'enseignement moral et civique, École élémentaire et collège,* Bulletin officiel spécial n°6 du 25 juin 2015.
- 原田信之編著『確かな学力と豊かな学力』ミネルヴァ書房、2007年
- Bundesministerium für Bildung und Forschung (Hrsg.). *Zur Entwicklung nationaler Bildungsstandards. Eine Expertise.*, 2003.
- Ministerium für Bildung, Wissenschaft und Kultur des Landes Mecklenburg-Vorpommern (Hrsg.) Rahmenplan Grundschule Philosophieren mit Kindern. (http://www.bildungsserver-mv.de/download/rahmenplaene/rp-philosophie-gs.pdf)

22 韓国の道徳教育

1 韓国の道徳教育の展開

韓国（朝鮮）[1]で本格的に道徳教育が開始されたのは、戦前の日本統治時代のことであり、学校では日本と同様に**「修身」**という教科が設けられていた。1911年の「第一次朝鮮教育令（明治44年勅令第229号）」で登場したこの「修身」は、1945年8月15日に解放を迎えるまでの約35年間にわたって天皇制教学体制の支柱として存在し、「日本人」としての国民的資質を育成するための重要な役割を担っていた。しかし、1947年の米軍政開始とともに廃止され、代わって米国から**「社会生活」**（社会科の前身）が導入されると、道徳教育は一変することになる。米軍政期（1945〜1948）では、社会科教育を通じた経験主義的な道徳教育が主流となったからである。

だが一方で、当時の政情不安や貧困を背景に青少年の非行問題が社会問題化していくなかで、社会科による間接的な道徳教育には批判の声が高まっていった。また、1950年6月に勃発した朝鮮戦争は、以降の道徳教育の強化と発展に重大な影響を及ぼすことになった。休戦後（1953年〜）では道徳教育に**「反共教育」**が含まれることになり、政治教育の必要性が、結果的に道徳教育の教科教育学的研究とその発展をけん引したからである。「第2次教育課程」（1963年）での**「反共・道徳生活」**は教科外だったが、「第3次教育課程」（1973年）では「道徳」に改称して教科へ昇格し、以来、韓国では教科教育として行われてきた。1990年代までの韓国では、反共イデオロギー教育は道徳教育の重要なテーマの一つだったのである。

しかし、1990年代からの世界的な冷戦の終焉と南北融和はこうした状況に変化をもたらし、かつての「反共教育」は「統一教育」や「人権教育」へと衣替えしていった。研究者や実践者の関心事も道徳教育の在り方に対する本質的な追究へと重心が移ってきている。とりわけ「2007年改訂教育課程」以降はこうした傾向が顕著であり、現在は2〜3年の短いスパンで精力的に「教育課程」[2]が改訂されている。

2 道徳科の目標

教科目標は、「自律的で統合的な人格を形成する」ことにあるが、そのために道徳科では多角的で総合的な学習が展開される点に特徴がある[3]。まず、①「自分」、②「私たち・他の人」、③「社会・国家・地球共同体」、④「自然・超越的な存在」という4領域と自分との価値関係性を理解し、その理解をもとに道徳的知識を学習していく。次に、「道徳の問題」に対峙して解決を図りながら、「道徳的思考力と判断力」「道徳的情緒」「実践意思・実践力」等を同時に育成していく。

1　正確にいえば、韓国とは1948年8月15日に朝鮮半島の南半分の地域で建国された国家だが、便宜上、ここでは戦前の日本による統治時代の朝鮮も含める場合は、韓国（朝鮮）と表現することにする。

2　韓国では、わが国の学習指導要領に相当する国家基準のカリキュラムを「教育課程」という。

3　初・中共通の総括的目標は次のとおりである。
韓国道徳科の総括的目標
　自分と、私たち・他の人、社会・国家・地球共同体、自然・超越的な存在との関係に関する正しい理解をもとに、人間の生に必要な道徳的規範と礼節を学ぶとともに、生の多様な領域で発生する道徳問題に対する感性を育成し、道徳的思考力と判断力、道徳的情緒、実践意思および能力を通じて道徳的徳性を涵養し、これをもとに自律的で統合的な人格を形成する。

教育科学技術部「別冊6　道徳科教育課程」5頁（筆者訳）

つまり、認知的、情意的、行動的な各側面からの多角的な学習と問題解決的な学習過程を通じて教科の目標を達成しようとしているのである。

3 道徳科の内容

例として初等学校の「道徳」の内容を示せば、以下のとおりである[4]。

韓国の初等学校「道徳」の内容体系

内容 領域	重要価値・徳目		3・4学年		5・6学年	
	全体志向	領域別				
道徳的主体としての私	尊重 責任 正義 配慮	自律 誠実 節制	(ア) 大切な私 (イ) 自分のことを自分で行う生	(ウ) 誠実な生活 (エ) 反省する生	(ア) 感情の調節と表現 (イ) 自分の行動に対する責任感	(ウ) 自負心と自己啓発 (エ) 節制する生活
私たち・他の人との関係		孝行 礼節 協同	(ア) 和睦した家庭 (イ) 友人間の友情と礼節 (ウ) 感謝する生活	(エ) 隣人間の道理と礼節 (オ) インターネットマナー (カ) 助け合いの生活	(ア) 情報社会での正しい生活 (イ) 年長者を敬う心と礼節	(ウ) 配慮し奉仕する生 (エ) 葛藤解決
社会・国家・地球共同体との関係		遵法・公益 愛国心 統一意志 人類愛	(ア) 公共の場での秩序と規則 (イ) 国に対する愛と矜持	(ウ) 統一の必要性と統一の努力 (エ) 多文化社会での正しい生	(ア) 人権尊重と保護 (イ) 法と規則の順守 (ウ) 共同体意識と市民の役割	(エ) 公正な行動 (オ) 我々が追求する統一の姿 (カ) 地球村時代の人類愛
自然・超越的存在との関係		自然愛 生命尊重 平和	(ア) 生命の尊さ	(イ) 自然愛と環境保護	(ア) 真の美	(イ) 愛と慈悲

(教育科学技術部告示第2012-11号『道徳科教育課程』6頁、筆者訳)

内容の領域は、目標の上記の4つの枠組みに準拠して構成されている。また、「ゲーム中毒の予防」や「正しい生活観と環境保護」のような現代的課題や「脱北者の生活の理解」のような韓国固有の政治的課題も積極的に扱われている。

4 韓国・道徳科からの示唆

韓国は、教科教育としての道徳教育の在り方を40年以上追究してきた歴史をもっている。近年では単なる「心の教育」にとどまらず、特別活動や生徒指導等との垣根を越え、学際的で総合的な観点から「道徳」をとらえ直そうとする動きが見られる。

教科教育がスタートしたわが国においても、こうした韓国の道徳科から示唆される点は少なくないだろう。しかし、その成果に注目しながらも、わが国でも独自の道徳科の在り方を追究していく必要がある。道徳科の可能性を探究し、いかに実効性のある教科教育をデザインしていくのかが強く求められているのである。

(関根明伸)

---

[4] 初等学校では3～6学年、中学校では1～3学年に道徳科が設置されている。授業は初等学校では学級担任が担当し、中学校では道徳科の専任教員が担当する。

初等学校3・4年の教科書

◀参考文献▶
- 教育科学技術部「告示第2012-14号 別冊1 初・中等学校教育課程総論」
- 教育科学技術部「告示第2012-11号 別冊6 道徳科教育課程」

23 シンガポール

1 教育改革の進むシンガポール

シンガポール共和国は、東南アジアのマレー半島南端に位置する都市国家である。約710km²（東京23区と同程度）の国土に人口約500万人が暮らす国際的な商業都市であり、総人口の7割強を中華系が占めるが、マレー系、インド系、ユーラシア系などの民族で構成される多民族・多言語国家である（公用語は、英語を教育上の主要言語とし、中国語、マレー語、タミル語）。

1965年にマレーシアから分離・独立以後、天然資源に乏しいシンガポールでは、人材育成が国の最重要課題であり、一貫して教育に力を注いできた。

1990年代以降は、国際的な学力調査において世界トップクラスの学力を誇っているが、それに伴って受験競争の過熱が問題となってきた。そこで、1997年以後、「思考する学校、学ぶ国家」をスローガンに、創造的思考力を育成し創造的で革新的な国家をめざす教育改革を展開してきた。2000年代には、「少なく教え、多くを学ぶ」教育政策のもと、児童生徒が主体的に活動する探究型・問題解決型授業への転換が図られ、知識中心から能力育成型カリキュラムへの移行が進んでいる。

2 シンガポール版21世紀型コンピテンシーとは

多民族国家であるシンガポールでは、文化の多様性を認め合いながら、統一国家の市民としてのアイデンティティを形成することが教育課題となってきた。学校教育では、1991年に政府によって策定された共有価値（Shared Values）―尊重、責任、ケア、調和―に「誠実」と「レジリエンス」を加えた6つの「**中核価値（Core Values）**」が「公民・道徳教育」を中心に教えられてきた。

2010年、教育省は、21世紀の社会で育成をめざす市民像を盛り込んだ「教育到達目標」とこれらの価値をつなぐ**コンピテンシー**[1]の枠組みを「カリキュラム2015（C2015）」として提起した。この「C2015」（右図参照）は、円の中心に「中核価値」を置き、その外の円に「社会的・情動的コンピテンシー」、さらに「21世紀型コンピテンシー」を配する三層で構成され、全体で学校教育がめざす4つの市民像の育成へつなげている。それぞれの項目で育成がめざされている価値や能力を次の表で確認しよう。

「C2015」の構造図

出典：Ministry of Education Singapore, *Teaching and Learning of 21st century Competencies in schools*, 2010, p.3.

1　コンピテンシー
コンピテンシーは、教育界では、OECD（経済協力開発機構）が2003年にキー・コンピテンシー（主要能力）を定義し、国際調査で活用したことで世界的に広まった。OECDによれば、「コンピテンシー」とは、単なる知識や技能だけではなく、技能や態度を含むさまざまな心理的・社会的なリソースを活用して、特定の文脈のなかで複雑な要求（課題）に対応することができる力を意味する。OECDのキー・コンピテンシーの概要は、文部科学省内のサイトで確認することができる。
（文部科学省「OECDにおける『キー・コンピテンシー』について」http://www.mext.go.jp/b_menu/shingi/chukyo/chukyo3/016/siryo/06092005/002/001.htm）
（アクセス日：2016年1月5日）

表1　「C2015」の構成表

中核価値	尊重（Respect）、責任（Responsibility）、誠実（Integrity）、ケア（Care）、レジリエンス（Resilience）、調和（Harmony）
社会的・情動的コンピテンシー	自己意識（自己の感情や強さ、弱さの理解） 自己管理（感情のコントロール） 社会的意識（異なる見方に気づき多様性を承認、他者への共感） 関係管理（健全な関係を築き、維持する） 責任ある意志決定（状況を分析し行為を決定する）
21世紀型コンピテンシー	公民的リテラシー、グローバル意識と文化横断的スキル 批判的・創造的思考 情報とコミュニケーションスキル
めざす市民像	自信のある個人（善悪の意識、批判的思考、コミュニケーション力） 自律した学習者（学習に対する責任感、省察、忍耐） 活動的な貢献者（チームワーク、イニシアチブ、革新） 思いやりのある市民（市民意識、情報収集、行動力）

（図と同じ出典資料に基づき筆者作成）

3　人格・市民性教育（CCE）のカリキュラム

「カリキュラム2015」の策定に伴い、1990年より設置されてきた教科「公民・道徳」の見直しが進められ、「人格・市民性教育」（Character and Citizenship Education：CCE）が新たに導入されることとなった。この新教科は、21世紀型能力を育成する教科として抜本的改革が図られ、2014年1月から実施されている。

人格・市民性教育（CCE）は、価値やスキルを学習する特設時間、ガイダンスプログラム、学校主体のさまざまな活動等で構成される総合的な教育活動である。学習内容は、6つの中核価値・3つのビッグアイディア[2]（アイデンティティ・関わり・選択）・6領域（自己・家族・学校・コミュニティ・国家・世界）の組み合わせで開発され、各単元で育成すべきスキルが明示されている。

表2　人格・市民性教育の内容構成

中核価値（Core Values）	ビッグアイデア（Big Ideas）	領域（Domains）
尊重	アイデンティティ（Identity）	自己
責任		家族
レジリエンス	関わり（Relationships）	学校
誠実		コミュニティ
ケア	選択（Choice）	国
調和		世界

出典：Ministry of Education Singapore（2012）

学習方法では、プロセス・ベースのアプローチを推奨。「何を学んだか」だけでなく、学習のプロセスを重視し、体験的学習、協働学習、討論やロールプレイなどの活用を求めている。また、評価は、指導に生かすためと明記され、児童生徒の自己評価や相互評価を活用し、パフォーマンス課題も盛り込みながら価値理解やコンピテンシー、スキルの発達を評価することとされている。

現在は新教科の理念を実践していくための教師教育の充実が図られている。

（西野真由美）

2　ビッグアイディア
「重大な観念」とも訳される。教科の本質に関わるような中核的な概念や原理を意味する。ウィギンズ＆マクタイによれば、「重大な観念とは、バラバラな事実とスキルに意味を与え関連づけるような概念やテーマ、論点である」（Wiggins & McTighe, 2005, p.5〔邦訳は〈2012〉p.6〕）。重大な観念は、教科で学習されるさまざまな断片的な知識をつなぎ深い理解をもたらす中核観念であり、カリキュラム編成や個々の単元の指導と評価を焦点化するうえで役立つとされる。

◀参考文献▶

- Ministry of Education Singapore（2012）*2014 Syllabus: Character and Citizenship Education. Primary.*
- Wiggins, G. & McTighe, J.（2005）*Understanding by design*, expand 2nd edition. Virginia: Association for 282 supervision and curriculum development.（西岡加名恵訳『理解をもたらすカリキュラム設計―「逆向き設計」の理論と方法』日本標準、2012年）
- 池田充裕「マレーシア・シンガポール―複合社会の教育政策と多民族共生への課題」天野正治、村田翼夫編著『多文化共生社会の教育』玉川大学出版部、2001年
- 松尾知明『21世紀型スキルとは何か―コンピテンシーに基づく教育改革の国際比較』明石書店、2015年

第3部 学校教育と道徳教育

24 現代社会と道徳教育〈グローバル社会と多様性〉

1 グローバル化とは何か

　情報通信技術や産業構造の高度化に伴い、国家間や地域間では相互に影響を与え合う関係性が構築されてきている。世界的規模でさまざまなかたちで作用し合いながら、遠くの国や地域で発生した事象が自分の生活する国や地域にも影響を及ぼし、また逆の場合もありうる時代となっている。1990年代からいわれるようになったこうした現象を**グローバル化**[1]といい、従来の国民国家の枠組みだけでなく、地球的規模の視野でとらえるべき社会のことを**グローバル社会**という。

　このように急速にグローバル化が進展する現在、地球的規模の交流と相互連結性は日増しに高まっており、我々が異なる文化や文明と接触する機会や場はますます拡大しつつある。だが同時にそれは、異なる倫理観や価値観の間では摩擦や葛藤の発生する機会が増大することも意味している。したがって異なる文化や文明を相互に理解して尊重し、互いの多様性や相違点を認め合うことは、平和的な国際社会を維持するうえできわめて重要な今日的課題となっているのである。

2 グローバル化と国際理解教育

　グローバル化に関する教育的な概念として、これまでは国際理解教育がその主流となっていた。国際理解教育は1947年にUNESCO（国際連合教育科学文化機関）によって開始され、UNESCO憲章の人権と民主主義を人類の普遍的価値としており、文化的多様性の相互理解と世界平和の実現をその目的としている。日本では、1951年のサンフランシスコ講和条約による独立の回復とUNESCO加盟による国際社会への復帰を機に本格的に開始された。これをうけて昭和33年版学習指導要領では、自国や自国の文化を愛する心情だけでなく、「世界の他の国々や民族文化を正しく理解し、人類愛の精神」を培うことが強調された。その後、1970年代はやや低調だったものの、1980年代の**臨時教育審議会**では「教育の国際化」として再び注目を浴びることになる。ただし、その内実は「自国への理解と尊重ができてこそ他国も尊重できる」という論調にとどまるものであり、急速な国際化の動きのなかで、いかに日本の存在感を示すのかが主要な課題となっていた。

　国際理解教育が明確に定義づけられたのは、1996年7月19日発表の中央教育審議会答申「21世紀を展望した我が国の教育の在り方について」である。そこでは、

---

[1] グローバル化は、①モノやカネの流通とその過程を含む経済的次元、②紛争や争い事などの諸問題に対処するための国家機関や政府間の相互に関する政治的次元、③テレビやインターネットなどのメディア情報や商品の流通化に伴う文化的次元、④世界規模で共有する環境問題としてのエコロジー次元、そして⑤グローバル化そのものをどうとらえるべきかというイデオロギー的次元等で展開され、相互に関連し合いながら影響を与えている。（田中智志ほか『道徳教育論』一藝社、108頁）

地球環境問題やエネルギー問題、人口問題、難民問題などの地球規模の問題に触れながら、①異文化の理解と異なる文化をもった人々とともに生きる能力、②日本人としてのアイデンティティーの確立、③外国語によるコミュニケーション能力の育成、が国際化時代に求められるものとして明示されていた。しかも、日本の伝統と文化の尊重や外国文化の理解だけでなく、「異質なものへの寛容」と「他者との共生」という新しい視点が加味されており、国際化時代における新しい価値を創出する必要性についても言及されていたのである。

しかし、こうした日本の国際理解教育は、世界的なESD[2]の理念の高まりと合流することで包括的な課題の一つに組み込まれ、そのなかでさらに発展していくことになる。2001年11月の「文化の多様性に関するユネスコ宣言」、そして2002年の日本が提唱した「持続可能な開発のための教育の10年」が国連の総会で採択されるなど、異文化理解にとどまらず、環境や気候変動、世界遺産、生物多様性などのさまざまな諸課題を包摂しながら、グローバル化時代の新しい教育の在り方としてESDが提唱されていった。これらは、国際理解教育や開発教育、人権教育等の諸課題への主体的な取り組みをベースに、環境、経済、社会、文化などの側面から学際的かつ総合的に地球的規模の課題解決に臨むことで、持続可能な社会を構築する担い手を育成するものである。また個々の文化や伝統は、統合された社会における文化的な多元性を構成する一つの要素ととらえられ[3]、人類の共通財産としての文化的多様性こそが、さらなる文化の発展や創造を可能にするという考えに基づいている。そのためESDは、異文化をもつ人々との共存のための単なる国際理解教育ではなく、グローバルな課題の解決と世界全体の文化創造と発展のための教育となっている。

3 グローバル化と道徳教育

グローバル化の時代に、道徳科はどう関わっていくべきか。『中学校学習指導要領』（平成27年一部改正）の「総則」では、「伝統と文化を尊重し、それらを育んできた我が国と郷土を愛し、個性豊かな文化の創造を図るとともに、平和で民主的な国家及び社会の形成者として…（中略）…他国を尊重し、」とある。ここには伝統や文化を愛する日本人の育成と他国やその人々に対する理解の重要性が併記されており、戦後の国際理解教育の理念がそのまま継承されていることがわかる。

しかし、「国際社会の平和と発展や環境の保全に貢献し未来を拓く主体性のある日本人の育成」という記述にも注目したい。文化や環境を地球全体の課題ととらえ、多様性こそが新しい文化の発展や創造を可能とする点が示唆されているからである。道徳科のなかには既にグローバル社会のなかのESDの理念が含意されているのであり、新しい文化やその発展を主体的に創造していくための学習が、一人ひとりに強く求められているのである。

（関根明伸）

2　ESDとは、Education for Sustainable Development（持続可能な開発のための教育）の略である。

3　文部科学省ホームページ　http://www.mext.go.jp/unesco/004/index.htm（アクセス日：2015年8月7日）

◀参考文献▶

- 山口大学大学院東アジア研究科『教育におけるグローバル化と伝統文化』建帛社、2014年
- 田中智志ほか『道徳教育論』一藝社、2014年

25 コラム──ESD

1 ESDとは何か

ESD（Education for Sustainable Development）とは、「持続可能な開発のための教育」である。「持続可能な開発」とは、「将来世代のニーズを満たしつつ、現在の世代のニーズも満たすこと」（国連「環境と開発に関する世界委員会」報告書『我ら共有の未来（Our Common Future）』、1987）であり、ESDは、将来にわたって持続可能な社会の担い手を育成するための教育と定義できる。

「持続可能な開発」はとりわけ環境問題と関わりが深いため、ESDといえば**環境教育**を指すととらえられがちだがそれは違う。持続可能な社会の実現には、環境問題だけでなく、世代間や地域間の公平、男女間の平等、社会的寛容、貧困削減、国際平和など多岐にわたる課題がある。「ESDの概念図」（ユネスコ国内委員会）に示されているように、ESDにはこれら多様な教育課題が含まれる。

ESDは、これらさまざまな現代的課題についての知識獲得だけでなく、学習者が地球規模で考え、さまざまな課題を自らの問題としてとらえ、身近なところから取り組み（Think globally, act locally）、持続可能な社会を創造していくことをめざして世界的に展開されている学習活動である。

2 ESDの歩み

ESDの重要性が初めて世界に向けて発信されたのは、1992年国連環境開発会議（リオデジャネイロ）で採択されたアジェンダ21であった。その後、2002年開催のヨハネスブルグ・サミット（持続可能な開発に関する世界首脳会議）において、2005年からの10年間を「国連持続可能な開発のための教育（ESD）の10年」とすることが日本政府によって提案され、ユネスコ[1]が主導機関として国際実施計画を策定して世界的に推進することとなった。

日本は、「ESDの10年」の提唱国として、ESDを教育の重要施策として位置づけてきた。2008（平成20）年告示の学習指導要領からは、「持続可能な社会の構築」の視点が、道徳教育、社会、理科など各教科等に盛り込まれている。[2]

「ESDの10年」の最終年にあたる

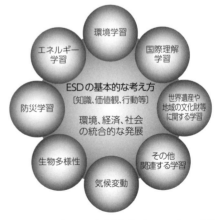

出典：日本ユネスコ国内委員会「ユネスコスクールと持続発展教育（ESD）」（2013年）

1 ユネスコはESDの主導機関であり、日本では日本ユネスコ国内委員会がその任に当たっている。ESDに関する最新の情報や資料は、同委員会のWebサイト「持続可能な開発のための教育」で確認できる。
http://www.mext.go.jp/unesco/004/1339970.htm（アクセス日：2016年1月5日）

2 文部科学省におけるESDの取り組みは、下記のサイト「今日よりいいアースの学び ESD持続可能な開発のための教育」で紹介されている。
http://www.esd-jpnatcom.mext.go.jp/（アクセス日：2016年1月5日）

2014年、ESDに関するユネスコ世界会議が日本（名古屋・岡山）で開催された。会議では今後のESD推進に向け、「ESDに関するグローバル・アクション・プログラム（GAP）³」が採択されている。

3 道徳教育におけるESDの可能性

ESDは、持続可能な社会の構築をめざして行動できる人間の育成をめざした学際的・総合的な学習活動である。その学習内容には、環境、エネルギー、防災、平和、人権、多文化共生など持続可能な社会づくりに必要な多岐にわたるテーマの学習が含まれている。しかし、ESDの最大の特色は、それら個別の学習課題の導入だけに終わらず、学校カリキュラム全体をESDの視点で見直すよう求めていることである。

ではESDの視点とは何か。日本国内におけるESDを推進してきた日本ユネスコ国内委員会は、ESDが、自分で課題を見つけ、自ら学び考え行動する力を育て、豊かな人間性を育てるという「生きる力」の育成をめざした日本の学校教育の理念と重なるものであると指摘している。より具体的には、ESDは、二つの観点、すなわち、人格の発達や、自律心、判断力、責任感などの人間性を育むという観点、そして、他者や社会、自然環境との「関わり」や「つながり」を尊重できる個人を育むという観点に立って、学校教育の在り方を見直す実践である。

このように見てくると、道徳や価値に関する学習がESDの中核に位置づけられていることがわかる。ESDは、学校教育全体において、持続可能な開発に向けた「社会の変革を促す価値観」（日本ユネスコ国内委員会）の育成を求めているのである。知識や思考力、そして価値観を実践（行動）につなぐ学習の実現をめざすESDのアプローチは、「特別の教科 道徳」を中核とする道徳教育の全体計画を現代的な課題の視点で構想するための柱となりうるのである。

「特別の教科 道徳」の学習指導要領では、「社会の持続可能な発展などの現代的な課題」を扱い、「身近な社会的課題を自分との関係において考え、その解決に向けて取り組もうとする意欲や態度を育てるよう努めること」（小学校）と示されている。このような行動変容につながる学び方・教え方について、ESDでは、「関心の喚起→理解の深化→参加する態度や問題解決能力の育成」を通じて「具体的な行動」を促すという一連の流れのなかに学習を位置づけ、体験や実感を重視した、課題探究や問題解決的な参加型アプローチを推奨している。

ESDで重視されている「つながり」や「関わり」の観点を考慮に入れれば、道徳教育におけるESDの実践では、地域や自然、将来世代とのつながりのある、探究的な学習活動の実現が要請されよう。地域のさまざまな教育資源を活用し、社会と関わりながら学ぶ、社会に開かれた学習を展開する道徳教育の全体計画が構想されねばならない。

（西野真由美）

---

3 ESDに関するグローバル・アクション・プログラム（GAP）
「ESDの10年」の後継として、2015年以降のESDの世界的な推進・拡大をめざして策定された行動計画。持続可能な開発のためには、我々の思考と行動の変革が必要であるとし、教育はその変革を実現する重要な役割を担うと位置づけられている。
GAPの目標は、ESDの取り組みを教育・学習のあらゆる分野や段階で実践していくことであり、その目標実現に向け、次の二つの目的を設定している。
(a) すべての人が、持続可能な開発に貢献するための、知識、技能、価値観、態度を習得する機会を得るため、教育および学習を再方向づけすること。
(b) 持続可能な開発を促進するすべての関連アジェンダ、プログラムおよび活動において、教育および学習の役割を強化すること。
具体的な優先行動分野として、「政策的支援」、「包括的取組」、「ESDを実践する教育者の育成」、「ESDへの若者の参加の支援」、「ESDへの地域コミュニティの参加の促進」の5つがあげられている。
なお、プログラムの日本語版（仮訳）は、以下のサイトで読むことができる。
http://www.mext.go.jp/unesco/004/1345280.htm
（アクセス日：2016年1月5日）

26 教育基本法と道徳教育

1 教育基本法の概要

2006(平成18)年12月22日、**教育基本法**が改正されて公布・施行された。これは1947(昭和22)年3月31日に制定・施行された旧教育基本法以来、約60年ぶりとなる改正であった。改正の動きは、2000(平成12)年の「教育改革国民会議」[1]に始まり、同会議が「新しい時代にふさわしい教育基本法」を提案したのが直接のきっかけとなっている。2001(平成13)年には、文部科学大臣が中央教育審議会に「教育振興基本計画」と「教育基本法のあり方」について諮問し、これを受けて2003(平成15)年に発表された答申が、「新しい時代にふさわしい教育基本法と教育振興基本計画のあり方」であった。こうした過程を経て成立した教育基本法は、日本国憲法の精神と旧教育基本法の普遍的な理念や精神を継承するとともに、科学技術の進歩や情報化、国際化や少子高齢化など、近年の状況変化とそれに伴うさまざまな課題に対応して改正されている。

教育基本法は、学校教育法などの教育三法[2]をはじめ、日本のあらゆる教育に関する法令の運用や解釈の根幹で基準となる法律であることから準憲法的な性格をもっており、「教育憲法」と呼ばれることもある。「ここに、我々は、日本国憲法の精神にのっとり、わが国の未来を切り拓く教育の基本を確立し、その振興を図るため、この法律を制定する」という法律としては異例の「前文」から始まり、18の条文から構成されている[3]。

全体の構成は、第1章「教育の目的及び理念」(第1〜4条)、第2章「教育の実施に関する基本」(第5〜15条)、第3章「教育行政」(第16〜17条)、第4章「法令の制定」(第18条)という4つの章立てとなっている。

2 グローバル化と道徳教育

道徳科を「要(かなめ)」とする日本の道徳教育は、教育基本法第1条に示された「人格の完成を目指し、平和で民主的な国家及び社会の形成者として必要な資質を備えた心身ともに健康な国民の育成を期して行う」ことを目的として行われる。そして、この「教育の目的」を実現するために具体的に示されたのが第2条である。第2条には下記のとおり、知・徳・体の調和のとれた発達(1号)を基本としつつ、個人の確立(2号)、他者や社会との関係(3号)、自然や環境との関係(4号)、そして日本の伝統や文化を基盤として国際社会を生きる日本人(5号)の5つの項目が整理されて規定されている。

---

[1] 2000(平成12)年3月に発足した総理大臣の私的諮問機関。「戦後教育について総点検するとともに、現在の教育問題や背景や根拠などについて議論しこれからの教育を考える」ことが目的とされた。2001年4月まで継続し、教育基本法の改正を検討したことで注目された。
(参考:岩内亮一ほか『教育学用語辞典』学文社、55頁)

[2] 教育三法とは、「学校教育法」「地方教育行政の組織及び運営に関する法律」「教育職員免許法及び教育公務員特例法」の三つの法律の総称である。

[3] 旧教育基本法は全11条から構成されていた。

教育基本法　第2条

> 第2条　教育は、その目的を実現するため、学問の自由を尊重しつつ、次に掲げる目標を達成するよう行われるものとする。
> 1　幅広い知識と教養を身に付け、真理を求める態度を養い、豊かな情操と道徳心を養うとともに、健やかな身体を養うこと。
> 2　個人の価値を尊重して、その能力を伸ばし、創造性を培い、自主及び自律の精神を養うとともに、職業及び生活との関連を重視し、勤労を重んずる態度を養うこと。
> 3　正義と責任、男女の平等、自他の敬愛と協力を重んずるとともに、公共の精神に基づき、主体的に社会の形成に参加し、その発展に寄与する態度を養うこと。
> 4　生命を尊び、自然を大切にし、環境の保全に寄与する態度を養うこと。
> 5　伝統と文化を尊重し、それらをはぐくんできた我が国と郷土を愛するとともに、他国を尊重し、国際社会の平和と発展に寄与する態度を養うこと。

ここには、従来の「個人の価値」の尊重や「真理と正義」「勤労と責任」などに加えて、旧教育基本法では見られなかった「創造性」「生命の尊重」「環境の保全」「我が国の郷土を愛する態度」「他国を尊重する態度」などが登場している。改正された教育基本法には、時代的・社会的な背景とその要請を反映した今日的な内容が新たに盛り込まれているのである。

3　道徳科の課題

　教育基本法および学校教育法の理念や精神が、国家基準の教育課程として告示されたものが学習指導要領である。したがって、「各教科」「特別の教科　道徳」「外国語活動」（小学校のみ）「特別活動」「総合的な学習の時間」のすべての活動には、教育基本法の理念や精神が具体化されることになる。

　なかでも「特別の教科　道徳」は、これらを直接的に具現化する教科である点に注意したい。学習指導要領の総則の第1の2では、「教育基本法及び学校教育法に定められた教育の根本精神」に基づいていることが示され、「特別の教科　道徳」の目標は、「第1章総則の第1の2に示す道徳教育の目標に基づき」とあるように、教科の目標自体が教育基本法と学校教育法の目的を直接的な根拠としているからである。

　また、「前文」や第1条がうたう「人格の完成」をめざす精神も、日本の道徳教育の根幹を示す目標にほかならない。学校や教師の役割が教育基本法に基づく「人格の完成」にあることを再確認し、道徳科にはそれに直結した教育的役割と責任があることを自覚する必要がある。

（関根明伸）

27 「道徳の時間」の内容の変遷

1 「道徳の時間」の設置

1958（昭和33）年の学習指導要領の改訂により「**道徳の時間**」が設置された。これまで社会科を中心として行われてきた道徳教育は、独立した領域として位置づけられた。これにより教育課程は、小学校、中学校ともに、各教科、道徳の時間、特別教育活動、学校行事の4領域[1]の構成となった。なお、道徳教育が学校の教育活動全体を通じて行われる点は、以前と変わっていない。

「人間尊重の精神を一貫して失わず、この精神を、家庭、学校その他各自がその一員であるそれぞれの社会の具体的な生活の中に生かし、個性豊かな文化の創造と民主的な国家および社会の発展に努め、進んで平和的な国際社会に貢献できる日本人を育成すること」（学習指導要領）をめざして、①日常生活の基本的な行動様式を理解し、これを身につけるように導く、②道徳的心情を高め、正邪善悪を判断する能力を養うように導く、③個性の伸長を助け、創造的な生活態度を確立するように導く、④民主的な国家・社会の成員として必要な道徳的態度と実践的意欲を高めるように導く、の4つの目標があげられた。

「道徳の時間」の内容に関しては、小学校では、①日常生活の基本的行動様式、②道徳的心情、道徳的判断、③個性の伸長、創造的な生活態度、④国家・社会の成員としての道徳的態度と実践的意欲、の4つに分けられ、それぞれの内容には6〜13の内容項目が示された。

同じく、中学校でも、①「日常生活の基本的な行動様式をよく理解し、これを習慣づけるとともに、時と所に応じて適切な言語、動作ができるようにしよう」、②「道徳的な判断力と心情を高め、それを対人関係の中に生かして、豊かな個性と創造的な生活態度を確立していこう」、③「民主的な社会および国家の成員として、必要な道徳性を発達させ、よりよい社会の建設に協力しよう」の3つが設定され、5〜10の内容項目が示された。

しかしながら、「道徳の時間」は教科とはならなかったため、実際の教育内容は、学校・教師の個々の意欲と能力、創意工夫にゆだねられる部分が大きいものであった。授業時数は小学校、中学校ともに、週1時間・年間35時間（小学校1学年は34時間）である。なお、高等学校には「道徳の時間」は設けられなかったが、1960（昭和35）年の学習指導要領改定に伴い、新たに「倫理社会」が必修科目となった。また、私立学校では「宗教」をもって「道徳の時間」に代えることができるとされた。

---

1 教科にはその中核的な教材として検定に合格した教科用図書（教科書）がある。また原則的には中学校・高等学校には教科ごとに教員免許状が存在する。現行の教育課程は、小学校が各教科（道徳科を含む）、総合的な学習の時間（第3学年〜第6学年）、外国語活動（第3・4学年）、特別活動の4領域、中学校が各教科（道徳科を含む）、総合的な学習の時間、特別活動の3領域である。各教科以外の教育課程は通常「領域」と呼ぶ。

2 指導過程の明確化

　1968（昭和43）年度版学習指導要領における「道徳の時間」は「各教科、特別活動における道徳教育と密接な関連を保ちながら、計画的、発展的な指導を通して、これを「補充し、深化し、統合」するものとされた。1958年度版の「補充し、深化し、またはこれを相互に交流しうるよう」よりも、道徳教育の「要（かなめ）」としての役割が明確になった。目標は、道徳的な「判断力」「心情」「態度」「実践意欲」の育成をめざすものとされた。

　「道徳の時間」の内容は、分類がなくなり、小学校では32項目、中学校では13の項目が掲げられた。内容面で1958年版からの大きな変化はなかった。

　1977（昭和52）年度版学習指導要領も同様に、小学校28項目、中学校16項目が設定された。なお指導にあたって「家庭や地域社会との共通理解を深め、相互の連携を図るように配慮」することが明記された。

3 4つの視点と内容項目の設定

　1989（平成元）年度版学習指導要領において、「自ら考え主体的に判断し行動する力を育てる教育」が強調されるとともに、「生命に対する畏敬の念」を養うことが目標に加えられた。

　「道徳の時間」の内容は、小学校、中学校ともに、①主として自分自身に関すること、②主として他の人とのかかわりに関すること、③主として自然や崇高なものとのかかわりに関すること、④主として集団や社会とのかかわりに関すること、の4つの視点に分類された。内容の重点化が図られるとともに、小学校・中学校の9年間の連続性に配慮された内容となったことは大きな特徴である。この点は、2015（平成27）年に一部改正となった学習指導要領にいたるまで継承されている。

　1998（平成10）年度版学習指導要領は、全体として「**生きる力**」[2]の育成に特徴がある。「道徳の時間」では「生きる力」として「豊かな心と未来を拓く実践力」の育成が強調された。新たに「総合的な学習の時間」が導入されている。また、ボランティア活動や自然体験活動などの体験活動が重視された。

　「ゆとり教育」に対する批判のすえに登場した2008（平成20）年度版学習指導要領は、道徳の内容については前回を踏襲するものであるが、指導の徹底を重視するものとなった。道徳教育では、その推進を主に担当する「**道徳教育推進教師**」[3]を置き、校長の方針のもとに、全教師が協力して道徳教育を展開できるような指導体制をめざした点に特徴がある。また、学校の教育活動全体のなかでの「道徳の時間」の役割が明確化された。

（山田恵吾）

2　1996年の中央教育審議会答申で登場した教育目的。社会の変化に対して、自ら課題を見つけ、自ら学び、主体的に判断し、行動する資質や能力であり、自らを律しつつ、他人を思いやり、協調することのできる豊かな人間性のことである。

3　全教員が協力して学校の道徳教育の目標を達成する観点から、校長の方針と責任のもと、年間指導計画の作成、授業環境や教材の整備、情報提供や研修機会の設定、教育相談、保護者や地域との連携などを行う。自校の道徳教育の実施状況を把握するとともに、課題を明確にし、改善を図る指導的な役割がある。

◀参考文献▶
- 文部省（文部科学省）『小学校学習指導要領』（1958年〜2008年）
- 文部省（文部科学省）『中学校学習指導要領』（1958年〜2008年）

学習指導要領における「特別の教科 道徳」の位置づけ

1 「特別の教科 道徳」とは何か

　道徳教育は学校教育の中核を担うものであり、戦後日本の学校改革のなかでも幾度となく議論され、施策がとられてきた。21世紀に入り、新たな社会的課題への対応と個人の豊かな人間性の形成に向けて、道徳教育の改善・充実に向けた改革はなお進められている。2014（平成26）年10月、中央教育審議会は「**道徳に係る教育課程の改善等について**」答申を行い[1]、以下の基本方針を示した。

> ①道徳の時間を「特別の教科 道徳」（仮称）として位置付けること
> ②目標を明確で理解しやすいものに改善すること
> ③道徳教育の目標と「特別の教科 道徳」（仮称）の目標の関係を明確にすること
> ④道徳の内容をより発達の段階を踏まえた体系的なものに改善すること
> ⑤多様で効果的な道徳教育の指導方法へと改善すること
> ⑥「特別の教科道徳」（仮称）に検定教科書を導入すること
> ⑦一人一人のよさを伸ばし、成長を促すための評価を充実すること

　これをうけて、2015（平成27）年３月に学校教育法施行規則が一部改正され、道徳は「**特別の教科である道徳**」（以下、道徳科）となり、あわせて小学校学習指導要領、中学校学習指導要領および特別支援学校小学部・中学部学習指導要領の一部改正がなされた。こうした背景には、「歴史的経緯に影響され、いまだに道徳教育そのものを忌避しがちな風潮があること、他教科に比べて軽んじられていること、読み物の登場人物の心情理解のみに偏った形式的な指導が行われる例があること」[2]といった従来の道徳教育における指導上の課題が指摘されている。そのため道徳教育の要をなしてきた「道徳の時間」を「道徳の特質をふまえた新たな枠組みにより教科化」し、道徳教育全体の充実・振興を図るとともに、学校を児童生徒の豊かな人間形成の場とすることが提言されている。小学校の道徳科の目標は、『小学校学習指導要領』第３章において次のように記された。

> 　よりよく生きるための基盤となる道徳性を養うため、道徳的諸価値についての理解を基に、自己を見つめ、物事を多面的・多角的に考え、自己の生き方についての考えを深める学習を通して、道徳的な判断力、心情、実践意欲と態度を育てる[3]。

2 新たな枠組みの概要

　道徳科が設置されるといっても、さきの学習指導要領の基本原則どおり、道徳教育は学校におけるすべての教育活動を通して推進されなければならないことに

1　「道徳に係る教育課程の改善等について（答申）（中教審第176号）」2014（平成26）年10月

2　「小学校学習指導要領解説　特別の教科 道徳編」2015（平成27）年７月、1-2頁

3　「小学校学習指導要領」2017（平成29）年３月、146頁

変わりはない。また、「多様な価値観の、時に対立がある場合を含めて、誠実にそれらの価値に向き合い、道徳としての問題を考え続ける姿勢こそ道徳教育で養うべき基本的資質である」との2014（平成26）年答申を踏まえて、これからの道徳教育は「発達の段階に応じ、答えが一つではない道徳的な課題を一人一人の児童が自分自身の問題と捉え、向き合う『考える道徳』、『議論する道徳』へと転換を図る」という方針が示されている。教師には道徳の授業のなかで、児童生徒の考えを引き出し、話し合い活動を活発化させるとともに、各自に道徳的価値についての理解の深化および自覚を促す指導が期待されている。

　道徳科には中心となる教材として教科書が使用されることになる。これに加えて、各地域の伝統や文化を扱った郷土教材の開発も推進されなければならない。また、児童生徒の道徳性の成長を適切に観察して支援するために評価も導入される。評価にあたっては数値による評価ではなく、学習状況や日々の様子を文章で記述するなどして、児童生徒に自身の成長を実感させるとともに、自発的な自己改善を促すための工夫が教師に求められる。

　もともと評価とは「選抜」の機能だけでなく、「改善」のための機能をもつものである。道徳教育の充実にあたっては、児童生徒の日々の改善、未来への成長を促すための教育評価の研究推進もあわせて課題となる。

3　新たな内容構成

　道徳教育の内容を構成する4つの視点については以下のAからDに区分され、それぞれの関連性と発展性を生かした実践が求められている。

```
A　主として自分自身に関すること
B　主として人との関わりに関すること
C　主として集団や社会との関わりに関すること
D　主として生命や自然、崇高なものとの関わりに関すること
```

　これに関連して道徳教育の課題は現代社会のさまざまな課題とも直接的・間接的に結びつけることが可能といえる。具体的には「食育、健康教育、消費者教育、防災教育、福祉に関する教育、法教育、社会参画に関する教育、伝統文化教育、国際理解教育、キャリア教育」[4]といった課題があげられている。

　これら現代的課題の多くは多様な見方・考え方があり、答えが一義的に出せるものではない。児童生徒が各教科、外国語活動、総合的な学習の時間および特別活動での学習ともつなげつつ、これらの問題を多面的・多角的な視点から考え、自らの考えを適切に表現できるよう道徳教育の一層の充実が求められている。

（藤井基貴）

4　「小学校学習指導要領解説　特別の教科　道徳編」2015（平成27）年7月、95頁

29 学校教育全体で行う道徳教育

1 「全面主義道徳」としての道徳教育

教育には、陶冶[1]と訓育という側面がある。陶冶が教育の知的な側面を意味するのに対し、訓育は教育の道徳的な側面を意味している。

この2つの側面の関係を、具体例をもとに考えてみよう。例えば、授業中に私語をしている生徒がいたとする。陶冶の側面からのみ考えるならば、学習内容を理解しているかどうかのみが問われるはずである。しかし、教師ならば「周りに迷惑がかかるから私語はやめなさい」と注意するであろう。では、なぜ注意するのか。それは訓育としての道徳教育の側面を重視しようとしているからである。

また、「紳士」を意味する「ジェントル・マン」のことを考えてみよう。こういった人々が高度な教育を受けてはいるのはもちろんのことではあるが、道徳的な行動や振る舞いをより求められていることは、容易に想像できる。

以上の二つの例をあげるまでもなく、道徳教育は、教育の重要な側面を担っているのである。では、日本において、道徳教育はどのように進められてきたのであろうか。

戦前の道徳教育は修身科を中心に行われていたが、第二次世界大戦後、修身科は停止となった。その後、1951（昭和26）年に改訂された『学習指導要領　一般編（試案）』では、道徳教育について、次のように説明している。

> 道徳教育は、その性質上、教育のある部分でなく、教育の全面において計画的に実施される必要がある。

戦後の道徳教育は、学校の教育活動全体を通じて道徳教育を行うという「全面主義道徳」[2]の考え方に基づいてスタートしたのである。

学習指導要領は、1958（昭和33）年にそれまでの試案から告示となった。この改訂された学習指導要領は、日本の道徳教育における大きな転換点となった。特設道徳、「道徳」（カギ道徳と読む）としての「道徳の時間」が、小学校と中学校に新設されたのである。ただし、「全面主義道徳」の考え方がなくなったわけではない。『昭和33年版学習指導要領』では次のように記している。

> 学校における道徳教育は、本来、学校の教育活動全体を通じて行うことを基本とする。したがって、道徳の時間はもちろん、各教科、特別教育活動および学校行事等学校教育のあらゆる機会に、道徳性を高める指導が行われなければならない。

1958年以降、2015（平成27）年3月の学習指導要領改正まで、小・中・高等学校においては教育活動全体を通じて道徳教育を行うという「全面主義道徳」を実

1　陶冶
海後宗臣によれば、教育の基本構造は①陶冶、②教化、③形成の3つに分けることができるとされている（『海後宗臣著作集第1巻』）。また、陶冶は、客観的な価値の習得に関する側面を重視する実質陶冶の考え方と、心理的諸能力の錬磨に関する側面を重視する形式陶冶の考え方に分けることもできる。

2　「全面主義道徳」
道徳教育を特定の教科に担わせるのではなく、他の教科・領域等の学校の教育活動全体を通じて道徳教育を実施していこうとする考え方。この場合、道徳教育は国語科といった教科や学校行事、生活指導の場面など、学校の教育活動のあらゆる場面で行われることになる。日本の道徳教育の歴史においては、戦前に行われていた教科としての修身科に対する道徳教育の方法としての色彩が強い。

施するとともに、小中学校においては「道徳の時間」において道徳の授業も実施してきたのである。

2　学習指導要領の総則における記述

2015年は、日本の道徳教育の歴史にとって、大きな転換点となる年でもあった。すなわち、小中学校における「道徳の時間」が「特別の教科　道徳」となったのである。2017年3月に改訂された小学校学習指導要領では、第1章総則において、次のように記している。

> 　学校における道徳教育は、特別の教科である道徳（以下「道徳科」という。）を要として学校の教育活動全体を通じて行うものであり、道徳科はもとより、各教科、外国語活動、総合的な学習の時間及び特別活動のそれぞれの特質に応じて、児童の発達の段階を考慮して、適切な指導を行うこと。
> 　道徳教育は、教育基本法及び学校教育法に定められた教育の根本精神に基づき、自己の生き方を考え、主体的な判断の下に行動し、自立した人間として他者と共によりよく生きるための基盤となる道徳性を養うことを目標とすること。

中学校学習指導要領の該当部分との相違点は、①小学校学習指導要領にある「外国語活動」がないこと、②「児童」が「生徒」に置き換わっていること、③「自己の生き方を考え」が中学校学習指導要領では「人間としての生き方を考え」となっていること、の3点であり、基本的な構造に相違はない。

また、2015年の改正との相違点は、「適切な指導を行うこと」が「適切な指導を行わなければならない」という文言から変更されたこと、「目標とすること」が「目標とする」という文言から変更されたことの2点である。

つまり、小中学校ともに、2015年以降、学校の教育活動全体を通じて行う「全面主義道徳」としての道徳教育を行うとともに、特別の教科である道徳科という枠組みのなかで授業を実施することになるのである。

なお、「全面主義道徳」としての道徳教育の目標も、特別の教科である道徳科の目標も、ともに道徳性を養うことを目標としている。このことは、教育基本法や学校教育に示されている前提的目標をもとに、道徳教育全体としてめざすべき方針的目標として道徳性の育成が示されているといえる。

小中学校においては特別な教科である道徳科を「要（かなめ）」としつつ、学校の教育活動全体で行う道徳教育では、各教科等において適切な指導を行わなければならないのである。そのためにも、各学校において道徳教育の全体計画を作成しておく必要がある。

（中野啓明）

◀参考文献▶
- 中野啓明・佐藤朗子編著『教育・保育の基礎理論――生涯発達の視点から』考古堂書店、2012年

30 学校における道徳教育の指導体制

1 道徳教育の全体計画

　各学校は、教育基本法や学校教育法、学習指導要領等の関係法規に基づきつつ、地域の実態・学校の実態・児童生徒の実態を考慮しながら、教育課程を編成している。つまり、教育課程編成の主体は、各学校にある。

　教育課程編成の手順や盛り込むべき項目に一定のものが必ずしも存在するわけではないけれども、一般的な例を述べるならば、まずは学校の教育目標を設定することになるであろう。法令に示された学校教育の目的や目標に基づきながら、地域や学校、児童生徒の実態等を考慮し、各学校が学校の教育目標を設定するのである。こうして設定された学校の教育目標の実際は、体育館や職員室で見かけることが多いのではなかろうか。そこに見いだされる学校の教育目標には、知的な側面のみが示されているわけではなく、道徳的な側面が、「明朗」「思いやり」「自主性」等の語を含むものとして示されている。

　また、道徳教育の全体計画を含む、各種の全体計画を作成することになる。この道徳教育の全体計画に関して、2017(平成29)年3月に改訂された『小学校学習指導要領』では、第1章 総則の「第6　道徳教育に関する配慮事項」のなかで、次のように記している[1]。

> 　各学校においては、第1の2の(2)に示す道徳教育の目標を踏まえ、道徳教育の全体計画を作成し、校長の方針の下に、道徳教育の推進を主に担当する教師（以下「道徳教育推進教師」という。）を中心に、全教師が協力して道徳教育を展開すること。なお、道徳教育の全体計画の作成に当たっては、児童や学校、地域の実態を考慮して、学校の道徳教育の重点目標を設定するとともに、道徳科の指導方針、第3章特別の教科道徳の第2に示す内容との関連を踏まえた各教科、外国語活動、総合的な学習の時間及び特別活動における指導の内容及び時期並びに家庭や地域社会との連携の方法を示すこと。

　道徳教育の全体計画は、各学校において作成すべきものである。2017(平成29)年6月の『小学校学習指導要領解説 総則編』では、道徳教育の全体計画の意義を、「道徳教育の全体計画は、学校における道徳教育の基本的な方針を示すとともに、学校の教育活動全体を通して、道徳教育の目標を達成するための方策を総合的に示した教育計画である」としている。

　道徳教育の全体計画は、校長の方針のもとに、学校として全教師が道徳教育を展開していくための拠りどころとなるものなのである。

1　『中学校学習指導要領』第1章総則 第6　道徳教育に関する配慮事項
「道徳教育を進めるに当たっては、道徳教育の特質を踏まえ、前項までに示す事項に加え、次の事項に配慮するものとする。
(1) 各学校においては、第1の2の(2)に示す道徳教育の目標を踏まえ、道徳教育の全体計画を作成し、校長の方針の下に、道徳教育の推進を主に担当する教師（以下「道徳教育推進教師」という。）を中心に、全教師が協力して道徳教育を展開すること。なお、道徳教育の全体計画の作成に当たっては、生徒や学校、地域の実態を考慮して、学校の道徳教育の重点目標を設定するとともに、道徳科の指導方針、第3章特別の教科道徳の第2に示す内容との関連を踏まえた各教科、総合的な学習の時間及び特別活動における指導の内容及び時期並びに家庭や地域社会との連携の方法を示すこと。」

2 道徳教育の全体計画に具備すべき内容

上述した『小学校学習指導要領』第1章総則第6では、道徳教育の全体計画には、①学校の道徳教育の重点目標、②道徳科の指導方針、③各教科等における指導の内容と時期、④家庭や地域社会との連携の方法、を具備すべき内容として示している。

道徳教育の全体計画を作成する際には、学校の教育目標等の学校の教育課程全体との関連性を意識する必要がある。

また、道徳教育の全体計画を作成するにあたっては、道徳教育に関する社会的な要請や課題、教育行政上の重点施策、学校や地域社会における実態や課題、教職員や保護者の願い、そして何よりも児童生徒の実態と課題を考慮する必要がある。そのうえで、学校としての課題を明らかにし、学校の道徳教育の重点目標や道徳科の指導方針、各学年の指導の重点、各教科等との関連、家庭や地域社会との連携の方法等を明確化していくことも大切である。このとき、道徳教育の全体計画の別葉を作成してみることも、年間を通して具体的に活用しやすいものとするための方法の一つであろう。

指導の重点化に関しては『小学校学習指導要領』第1章総則第6の2において、重点的な指導を行う観点が、全学年を通じてのものと、第1・2学年、第3・4学年、第5・6学年で重視すべき内容も示されている。こうした事項も参照しながら各学年の指導の重点を明確化しつつ、学校全体としてバランスのとれた全体計画を作成していくことになる。

なお、道徳教育の全体計画と車の両輪のように関連してくるものが、道徳科の**年間指導計画**である。『小学校学習指導要領』第3章「特別の教科 道徳」の第3「指導計画の作成と内容の取扱い」の1では、次のように記している[2]。

> 各学校においては、道徳教育の全体計画に基づき、各教科、外国語活動、総合的な学習の時間及び特別活動との関連を考慮しながら、道徳科の年間指導計画を作成するものとする。なお、作成に当たっては、第2に示す各学年段階の内容項目について、相当する各学年において全て取り上げることとする。その際、児童や学校の実態に応じ、2学年間を見通した重点的な指導や内容項目間の関連を密にした指導、一つの内容項目を複数の時間で扱う指導を取り入れるなどの工夫を行うものとする。

道徳科の年間指導計画の作成に際しては、道徳教育の全体計画に示した重点的な指導が反映されるように配慮するとともに、計画的・発展的な指導が行われるように配慮する必要がある。

(中野啓明)

---

2 『中学校学習指導要領』第3章「特別の教科 道徳」の第3
「第3 指導計画の作成と内容の取扱い
1 各学校においては、道徳教育の全体計画に基づき、各教科、総合的な学習の時間及び特別活動との関連を考慮しながら、道徳科の年間指導計画を作成するものとする。なお、作成に当たっては、第2に示す内容項目について、各学年において全て取り上げることとする。その際、生徒や学校の実態に応じ、3学年間を見通した重点的な指導や内容項目間の関連を密にした指導、一つの内容項目を複数の時間で扱う指導を取り入れるなどの工夫を行うものとする。」

◀参考文献▶

- 齋藤勉編著『道徳形成の理論と実践』樹村房、1993年

31 道徳教育推進教師の役割

1 道徳教育推進教師の誕生

道徳教育推進教師が制度化されたのは、2008（平成20）年版の小中学校の学習指導要領においてである。そこでは、次のように記されている。

> 各学校においては、校長の方針の下に、道徳教育の推進を主に担当する教師（以下「道徳教育推進教師」という。）を中心に、全教師が協力して道徳教育を展開するため、次に示すところにより、道徳教育の全体計画と道徳の時間の年間指導計画を作成するものとする。

道徳教育推進教師は、道徳教育の推進を主として担当する教師のことであり、学校の教育活動全体を通じて行う道徳教育と道徳の授業に関する指導体制を充実するための中心的な存在となることが期待されて、新たに位置づけられた。つまり、道徳教育推進教師は、校長が示す道徳教育の全体像を具現化する役割を担っている。

2 道徳教育推進教師に求められる役割

「道徳教育の充実に関する懇談会」（以下、懇談会という）が2013（平成25）年12月に出した「今後の道徳教育の改善・充実方策について（報告）」では、第3章「道徳教育の改善・充実のためにどのような条件整備が求められるか」において、教員の指導力を指摘している。

> 各学校においては、道徳教育を各担任任せにせず、道徳教育推進教師を中心とした指導体制が構築されるよう、校長がリーダーシップを発揮していく必要がある。各学校においては、これまでの取組の成果と課題を検証した上で、学校全体としての取組方針を明確にし、全教員の共通理解を図りながら、具体的な改善策に取り組んでいただきたい。
> また、道徳教育推進教師の意義を一層有効なものとするため、道徳教育推進教師が担う役割を明確にし、例えば、主幹教諭や指導教諭等のような中核的な役割を果たす力量のある教員を配置するとともに、全教員の参画、分担、協力の下に機能的な協力体制を確立する必要がある。
> さらに、道徳教育に優れた指導力を有する教員については、当該地域における道徳教育の中核的な推進役となる『道徳教育推進リーダー教師（仮称）』として加配措置し、地域単位での道徳教育の充実・強化を図ることも求められる。

懇談会報告では、学校内にあっては、道徳教育推進教師を中心に全教員が参画した指導体制を確立することの必要性を指摘している。同時に、地域の中核的な

推進役としての「道徳教育推進リーダー教師」を位置づけることも求めているのである。

2017（平成29）年3月に改訂された小中学校の学習指導要領においても、道徳教育推進教師は、「道徳教育の推進を主に担当する教師」として位置づけられ、第3章では「校長や教頭などの参加、他の教師との協力的な指導などについて工夫し、道徳教育推進教師を中心とした指導体制を充実すること」として、道徳教育推進教師を中心とした協力体制の確立が明示されている。

2017年6月から7月にかけて小中学校の『学習指導要領解説 総則編』と『特別の教科 道徳編』が出された。『中学校学習指導要領解説 総則編』では、第3章第6節の1において、「道徳教育推進教師の役割」について、次のように記している。

> 道徳教育推進教師には、学校の教育活動全体を通じて行う道徳教育を推進する上での中心となり、全教師の参画、分担、協力の下に、その充実が図られるよう働きかけていくことが望まれる。

そして、機能的な協力体制を整えるためにも、道徳教育推進教師に求められる役割を明確にしておく必要があり、具体例として、以下の8点をあげている。

①道徳教育の指導計画の作成に関すること。
②全教育活動における道徳教育の推進、充実に関すること。
③道徳科の充実と指導体制に関すること。
④道徳用教材の整備・充実・活用に関すること。
⑤道徳教育の情報提供や情報交換に関すること。
⑥道徳科の授業公開など家庭や地域社会との連携に関すること。
⑦道徳教育の研修の充実に関すること。
⑧道徳教育における評価に関すること。

3 道徳教育を推進するための諸課題

「道徳の時間」が「特別の教科 道徳」となることによって、教科書の導入・評価の導入など、従来の道徳授業から変更しなければならない点は多々ある。校内外での研修は、完全実施後も、継続した研修が必要であることはいうまでもない。道徳教育推進教師はその中心となるべき役割を担っているけれども、一人では限界もあるため、チームとして取り組む必要もある。全教師が道徳教育を担う当事者としての意識の向上を図り、道徳科の授業力の向上を図っていく必要がある。

（中野啓明）

◀参考文献▶
・永田繁雄・島恒生編『道徳教育推進教師の役割と実際——心を育てる学校教育の活性化のために』教育出版、2010年

32 道徳科の教科書と教材・資料

1 教科書検定制度と道徳教科書

教科書とは、「小学校、中学校、高等学校、中等教育学校及びこれらに準ずる学校[1]において、教科課程の構成に応じて[2]組織配列された教科の主たる教材として、教授の用に供される児童又は生徒用図書であって、文部科学大臣の検定を経たもの又は文部科学省が著作の名義を有するものをいう」(「教科書の発行に関する臨時措置法」第2条第1項)と定められている。

また、**学校教育法**第34条第1項は、「小学校においては、文部科学大臣の検定を経た教科用図書又は文部科学大臣が著作を有する教科用図書を使用しなければならない」と規定し、検定教科書または文部科学省著作教科書の使用を義務づけている。この規定は、中学校、高等学校、中等教育学校および特別支援学校にも準用されている。

学校教育法に基づく現行の**教科書検定制度**[3]は、教科書の著作・編集を民間にゆだねることにより、著作者の創意工夫に期待するとともに、検定を行うことにより、適切な教科書を確保することをねらいとしたものである。このねらいを達成するために「**義務教育諸学校教科用図書検定基準**」が設けられ、ここでは、「知・徳・体の調和がとれ、生涯にわたって自己実現を目指す自立した人間、公共の精神を尊び、国家・社会の形成に主体的に参画する国民及び我が国の伝統と文化を基盤として国際社会を生きる日本人の育成を目指す教育基本法に示す教育の目標並びに学校教育法及び学習指導要領に示す目標を達成するため、これらの目標に基づき、第2章及び第3章に掲げる各項目に照らして適切であるかどうかを審査するものとする」(総則)と規定されている。

また、**検定教科書**[4]は、教育基本法が示す教育の目標と学校教育法および学習指導要領に示す目標が基準となり(総則)、特に学習指導要領への準拠、中立性・公平性、正確性などの観点から教科書の適格性が審査されたものである。

例えば、学習指導要領との関係では、「学習指導要領の総則に示す教育の方針や各教科の目標に一致していること」「学習指導要領に示す学年、分野又は言語の『内容』及び『内容の取扱い』に示す事項を不足なく取り上げていること」「学習指導要領に示す目標、学習指導要領に示す内容及び学習指導要領に示す内容の取扱いに照らして不必要なものは取り上げていないこと」(第2章「各教科共通の条件」)が要件とされている。

また、「政治や宗教の扱いは、教育基本法第14条(政治教育)及び第15条(宗教教育)の規定に照らして適切かつ公正であり、特定の政党や宗派又はその主義や信条に偏っていたり、それらを非難していたりするところはないこと」(第2章「各

---

1 「これらに準ずる学校」とは、特別支援学校等を指す。

2 「教育課程の構成に応じて」とは、教育課程の基準である学習指導要領に基づいて内容が構成されることを意味する。

3 民間で作成した教科書(教科用図書)の原稿を国が審査し、合格したものだけに教科書としての発行を認める制度である。

4 正確には文部科学省検定済み教科書であり、学校の初等教育および中等教育課程(高等専門学校を除く)で用いられる文部科学大臣の検定を経た図書のことである。

教科共通の条件」）も明記されている。

2　道徳科教科書の検定基準

「特別の教科 道徳」（以下、道徳科と略）においても、他の教科と同様に検定教科書が使用される。特に、道徳科教科書においては、「考え、議論する」道徳への質的転換という特質を踏まえた編集が求められる。

道徳科教科書では、基本的に次の点が条件となる。

①生徒の発達の段階に即し、ねらいを達成するのにふさわしいものであること。
②人間尊重の精神にかなうものであって、悩みや葛藤等の心の揺れ、人間関係の理解等の課題を含め、生徒が深く考えることができ、人間としてよりよく生きる喜びや勇気を与えられるものであること。
③多様な見方や考え方のできる事柄を取り扱う場合には、特定の見方や考え方に偏った取扱いがなされていないものであること。

道徳科教科書では、特に生命の尊厳、社会参画、自然、伝統と文化、先人の伝記、スポーツ、情報化への対応などの現代的な課題などを題材として取り上げることが求められる。

また、言語活動に適切な配慮がなされていることや、「問題解決的な学習や道徳的行為に関する体験的な学習について適切な配慮がなされていること」が必要とされている。さらに、「特に多様な見方や考え方のできる事柄を取り上げる場合には、その取り上げ方について特定の見方や考え方に偏った取扱いはされておらず公平であるとともに、児童又は生徒の心身の発達段階に即し、多面的・多角的に考えられるような適切な配慮がなされていること」（『義務教育諸学校教科用図書検定基準』）が必要となる。

3　教科書以外の資料・教材の取り扱い

学校教育法第34条第2項は、「教科用図書以外の図書その他の教材で、有益適切なものは、これを使用することができる」とし、教科書以外の補助教材[5]の使用を認めている[6]。これは道徳科においても例外ではなく、主たる教材としての道徳科教科書以外に「各地域に根ざした郷土資料など、多様な教材を併せて活用することが重要」である。

その際、活用する教材の選択に際しては、児童生徒の興味を引くことのみに留意するのではなく、道徳科の目標や道徳科の特質を踏まえて、「この教材で何を考えさせるのか」という授業のねらいの観点から選択する必要があるとされている（『中学校学習指導要領解説 特別の教科 道徳編』）。

(貝塚茂樹)

5　副読本、郷土教育資料、新聞、DVD等がある。

6　補助教材の選定は、その教材を使用する学校の校長や教員が行ない、教育委員会の承認が必要となる（「地方教育行政の組織及び運営に関する法律」第33条第2項）。

◀参考文献▶

・押谷由夫、柳沼良太編『道徳の時代がきた！』教育出版、2013年
・押谷由夫、柳沼良太編『道徳の時代をつくる！』教育出版、2014年

33 「特別の教科 道徳」と各教科

1 「特別の教科」としての道徳

これまで日本の学校における道徳教育は、全面主義と特設主義の両者を取り入れたかたちで位置づけられてきた。すなわち、「道徳教育は、学校の教育活動全体を通じて行う（教科外、教室・校内外でのあらゆる教育活動が、道徳教育につながる）」とするスタンス（全面主義）と、「道徳教育のための特別の時間を設けて行う」とするスタンス（特設主義）の双方を指向する教育課程編成の方針がとられてきた。〈道徳教育＞「道徳の時間」〉という認識のもとで、（その時どきの問題場面で機会的になされるために）断片的・偶発的に陥りがちな指導の問題点を回避するため、計画的・系統的指導の場を設けて補完するという仕組みを採用してきた。

道徳が「特別の教科」となっても、この基本方針は貫かれている。「学習指導要領」では、次のように述べられている[1]。

> (2) 道徳教育や体験活動、多様な表現や鑑賞の活動等を通して、豊かな心や創造性の涵養を目指した教育の充実に努めること。
> 　学校における道徳教育は、特別の教科である道徳（以下「道徳科」という。）を要として学校の教育活動全体を通じて行うものであり、道徳科はもとより、各教科、外国語活動、総合的な学習の時間及び特別活動のそれぞれの特質に応じて、児童の発達の段階を考慮して、適切な指導を行わなければならない。

（出典：「第1章 総則」の「第1 小学校教育の基本と教育課程の役割」の2。下線―引用者）

特設主義の立場から道徳科を道徳教育の要所に位置づけつつ、各教科でもそれぞれの「特質」に応じて道徳教育に取り組む全面主義が求められている。

では、「道徳」が「特別の教科」として位置づけ直されたことの、新たな教育課程上の意味についてはどう理解すべきか。「道徳教育の充実に関する懇談会」における審議をはじめ、道徳教科化の制度設計の途上で常に前提となっていたのは、道徳教育が各教科等に比べて軽視されがちで、十分に機能していないという現状への批判であった[2]。そして、道徳教育の要である「道徳の時間」のさらなる強化策として「特別の教科」へと教育課程上に位置づけ直す結論にいたるわけだが、それは懇談会の報告にあるように、「道徳の時間」のもっていた次のような特性を踏まえたものであった。

すなわち、学習指導要領に示された内容に基づき、体系的な指導により道徳的価値に関わる知識・技能を学び教養を身につけるという従来の教科と共通する側面と、その一方で、数値による評定はなじまず、児童生徒と日常密接に関わっている学級担任を中心に授業を行うことが適切とされることや、学校の教育活動全体を通じた道徳教育の要としての役割を果たさなければならない、という他教科にはない使命を有するという特性である。これに基づいて、「特別の教科」とい

---

[1] 「小学校学習指導要領」（2017年3月）の、「第1章 総則」の「第1 小学校教育の基本と教育課程の役割」の2。「中学校学習指導要領」も、（「外国語活動」の語を除き、「児童」を「生徒」に換えて、同様に記載されている。

[2] 道徳教育の充実に関する懇談会「今後の道徳教育の改善・充実方策について（報告）～新しい時代を、人としてより良く生きる力を育てるために～」（2013年12月26日）の「第1章 なぜ今道徳教育の充実が必要なのか」の1の(2)や、小学校・中学校『学習指導要領解説 特別の教科 道徳編』（2017年）の「第1章 総説」の「1 改訂の経緯」などを参照。

う新たな枠組みとして教育課程に位置づくことになったのである。

2 道徳教育の全体計画に具備すべき内容

では、「特別の教科」としてその「要（かなめ）」としての性格が強化された道徳科と、各教科との相互の関連は、より具体的にどのようなものとしてとらえるべきか。

『学習指導要領解説　総則編』に着目すると、各教科において道徳教育を行う際に配慮する事項およびその道徳教育的関連（下の囲み内➡の記述）として、例えば、次のようなことがあげられている[3]。

〈小学校国語科〉
- 「思考力や想像力を養うこと及び言語感覚を豊かにすること」
  ➡「道徳的心情や道徳的判断力を養う基本になる」

〈中学校社会科〉
- 「国民主権を担う公民として、（中略）自由・権利と責任・義務との関係を広い視野から正しく認識し、権利・義務の主体者として公正に判断しようとする力など、グローバル化する国際社会に主体的に生きる平和で民主的な国家及び社会の形成者に必要な公民としての資質・能力の基礎を育成すること」
  ➡「道徳教育の要としての『道徳科』の第2のCの［社会参画、公共の精神］に示された『社会参画の意識と社会連帯の自覚を高め、公共の精神をもってよりよい社会生活の実現に努めること』などと密接な関わりをもつ」

〈中学校数学科〉
- 「数学的活動の楽しさや数学のよさを実感して粘り強く考え、数学を生活や学習に生かそうとする態度を養うこと」
  ➡「工夫して生活や学習をしようとする態度を養うことにも資する」

〈中学校理科〉
- 「見通しをもって観察、実験を行うことや、科学的に探究する力を育て、科学的に探究しようとする態度を養うこと」
  ➡「道徳的判断力や真理を大切にしようとする態度の育成にも資する」

以上は一例だが、道徳教育とは一見疎遠にみえる算数・数学や理科においても、道徳教育との密接な関連を図るべき事項は指摘されている[4]。だが、教科教育の実状に照らしてみたとき、これらの配慮事項を達成できる実践の条件が整っているとはいいがたく、断片的知識を無批判に「棒暗記」する作業に終始してしまう現状もある。それは道徳教育の視座からとらえると、問題に主体的に対処できるような資質・能力の育成という道徳教育のねらいとは対極の、「言われるがままに知識を受け入れ、行動する」態度を、教科教育実践を通して招くことになる。

教科教育においては、その知識獲得をめぐるプロセス自体に道徳教育の目標に関わる重要な要素が含まれているとみる必要があり、また、そのためには教師自身による教材解釈・研究への主体的な姿勢が重要な鍵となることに十分留意する必要がある。

（佐藤高樹）

3　ここにあげたのは、一例である。文部科学省『小学校学習指導要領解説　総則編』（2017年6月）第3章第6節の1の(4)を参照。同じく『中学校学習指導要領解説　総則編』（2017年7月）第3章第6節の1の(4)を確認されたい。

4　各教科の「特質に応じて」行う道徳教育とは具体的にどのような授業内容・方法として想定されうるか。この点については、梶原郁郎「教科教育と道徳教育」松下良平編著『道徳教育論』一藝社、2014年　を参照されたい。

◀参考文献▶
- 松下良平編著『道徳教育論』一藝社、2014年
- 押谷由夫・柳沼良太編著『道徳の時代がきた！──道徳教科化への提言』教育出版、2013年
- 押谷由夫・柳沼良太編著『道徳の時代をつくる！──道徳教科化への始動』教育出版、2014年

34 「特別の教科 道徳」と特別活動

1 目標における共通性

特別活動[1]の目標には、心身の調和のとれた発達と個性の伸長、自主的、実践的な態度、人間としての生き方についての自覚、自己を生かす能力など道徳的価値に関わる内容が多く含まれており、道徳教育との結びつきはきわめて深い(「平成27年7月 中学校学習指導要領解説 特別の教科 道徳編」)。

また、道徳科のめざす主体的な判断力のもとに行動する力を養うには、集団活動のなかで、自主的、実践的な態度の育成をめざす特別活動と関連させることが重要である。そして、道徳科と特別活動は、ともに「自己の生き方についての考えを深める」ことめざしている。このように両者の目標には共通点がある。

2 道徳的資質・能力の実践の場としての特別活動

道徳科で育成した資質・能力は、特別活動における実践的活動のなかで発揮できる機会をもつ。例えば、道徳科のなかで学んだ価値を、学級活動や進路、生徒会活動、学校行事における実践のなかで、自分の生活に生かす価値として体験することができる。

学級活動では、学級の組織づくりや仕事の分担など学級や学校の生活づくり、思春期における成長の悩みや自己および他者の個性の理解などの適応と成長および健康安全、望ましい勤労観・職業観の形成や主体的な進路の選択と将来設計などの学業と進路についてなどが関係する。これらは望ましい人間関係を形成し、集団の一員として学級や学校におけるよりよい生活づくりに参画し、諸問題を解決しようとする自主的、実践的な態度や健全な生活態度を養うという意味で、道徳的資質・能力を養うものである。

生徒会活動では、生徒会の計画や運営、異年齢集団による交流、生徒の諸活動についての連絡調整、学校行事への協力、ボランティア活動などの社会参加など、望ましい人間関係を形成し、集団や社会の一員としてよりよい学校生活づくりに参画し、協力して諸問題を解決しようとする自主的、実践的な態度を養うという意味で、道徳的資質・能力を養うことになる。

学校行事では、ボランティア体験など社会体験や自然体験、文化や芸術に親しむ体験や、幼児、高齢者、障がいのある人々と触れ合う体験を通して、思いやりのこころや、勤労・奉仕の精神、公共の福祉、公徳心など道徳的資質・能力を養うものである。

例えば、学級活動として、クラス全員が思い出に残るアルバムを作るという小学校6年生の取り組みがある。指導計画は計10時間で構想されている。この授業

---

1 特別活動

特別活動の目標は、「望ましい集団活動を通して、心身の調和のとれた発達と個性の伸長を図り、集団や社会の一員としてよりよい生活や人間関係を築こうとする自主的、実践的な態度を育てるとともに、人間としての生き方についての自覚を深め、自己を生かす能力を養う」ことである(『平成20年版中学校学習指導要領』)。

のねらいは、「学級活動を通して、望ましい人間関係を形成し、集団の一員として学級や学校におけるよりよい生活づくりに参画し、諸問題を解決しようとする自主的、実践的な態度や健全な生活態度を育てる」という学習指導要領の目標を踏まえ、「班で協力して、互いに認め合い、一人一役を担った『一生の思い出となるアルバム作り』を通じて、望ましい人間関係の形成と互いの友情の大切さを考える」というものである。

このことを通して、「友情・信頼」「役割と自覚」などの道徳科との関連項目につながる。まずは、どんなアルバムを作るかを学級会で話し合い、一人ひとりの役割を分担し、それぞれが取材をしてアルバムにまとめる。そして最後に会話をしながら鑑賞会を行うというものである。児童たちは、このアルバム作りを通して、自分が学級のために役立てたという充実感や、自分が学級のみんなから価値ある存在と認められたと感じ、自分を肯定的に受け入れられることになったのである。

この実践では、道徳の総合主題「仲間と共に生きる」のなかで、「信頼・友情」「寛容・謙虚」「勤労・公共心」に関する**道徳的価値**に触れており、そこで養われた資質・能力を、「アルバム作り」という実践的活動のなかで、発揮する機会をもったのである。これらの活動を通して、道徳的価値が自分や自分たちの生活に生きて働くものとして実感させることができるようになるのである。

3 特別活動によって体験した道徳的価値の自覚

学校行事や学級活動など特別活動で体験したことにつながる資料を道徳科で取り上げることで、そこに含まれる道徳的価値は、児童生徒にとって、新鮮であり印象深いものとなる。

例えば、クラス内でいじめが起こった場合、学級活動のなかで、それを取り上げ、どうしたら解決する方向に向かうかをみんなで話し合うことで、そこに求められる道徳的価値を確認する。学級活動は、学級や学校における生活上の諸問題の解決や学校における多様な集団の生活の向上がめざされ、生徒がよりよい生活を築くために、諸課題を見いだし、これを自主的に取り上げ、協力して解決していく自発的、自治的な活動であり、ここで確認された道徳的価値は、本人にとって切実なものとなる。

次に道徳科において「いじめ」に関する教材を取り上げ、そこに含まれている一般的な道徳的価値を吟味し、学級活動で確認された道徳的価値と比較対照する。このことにより、道徳科で扱う資料が児童生徒にとって現実味のあるものとなり、その道徳的価値の自覚を高めることにつながるのである。

(新井浅浩)

◀参考文献▶

・作田澄泰・黒﨑東洋郎「特別活動との関連づけによる道徳的実践力の研究」『岡山大学教師教育開発センター紀要』第1号、2011年

「特別の教科 道徳」と「総合的な学習の時間」

1 「総合的な学習の時間」と道徳教育の目標

「総合的な学習の時間」[1]と道徳教育は同じような題材を扱う場合であっても、そのねらいや指導の重点に違いがあることから、その違いが強調されてきた。「総合的な学習の時間」は、国際化や情報化をはじめ社会の変化に主体的に対応できる資質・能力を育成するために、教科等の枠を超えた横断的・総合的な学習をより円滑にするための時間であるが、その目標である「主体的な判断」をすることや、自分の考え、自分のよさ、自分に自信をもつなど「自己の生き方」を考えることは、道徳教育の目標とまさに合致するものである。

とりわけ、現代的な課題に取り組む場合は、そこに多様な**道徳的価値**が含まれるものであり、両者の共通性を積極的に意識していく必要がある。

2 現代的な課題と横断的・総合的課題

道徳科では、例えば生命倫理など答えの定まっていない問題や葛藤などを含めた現代的な課題を取り扱うことが求められている。特に中学生では、そうしたことを考える思考力が育ってきていると考えられている。それらは、食育、健康教育、消費者教育、防災教育、福祉に関する教育、法教育、社会参画に関する教育、伝統文化教育、国際理解教育、キャリア教育などによって展開されるものであり、「各教科」「外国語活動」「特別活動」などにおいて実践されるが、横断的・総合的な課題を扱うことから、とりわけ「総合的な学習の時間」と一体となった展開が期待されている。

さらに、環境、貧困、人権、平和、開発といったいわゆる持続可能な発展に関する問題についても、価値の葛藤や対立をはらむ事象が多く、答えが一つではない、多様な見方、考え方が求められている。そこではまず、自分の考えを明らかにすることが重要である。そして、望ましい価値については、安易に特定の考え方に導くのではなく、自分と違った考え方に対する理解を深めることにも留意する必要がある。その際、主体的に判断することや、自分の考えなど自分の生き方を考えることをめざしてきた「総合的な学習の時間」は、まさに道徳科とともに道徳教育を推進してゆくものといえる。

「総合的な学習の時間」では、こうした題材を多数扱ってきた蓄積があるので、道徳教育ないしは道徳科としてそれらを扱うに際しても、それらの経験が生かされるべきである。

---

1 「総合的な学習の時間」
総合的な学習の時間は、変化の激しい社会に対応して、自ら課題を見つけ、自ら学び、自ら考え、主体的に判断し、よりよく問題を解決する資質や能力を育てることなどをねらいとするものである。生きる力を育むためには、横断的・総合的な指導を一層推進しうるような新たな手立てを講じて豊かに学習活動を展開していくことがきわめて有効であると考えられるという考えのもとに、一定のまとまった時間を設けて行うことをめざし、平成10年の学習指導要領の改訂において新設された。

3 評価について

　これらの題材を扱う場合には評価が問題となる。そもそも道徳科で育成する道徳性は、児童生徒がよりよく生きることに関係するものであることから、容易に評価できるものではないことはいうまでもないが、評価を考えるに際しては、「総合的な学習の時間」で問われてきた点に着目するべきである。

　「総合的な学習の時間」の評価については、教育課程審議会の平成10年の答申では「教科のように試験の成績によって数値的に評価することはせず、活動や学習の過程、報告書や作品、発表や討論などに見られる学習の状況や成果などについて、児童生徒のよい点、学習に対する意欲や態度、進歩の状況などを踏まえて適切に評価することとし、例えば指導要録の記載においては、評定は行わず、所見等を記述することが適当である」としている。さらに、平成20年の中央教育審議会答申では、「総合的な学習の時間」の改善の具体的事項として、「各学校において、総合的な学習の時間における育てたい力や取り組む学習活動や内容を、児童生徒の実態に応じて明確に定め、どのような力が身に付いたかを適切に評価する」ことを指摘している。

　道徳科の評価も、数値的に評価をしないことや資料やノート等学習に関わったさまざまな情報を入手することで学習の過程を評価するとされているが、「育てたい力」を明確に定め、それがついたかどうか適切に評価するべきであるという指摘は重要である。こうした点に留意して自己評価を中心に進めていくものであるが、その際には、現代的課題と自分との関係を考え、その解決に向けて、取り組む意欲や態度が身についたかを評価することも重要である。

　道徳教育の**全体計画**、**年間指導計画**において、道徳科における学習内容と「総合的な学習の時間」における学習内容との関連性を明確化しておく必要がある。

　道徳科と「総合的な学習の時間」が関連した指導を構想していくことは、例えば総合主題をもとに教科、道徳、特別活動、「総合的な学習の時間」がそれぞれ関わる「総合単元的な道徳学習」[2]のような在り方が考えられる。

　「総合単元的な道徳学習」では、まず、児童生徒の実態や願いを把握し、それに教員の願いを重ねて、総合主題を設定する。そして総合主題に関連する学習や活動を「各教科」「特別活動」「総合的な学習の時間」などから選び出し、ねらいとの関連を検討する。そして各活動を指導計画に配置する。そのうえで、核となる道徳科を位置づける。

　「総合単元的な道徳学習」における評価は、それを構成する教科、道徳科、特別活動、「総合的な学習の時間」のねらいの達成状況を評価する必要がある。そのうえで総合主題を具体化した単元目標の達成状況を評価することになる。

（新井浅浩）

2　総合単元的な道徳学習とは押谷由夫氏の提唱するものであり、道徳科（これまでは道徳の時間）を要としながらも各教科や特別活動などの特質を生かしながら、共通した道徳的価値に関する学習内容について、まとまりをもった学習活動を計画するものである。

◀参考文献▶

- 押谷由夫『道徳教育新時代――生きる喜びを子どもたちに』国土社、1994年

36 コラム ―― 薬物乱用防止教育

1 薬物乱用をめぐる状況

　「MDMA（合成麻薬）」や「危険ドラッグ」「脱法ハーブ」の使用に伴う事件や犯罪が、メディアで大きく報じられている。その背景には、危険薬物が「やせ薬」や「アロマ」など、ファッション感覚の気軽なものとして宣伝され、また比較的容易に入手できる状況がある。薬物は、若者にとって十分に身近なものであり、実際に中高生の覚醒剤事犯検挙件数も高い水準にある。

　にもかかわらず、薬物の身体への危険性や社会的な影響などに関して、若者が正しい知識や理解を得る機会は限られている。その意味で、発達段階に応じた系統的な教育の場として学校の果たす役割は、格段に大きいといわなければならない。なお、児童生徒にとっては、たばこや酒、シンナーも身近な依存性薬物である。

2 行政機関による薬物乱用防止の施策と活動

　薬物乱用防止教育においては、家庭、地域社会のほか、行政機関や各関係団体との十分な情報交換、密接な連携のもとで行わなければならない。

　行政機関では厚生労働省と文部科学省のほか、各自治体が教育委員会と警察を中心とした独自の活動を展開している。

　厚生労働省では、2013（平成25）年から「第4次薬物乱用防止5か年計画」を開始している。目標の一つに「青少年や家族に対する啓発強化とその規範意識向上による薬物乱用未然防止の推進」を掲げ、①学校における薬物乱用防止教育の充実強化、②有職・無職少年・大学生等に対する啓発の推進、③家庭や地域における薬物根絶意識の醸成などを課題として取り組んでいる（厚生労働省「薬物乱用の現状と対策」2014年）。文部科学省でも「薬物乱用防止教育の充実について」（2008年）を示すなど、薬物乱用防止教育を推進している。

　また、例えば埼玉県では、啓発資料『薬物乱用はダメ。ゼッタイ。』の作成、県内各保健所を中心とする相談窓口の開設、薬物乱用防止サイトの開設などの活動を展開している。

3 学校における薬物乱用防止と道徳教育

　一度、薬物依存状態に陥るとそれは病気の扱いとなり、医療行為が必要となる。もはや本人の意志による問題状況の克服、心身の回復は困難である。したがって、学校では薬物に手を出さないための予防教育が中心となる。

　学校での具体的な取り組みとして、第一に薬物に関する正しい知識の教育があ

る[1]。保健体育や特別活動のほか、啓発資料・映像・ポスターなど学校全体の取り組みを通じて、薬物の種類、乱用による症状（急性・慢性中毒、フラッシュバック）、薬物使用の社会的影響（犯罪、家庭崩壊、学習不適応など）、対処方法（家族、学校、相談機関等）を教えることである。

一方、知識の伝達もさることながら、薬物使用の動機に関わる指導は欠かせない。この点で道徳教育の果たす役割は大きい。とりわけ、興味本位や友人からの誘惑を乗り越えて、人間関係での孤独や閉塞感を克服し、セルフエスティーム[2]を高める教育が重要となる。

薬物乱用の危険因子と危険因子をふまえた予防対策

領域	危険因子	予防対策
仲間・友人	薬物乱用をする仲間がいる 仲間から誘われた経験がある	対処スキルの獲得
生活習慣	起床時間の乱れ 就寝時間の乱れ 朝食の欠食が多い	規則正しい生活習慣を身につける
コミュニケーション	学校生活が楽しくない 親しく遊べる友人がいない 相談できる友人がいない 食生活が乱れている 家族と夕食を共にする頻度が低い 親との相談頻度が低い	学校・家庭・地域における積極的なコミュニケーション
飲酒・喫煙	常習的な喫煙 健康教育、対処スキルの獲得 家族から喫煙をすすめられた経験 問題飲酒（大量・高頻度）をしている 大人不在下で、仲間だけの飲酒 イッキ飲み ブラックアウト経験 アルコール・ハラスメントの被害	飲酒・喫煙を始めさせない・やめさせる
問題行動・危険行動	無断外泊 万引き いじめの加害経験 身体的暴力の加害経験 過食・拒食などの食行動の異常	問題行動・危険行動の早期発見・早期解決

（出典：嶋根卓也「思春期の薬物乱用の現状と課題」『思春期学』Vol.28 No.3、2010年）

これを中学校道徳の学習指導要領に照らせば、薬物への誘惑を断る指導では、内容事項の「勇気」「克己と強い意志」「自律」（以上、視点A）、「遵法精神」（視点C）がある。

また心身の健康・安全の点からは、「節度・節制」（視点A）、「生命の尊さ」「より良く生きる喜び」（以上、視点D）との関連が重要である。

さらに薬物が自己の問題にとどまらず、自分を支えてくれている人々にも影響を与えることから、「感謝」（視点B）、「家族愛」（視点C）との関わりも深い。

教育実践においては、例えば、誘惑を断るスキルを身につけるために、薬物を勧められるケースを設定して、断ることを経験する、役割演技（ロールプレイ）を通じた教育活動が有効であるとして広く行われている。

（山田恵吾）

---

1 薬物乱用防止教育における情報提供の基本姿勢として、以下の点は重要である。
① 「薬物乱用は違法であり、社会に対して有害である」という明快なメッセージを示す。
② 「薬物乱用は健康に有害である」という明快なメッセージを示す。
③ 薬物に関する科学的に信頼できる最新の情報に基づいて指導する。
④ 児童生徒の年齢、興味、ニーズなど発達段階を踏まえた適切な情報を用いる。
⑤ 児童生徒の家庭環境、地域特性を配慮して情報を選ぶ。
（参考：勝野眞吾ほか編『学校で取り組む薬物乱用防止教育』ぎょうせい、2000年）

2 セルフエスティーム
(self-esteem)
自尊感情、自己肯定感のこと。自分を大切にする心ともいえるが、決して自己の欠点から目を背けたり、自己を正当化したりすることではない。欠点のある自分を見つめ、かけがえのない存在として認めること。また、そのことで他者を受け入れ、尊重する心にいたるものである。

◆参考文献◆
・原田幸男編著『これならできる覚せい剤・薬物乱用防止教育入門』学事出版、2001年
・子どもと教育・文化を守る埼玉県民会議編『親と教師のための覚せい剤問題入門』合同出版、1997年

37 「特別の教科 道徳」と生徒指導

1 相互補完関係にある道徳科と生徒指導

　道徳科は、学校の教育活動全体を通して進める道徳教育の「要」として位置づけられる。その意味で、道徳科はその教科のみを念頭に行われるのではなく、常に学校の教育活動全体を視野に置かなければならない。

　その一方で、**生徒指導**[1]も学校生活のあらゆる場面のなかで行われる。道徳科が毎週の授業のなかで計画的に行われるのに対して、生徒指導は、日常生活の具体的な問題のなかで、突発的、偶発的な対応をすることもある。しかしながら、そうしたなかでもこの二つは相互補完的な関係である。

　道徳科の授業を進めるなかで扱う授業の題材を生徒指導上の問題から得ることで、児童生徒が日常体験しているものとの関連性のあるものを扱っているかどうか、いわばレリバンス[2]の問題を解決する手助けになる。その一方、道徳科で示される価値項目（例えば望ましい習慣を身につけることや、他者に対する思いやりの心をもつことなど）は、生徒指導を進めるうえでの拠りどころとして活用できるものである。

　道徳科によって指導された**道徳的価値**は、それがただ知識として身につけただけでは十分ではない。そうした価値に基づいた資質・能力が養われることによって初めて、人格の一部になったといえる。ここでいう資質・能力とは、学んだ道徳的価値をもとに日常の具体的な場面において道徳的行為を主体的に選択し、実践する意志や構えがもてるような内面的資質のことである。

　ところで、生徒指導は、生徒一人ひとりの日常的な生活場面における具体的な問題を指導する場合が多いが、それは道徳科によって指導された道徳的価値に基づいた資質・能力を確認する機会にもなる。

2 成長を促す指導、予防的な指導と道徳科の実践

　文部科学省が2010年に発行した『生徒指導提要』[3]によれば、生徒指導における個別的指導の目的は、「課題解決的指導」「予防的指導」「成長を促す指導」の3つに分けられる。「課題解決的指導」とは、何か問題が起こったときの対処であり、心理的援助サービスでいうところの重度の援助ニーズをもった児童生徒を対象とする三次的サービスを指すものである。

　それに対して「予防的指導」とは、児童生徒が何か問題に巻き込まれないための指導である。例えば、服装が乱れ始めたり、欠席がちになったりした一部の生徒に施す指導である。これは心理的援助サービスでいうところの二次的サービスである。この時、生徒指導は本人の自発的・主体的な成長・発達の過程を援助するものであることから、本人自身が課題を解決できるように援助することが望ま

1　生徒指導
　生徒指導とは、一人ひとりの児童生徒の人格を尊重し、個性の伸長を図りながら、社会的資質や行動力を高めることをめざして行われる教育活動のことである。

2　レリバンス
　関係性もしくは意義という意味である。教育内容が個人や社会の生活と乖離することを避けるためにはレリバンスを重視することが求められる。例えばブルーナーは、社会の直面している問題を問う社会的レリバンス、自分にとって切実な問題を問う個人的レリバンスという視点で論じている。

3　生徒指導提要
　文部科学省の刊行物。小学校段階から高等学校段階までの生徒指導の理論・考え方や実際の指導方法等について、時代の変化に即して網羅的にまとめた基本書が存在せず、生徒指導の組織的・体系的な取り組みが必ずしも十分に進んでいないとの反省を踏まえて、「生徒指導提要の作成に関する協力者会議」を設置し、2010（平成22）年4月に取りまとめたものである。

れている。

　また「成長を促す指導」とは、発達的な指導ともいい、すべての児童生徒を対象としたもので、児童生徒の人格の発達をめざした指導である。心理的援助サービスでは一次的サービスにあたる。これは個性を伸ばすことや、自身の成長に対する意欲を高めることをねらいとしたものである。例えば、個々の児童生徒に応じた情報提供、各種の基礎的な技能や学習技術[4]についての習得や熟練、将来の生き方などについて話をしたりするなどの働きかけである。むろんこれらは、道徳科、各教科、**特別活動**などあらゆる教育活動に関連するものである。

　そして以上のうち「予防的指導」および「成長を促す指導」は、それを進めるに際して、必要な情報・知識やスキルを本人に提供することが求められる。そのなかには望ましい態度や、善悪についてや、いじめなど価値的領域に関連する知識が含まれることから、道徳科と不可分なものとなっている。道徳科については、そうした価値の計画的な指導が求められているので、生徒指導における「予防的指導」「成長を促す指導」のために児童生徒が必要な知識や価値を網羅的・計画的に与えることができるようになる。

3　道徳科と生徒指導との連携における課題

　このように、生徒指導における「予防的指導」「成長を促す指導」の側面は、道徳科で行うものと不可分であり、その連携が重要となる。しかしながら、生徒指導のめざすものは、自発的・主体的な成長・発達の過程を援助することにあるので、道徳的価値の教育をする際には、道徳科と生徒指導とのどちらがその任を担うかによって、そのねらいの違いに自覚的に臨むことが必要である。

　他方で、先にも触れたように課題解決的な生徒指導において起こるさまざまな問題は、道徳科における題材としても有用でもあることから、その連携には大きな意味がある。生徒指導上に起こった実例を扱うことは、プライバシーの問題を含め注意が必要であることはいうまでもないが、児童生徒にとって日常のことを問題として扱うことは、内面に響く学習を展開できる可能性をもつ。

　このように、生徒指導の射程が従来のものから広がりを見せてきていることや、道徳科においても、主体的な判断のもとに行動することなどをめざしていることを考えると、両者はこれまで以上に接近していく可能性がある。とりわけ、いじめの問題に対する取り組みでは、この連携は不可欠である。その意味で、道徳科と生徒指導は、児童生徒の人格形成に幅広く寄与していくものとしての共通性を自覚していく必要がある。

（新井浅浩）

---

[4] **学習技術**
子どもたちが学習を進めていくうえで必要とされる、いわゆるスタディー・スキルのことであり、ノートの取り方、本の読み方、発表の仕方等を含む。

◀参考文献▶

- 文部科学省『生徒指導提要』2010年3月

38 小学校「特別の教科 道徳」の目標

1 学習指導要領における道徳教育の目標

2017（平成29）年３月に告示された「小学校学習指導要領」によって、小学校における道徳教育の目標は、次のように明記された。

> 道徳教育は、教育基本法及び学校教育法に定められた教育の根本精神に基づき、自己の生き方を考え、主体的な判断の下に行動し、自立した人間として他者と共によりよく生きるための基盤となる道徳性を養うことを目標とすること。

（出典：「第１章 総則」の「第１ 小学校教育の基本と教育課程の役割」の２の(2)。下線―引用者）

以前の記述（平成20年版）と比較すると、文言が整理されて下線部のように道徳教育の目標がより明快に示されている。波線部「自己の生き方」の語は、平成20年版学習指導要領で「道徳（の時間）」の目標に加えられた文言であった[1]。「道徳」の特質である「道徳的価値の自覚を一層促し、そのことを基盤としながら、児童が自己の生き方に結び付けて考えてほしいとの趣旨を重視」したものであり、人間としての在り方や生き方の礎となる道徳的価値について、自分自身の生き方と切り結ぶように認識を深めていく学習指導の実施を強調するものであった。「学習指導要領（一部改正）」では、総則においてもこの語を明記することにより、以下に述べる道徳科の目標との整合性を保つ記述となっている。

また、「主体的な判断の下に行動」や「自立した人間として他者と共によりよく生きる」なども、今回の改訂[2]によって新たに登場した文言である。学習指導要領改訂の基本的方向性を示した中央教育審議会答申「道徳に係る教育課程の改善等について」では、道徳教育の目標について「最終的には、一人一人が、生きる上で出会う様々な場面において、主体的に判断し、道徳的行為を選択し、実践することができるよう児童生徒の道徳性を育成するものであることを明確にするとともに……簡潔な表現に改める必要がある」[3]と述べていた。総則における道徳教育の目標設定は、答申のこの部分を受け止めたものといえる。

2 「特別の教科 道徳」の目標

一方、「特別の教科 道徳」の目標については、以下のように記されている。

> 第１章総則の第１の２の(2)に示す道徳教育の目標に基づき、よりよく生きるための基盤となる道徳性を養うため、道徳的諸価値についての理解を基に、自己を見つめ、物事を多面的・多角的に考え、自己の生き方についての考えを深める学習を通して、道徳的な判断力、心情、実践意欲と態度を育てる。

（出典：「第３章 特別の教科 道徳」の「第１ 目標」。下線－引用者）

「よりよく生きるための基盤となる道徳性を養う」という道徳教育全体の目標

---

[1] 「道徳の時間においては……道徳的価値の自覚及び自己の生き方についての考えを深め、道徳的実践力を育成するものとする」（平成20年版『小学校学習指導要領』、「第３章 道徳」の「第１ 目標」後段）。

[2] 正確には、2015（平成27）年３月の「小学校学習指導要領（一部改正）」以降をさす。

[3] 中央教育審議会「道徳に係る教育課程の改善等について（答申）」、2014（平成26）年10月21日、8頁

[4] なお、昭和43年版、および52年版の学習指導要領では、「判断力」が「心情」よりも前に記載されていた。
「道徳の時間においては……各教科および特別活動における道徳教育と密接な関連を保ちながら、計画的、発展的な指導を通して、これを補充し、

を達成するために、道徳科では何をめざすのかが端的に示されている。

平成元年版以降の学習指導要領に目を転ずると、「道徳の時間」の目標（「第3章 道徳」の第1）については、次のように述べられていた。

> - 「児童の道徳的心情を豊かにし、道徳的判断力を高め、道徳的実践意欲と態度の向上を図ることを通して、道徳実践力を育成する。」（平成元年版）
> - 「道徳教育の目標は、第1章総則の第1の2に示すところにより、学校の教育活動全体を通じて、道徳的な心情、判断力、実践意欲と態度などの道徳性を養うこととする。道徳の時間においては、以上の道徳教育の目標に基づき……道徳的実践力を育成するものとする。」（平成10年版、同20年版）

これに対し、道徳科の目標では、「道徳的実践力」の語が消え、記載順序も「道徳的な判断力、心情、実践意欲と態度」と、「判断力」が最初に移動している点に顕著な違いを見てとれる[4]。また、これまで「道徳の時間」の目標に定めていた「計画的、発展的な指導による補充、深化、統合」は、第3章の第3「指導計画の作成と内容の取扱い」の2に移動し、より丁寧な表現で整理している[5]。

これら一連の変更は、道徳教育の「要（かなめ）」に位置づく道徳科の教科的性格の明確化を図ったものと解される。すなわち、「よりよく生きるための基盤となる道徳性を養う」道徳教育（学校の教育活動全体の課題）のために、道徳科では「道徳的諸価値についての理解を基にする」とその性格を明確にした。さらにその学びの内容について、「自己を見つめる」—「物事を多面的・多角的に考える」—「自己の生き方についての考えを深める」という筋道が示され、さまざまな道徳的課題に向き合い、内省し、また広い視野から考えることを通して道徳性を養うという、「考え、議論する道徳」への方向性がより鮮明となっている。

3 「道徳性」と「道徳的実践力」

「道徳」教科化の制度設計の過程で、目標部分に記載されていた「道徳性」（「第1章 総則」）と「道徳的実践力」（「第3章 道徳」）という2つの語の関係性が議論にのぼった。両者はそれぞれに定義がなされていたが[6]、中央教育審議会の議論では「本来、道徳性と道徳的実践力は、いずれも児童生徒が今後出会うであろう様々な場面、状況において、道徳的行為を主体的に選択し、実践するための内面的な資質・能力を指すもの」であり、最終的には、「児童生徒の主体的な道徳的実践につながることを目指して、道徳に係る内面的な資質・能力である道徳性を育成するという意味において共通するもの」との見解に着地した[7]。そのため、新しい「学習指導要領」では、「道徳性」で表現は統一された。よりよい生き方をめざしてなされる道徳的実践、それを可能にする「判断力、心情、実践意欲と態度」を培う指導方法—自己理解や内省、ものごとを多角的に考える活動—をいかに創出するかが、次なる重要課題となる。

（佐藤高樹）

深化し、統合して、児童の道徳的判断力を高め、道徳的心情を豊かにし、道徳的態度と実践意欲の向上を図るものとする。」（昭和43年版）
「道徳の時間においては…（文面は同上）…児童の道徳的判断力を高め、道徳的心情を豊かにし、道徳的態度と実践意欲の向上を図ることによって、道徳的実践力を育成するものとする。」（昭和52年版）

5　巻末資料参照。

6　「道徳性とは、人間としての本来的な在り方やよりよい生き方を目指してなされる道徳的行為を可能にする人格的特性」（『小学校学習指導要領解説 道徳編』2008年、「第1章 総説」第2節の2-(1)）
「道徳的実践力とは、人間としてよりよく生きていく力であり、一人一人の児童が道徳的価値の自覚及び自己の生き方についての考えを深め、将来出会うであろう様々な場面、状況においても、道徳的価値を実現するために適切な行為を選択し、実践することができるような内面的資質を指している」（同上、「第2章 道徳教育の目標」第3節の(4)）

7　前掲「道徳に係る教育課程の改善等について（答申）」、7頁

◀参考文献▶

- 押谷由夫・柳沼良太編著『道徳の時代がきた！——道徳教科化への提言』教育出版、2013年
- 押谷由夫・柳沼良太編著『道徳の時代をつくる！——道徳教科化への始動』教育出版、2014年

39 小学校「特別の教科 道徳」の内容

1 教育課程における道徳科の位置づけ

「学校における道徳教育は、特別の教科である道徳（以下「道徳科」という。）を要として学校の教育活動全体を通じて行うものであり、道徳科はもとより、各教科、外国語活動、総合的な学習の時間および特別活動のそれぞれの特質に応じて、児童の発達の段階を考慮して、適切な指導を行うこと」（小学校学習指導要領）とされており、その点で道徳科のカリキュラム上の位置づけは、教科化前と基本的に変わっていない。

2 教育内容における4つの視点

道徳科の教育内容は、以下の4つの視点に大きく分かれている。

> A 主として自分自身に関すること
> B 主として人との関わりに関すること
> C 主として集団や社会との関わりに関すること
> D 主として生命や自然、崇高なものとの関わりに関すること

「A 主として自分自身に関すること」は、「自己の在り方を自分自身との関わりで捉え、望ましい自己の形成を図ることに関するもの」、「B 主として人との関わりに関すること」は、「自己を人との関わりにおいて捉え、望ましい人間関係の構築を図ることに関するもの」である。「C 主として集団や社会との関わりに関すること」は、「自己を様々な社会集団や郷土、国家、国際社会との関わりにおいて捉え、国際社会と向き合うことが求められている我が国に生きる日本人としての自覚に立ち、平和で民主的な国家及び社会の形成者として必要な道徳性を養うことに関するもの」とされている。「D 主として生命や自然、崇高なものとの関わりに関すること」は、「自己を生命や自然、美しいもの、気高いもの、崇高なものとの関わりにおいて捉え、人間としての自覚を深めることに関するもの」である。

これら4つの視点は、相互に深い関連性をもっている。AからDに向かって、学習者である児童を中心とした同心円的な拡がりを基本構造としている。他者、集団、社会、国、自然との関わりのなかで、常に自己を相対化しながら、よりよい生き方を求めるという内容構成となっている。

さらに、4つの視点には、それぞれいくつかの内容項目が設定されている。例えば、「A 主として自分自身に関すること」は、「善悪の判断、自律、自由と責任」「正直、誠実」「節度、節制」など6つの内容項目から、「B 主として人との関わりに関すること」は、「親切、思いやり」「感謝」「礼儀」などの5項目か

らなっている(巻末資料を参照のこと)。

3 発達段階による構成

　一方、道徳の教育内容は、児童の発達段階とその連続性への配慮から、小学校から中学校までの9年間を視野に入れた、系統的な指導を可能とするカリキュラムとして構成されている。巻末資料に明らかなように、小学校は「第1学年及び第2学年」「第3学年及び第4学年」「第5学年及び第6学年」の3つの段階に分けられ、4つの視点と内容項目は3段階に一貫して設定されている。

　この点を、「A　主として自分自身に関すること」の内容項目「希望と勇気、努力と強い意志」を例に見てみよう。3段階の内容項目は以下のとおりである。

第1学年及び第2学年	自分のやるべき勉強や仕事をしっかり行うこと。
第3学年及び第4学年	自分でやろうと決めた目標に向かって、強い意志をもち、粘り強くやり抜くこと。
第5学年及び第6学年	より高い目標を立て、希望と勇気をもち、困難があってもくじけずに努力して物事をやり抜くこと。

　「第1学年及び第2学年」では、児童を「好き嫌いで物事を判断し、つらいことや苦しいことがあるとくじけてしまう傾向」のある発達段階ととらえて、自分のやるべきことの自覚に重点を置く内容項目としている。

　「第3学年及び第4学年」では、「自分の好きなことに対しては、自ら目標を立て、継続して取り組むようになり、計画的に努力する構えも身に付いていく」反面、つらいことがあると途中であきらめてしまう段階ととらえ、自分で自主的な決めた目標を達成することに重点が置かれている。

　他の内容項目に関しても同様に、発達段階による教育課題が明確に位置づけられている。

　「第5学年及び第6学年」では、「児童がそれぞれに高い理想を追い求める時期」ととらえて、先人を含めたさまざまな生き方への関心を深めて、自己の向上のためのより高い目標を設定すること、困難があってもくじけずに努力しようとする強い意志と実行力を育てること、積極的で前向きな自己像を形成することに重点を置く内容となっている。

　以上のように、教育内容全体の構成が相互の関連性と発達段階による連続性が考慮されているところに、小学校道徳科のカリキュラム上の特徴がある。

（山田恵吾）

◀参考文献▶
- 文部科学省『小学校学習指導要領』2017年3月
- 文部科学省『小学校学習指導要領解説　特別の教科　道徳編』2017年6月

小学校「特別の教科 道徳」の方法

1 指導の基本方針

　道徳科においては、各教科、外国語活動、総合的な学習の時間および特別活動における道徳教育と密接な関連を図りながら、**年間指導計画**に基づき、児童や学級の実態に即して適切な指導をすることになる。

　そのために、道徳科の特質を理解したうえで、教師と児童、児童相互の信頼関係のもとに授業を行う必要がある。また、道徳科は児童自らが時と場合に応じて望ましい行動がとれるような内面的資質・能力を養うことをめざす。

　道徳科では、指導方法を「読む道徳」から「考え、議論する道徳」へ質的転換をすることが求められている。そこでは従来のように登場人物の心情を理解することに偏った形式的な指導ではなく、児童が自ら課題を設定し、主体的に考え判断し、協働して話し合い、日常生活にも活用できるようにする授業が重要になる。

2 道徳科の特質を生かした学習指導の工夫

　道徳科の指導は、児童が時と場に応じて望ましい行動がとれるような内面的資質を高めるようにする。道徳科では、道徳的価値の理解について知的に理解したり、行為の仕方を指導したりするにとどまらない。ねらいとする**道徳的価値**を児童がどのようにとらえ、どのような葛藤を抱き、どのように道徳的価値を実現していくかなどを自分との関わりにおいてとらえることが大事になる。

　児童には年齢相応の発達の段階があり、個人差もある。児童一人ひとりの考え方や感じ方を大切にした授業を展開することで、自分の現在の在り方やこれからの生き方について考えられるようにする。

　道徳科の授業においては、児童が道徳的諸価値についての理解をもとに、自己を見つめ、ものごとを多面的・多角的に考え、自己の生き方について考えを深めることで道徳性を養うことが特質となる。それに応じた学習指導過程や指導方法を工夫することが大切である。

　具体的には、「導入」では、主題に対する児童の興味や関心を高め、ねらいの根底にある道徳的価値の理解をもとに、自己を見つめる動機づけを図る。「展開」では、中心的な教材によって、児童一人ひとりがねらいの根底にある道徳的価値の理解をもとに自己を見つめるようにする。「終末」では、ねらいの根底にある道徳的価値に対する思いや考えをまとめたり、道徳的価値を実現することのよさや難しさなどを確認したりして、今後の展開につなぐ。こうした学習を通して考えたり学んだりしたことを心にとどめ、これからの課題や目標としていく。

3　学習指導の多様な展開

　道徳科では**問題解決的な学習**などを積極的に取り入れ、指導方法を工夫することが求められている。問題解決的な学習とは、児童が自ら道徳的な問題状況に向き合い、さまざまな解決策を考え、主体的に判断し、互いに話し合う学習である。

　児童の実生活においては複数の道徳的諸価値が対立し、葛藤が生じる場面がある。こうした問題についてどう行動すべきかについて話し合いを促す。原因と結果の関係を考えたり、相手の立場になって考えたりすることで多面的・多角的に考えることができる。

　また、児童は道徳的問題を自分の経験と関連づけたり、道徳的諸価値と結びつけたりして考えるとともに、将来どう生きるべきかについて考えを深めることができる。こうした授業で児童は主体的に考え、協働して問題を解決する学習を行うことで、日常生活でも道徳的な価値観を汎用することができるようになる。

　さらに、道徳科では**体験的な学習**を取り入れることも推奨されている。例えば、礼儀作法やマナーを具体的な道徳的行為として考えることができる。また、道徳的問題をどう解決するかについて即興的に演技して考える役割演技も有効である。相手に思いやりのある言葉をかけたり、親切な行為をしたりするためにはどうすればよいかについて役割演技をしながら考えることができる。

　こうした体験的な学習は、授業で体験的な行為や活動をすること自体が目的ではなく、それを通じて学んだ内容から道徳的価値の意義について考えを深めることが大事になる。

4　体験活動や各教科等と関連をもたせた指導

　道徳科の授業を特別活動等における多様な実践活動や体験活動と関連づけることも有効である。学校におけるさまざまな体験活動や実践活動で感じたことや考えたことを道徳授業の導入や展開の一部で振り返り、その道徳的価値の理解を深めることができる。例えば、運動会や集団宿泊活動での友情や協力の経験を授業で振り返ったり、ボランティア活動を公徳心と関連づけたりして考えを深めることができる。

　また、道徳科を各教科等と積極的に関連づけることも大切である。例えば、国語科における物語文の学習、社会科における郷土や地域の学習、体育科におけるチームワークを重視した学習などを道徳科のねらいと関連づけて学習すると効果が高まる。その際、各教科等と道徳科それぞれの特質を生かすように工夫することが必要になる。

（柳沼良太）

◀参考文献▶
- 押谷由夫・柳沼良太 編著『道徳の時代をつくる！』教育出版、2014年
- 柳沼良太『実効性のある道徳教育——日米比較から見えてくるもの』教育出版、2015年

41 道徳教育における評価

1 評価の基本的な考え方

一般に教育評価には、二つの異なる営みがある。一つは、児童生徒の学習評価、すなわち、学習者である児童生徒の学習状況に関する評価。もう一つは、その学習状況を成立させたカリキュラムや指導方法に関する評価である。道徳教育においても、①児童生徒の学習状況や道徳性に係る成長、②学校の教育活動全体を通じた道徳教育カリキュラム、③指導の在り方、に対する評価が求められる。

ただし、この三つの評価は独立しているわけではない。児童生徒の学習の成果はカリキュラムや指導の影響を受けるからである。「指導と評価の一体化」[1]という考え方は、指導と評価が関係しており、児童生徒の評価は指導の改善にフィードバックされなければならないことを意味している。この考え方は学習指導要領を貫く学習評価の姿勢として、総則において、「児童(生徒)のよい点や進歩の状況などを積極的に評価し、学習したことの意義や価値を実感できるようにすること」、「学習の過程や成果を評価し、指導の改善や学習意欲の向上を図り、資質・能力の育成に生かすようにすること」(総則第1章第3の2の(1))と示されている。

道徳教育における評価も、この基本的な考え方を踏まえて行われることになる。そのうえでさらに、道徳教育では、学校における教育活動全体を通じて行う道徳教育における評価と「特別の教科 道徳」、すなわち授業における評価を区別してとらえる必要がある。ここではまず、学校の教育活動全体を通じて行う道徳教育における評価について述べる。

2 道徳教育の全体計画とカリキュラム・マネジメント

学習指導要領は、各学校が道徳教育の全体計画を作成し、全教師が協力して道徳教育を展開するよう定めている(総則第1章第6の1)。学校の教育活動全体を通じて行う道徳教育のカリキュラム評価は、全体計画に基づいた実践の意義や成果を検証し、改善に生かす一連の営みである。学校における道徳教育を実効性あるものにするためには、計画・実施・評価・改善というPDCAサイクルを学校が組織的かつ計画的に実施する**カリキュラム・マネジメント**[2]の充実が求められる。

道徳教育のカリキュラム評価には、外部への**説明責任(アカウンタビリティ)**[3]を果たす役割もある。すなわち、家庭や地域社会に向けて「学校の道徳教育の全体計画や道徳教育に関する諸活動などの情報を積極的に公表」(学習指導要領総則第1章第6の4)し、例えば**学校運営協議会制度**[4]などを活用して道徳教育の成果を報告するとともに、得られた意見を改善に生かすなど、評価活動を共有することによって、家庭や地域社会との相互連携を図ることができる。

---

1 **指導と評価の一体化**
「指導と評価は別物ではなく、評価の結果によって後の指導を改善し、さらに新しい指導の成果を再度評価するという、指導に生かす評価を充実させることが重要である(いわゆる指導と評価の一体化)」として、教育課程審議会答申(2000〈平成12〉年12月)において提起された。

2 **カリキュラム・マネジメント**
学習指導要領は、カリキュラム・マネジメントを次のように定義し、各学校における充実を求めている。「各学校においては、児童(生徒)や学校及び地域の実態を適切に把握し、教育の目的や目標の実現に必要な教育の内容等を教科等横断的な視点で組み立てていくこと、教育課程の実施状況を把握してその改善を図っていくこと、教育課程の実施に必要な人的または物的な体制を確保するとともにその改善を図っていくことなどを通して、教育課程に基づき組織的かつ計画的に各学校の教育の質の向上を図っていくこと(以下「カリキュラム・マネジメント」という。)に努めるものとする」(総則第1章第1の4)。学習指導要領総則の項目立ては、教育課程の編成、実施、評価および改善の手順、いわゆるPDCA(Plan-Do-Check-Action)サイクルを踏まえた構成となっている。

3 道徳教育における児童生徒の評価

　学校の教育活動全体を通じて行う道徳教育における評価について、『学習指導要領解説　特別の教科 道徳編』では、児童生徒の「成長を見守り、児童（生徒）自身の自己のよりよい生き方を求めていく努力を評価し、それを勇気付ける働きをもつようにすることが求められる」としている。児童生徒の評価は、このような共感的な理解によって児童生徒が自ら道徳性を育めるよう支援する目的で行う。

　この考え方は従前から示されてきたが、評価に対する学校の関心は高いとはいえなかった。中央教育審議会は、「指導要録に固有の記録欄が設置されていないこともあり、必ずしも十分な評価活動が行われておらず、このことが、道徳教育を軽視する一因となった」（中央教育審議会「道徳に係る教育課程の改善等について（答申）」2014〈平成26〉年10月21日）と指摘し、**指導要録**[5]の改善を求めた。

　文部科学省が示してきた指導要録の参考様式には、「**行動の記録**」欄が設置されている。「行動の記録」は、文部科学省の通知によって、教科等の学習や特別活動、そのほかの学校生活全体にわたって認められる児童生徒の行動について、項目ごとに十分満足できる状況にあると判断される場合に「○」印を記入することとされている。具体的な項目として、「基本的な生活習慣」、「健康・体力の向上」、「自主・自律」、「責任感」、「創意工夫」、「思いやり・協力」、「生命尊重・自然愛護」、「勤労・奉仕」、「公正・公平」、「公共心・公徳心」の10項目があげられており、このほかに必要があれば項目を追加して記入できるようになっている。

　これらの項目は、道徳教育の内容項目と関連が深い。そのため、上の中教審答申においても、学校の教育活動を通して養われた道徳性の評価の一つとして整備することが期待されている。しかし、注意しなければならないのは、「行動の記録」は具体的な行動の評価であり、それらをもって道徳性全体の評価ととらえることはできないということである。また、「○」印を記入することを、「満足できる」・「できない」と二値的にとらえることは、数値などによる評価と同等であり、道徳教育の評価として妥当ではない。「行動の記録」を道徳教育の評価の一つとして機能させるためには、道徳性の現れの一つである行動・実践面のみの限定的評価であること、そして、他との比較ではなく、一人ひとりの児童生徒のよさや努力、成長を積極的に評価する**個人内評価**であることへの共通理解が図られねばならない。

　道徳教育における児童生徒の評価は、児童生徒の成長を共感的に励ます教育活動である。教師が一方的に評価して終わりではない。教師による評価を面談などを通じて児童生徒や保護者と共有し、教師間の意見交換によって児童生徒のよさや成長を多くの異なる目で解釈できるようにするなど、学校における評価を通じたコミュニケーションを豊かにして児童生徒理解を深める日常の評価活動の充実が求められる。

　　　　　　　　　　　　　　　　　　　　　　　　　　　（西野真由美）

3　アカウンタビリティ（accountability）
「説明責任」と訳される。もとは会計用語だが、今日では、公共性の高い事業の主体が適切にそれを実施して成果を生み出す責任を意味する。中央教育審議会答申（1998年9月）で、教育目標、教育計画、自己評価を保護者・地域住民に説明する学校の責任として示された。

4　学校運営協議会制度
学校運営協議会（コミュニティ・スクール）は、保護者や地域の声を学校運営に生かす仕組みである。2004（平成16）年改正の「地方教育行政の組織及び運営に関する法律」により導入された。教育委員会が任命した委員（児童生徒の保護者、地域住民、校長、学識経験者、その他教育委員会が認めた者）によって構成される。

5　指導要録
指導要録（「児童指導要録」「生徒指導要録」）は、「児童生徒の学籍並びに指導の過程及び結果の要約を記録し、その後の指導及び外部に対する証明等に役立たせるための原簿」（文部科学省「小学校、中学校、高等学校及び特別支援学校等における児童生徒の学習評価及び指導要録の改善等について（通知）」2010〈平成22〉年5月11日）となるものであり、各学校において作成するよう定められている（学校教育法施行規則第24条第1項）。その様式や記入法は、公立学校では教育委員会によって決定される。

◀参考文献▶

・田村知子編著『実践・カリキュラムマネジメント』ぎょうせい、2011年

「特別の教科 道徳」の評価

1 「特別の教科 道徳」における評価の意義

学習指導要領は、「第3章 特別の教科 道徳」の「第3 指導計画の作成と内容の取扱い」の4において、「児童（生徒）の学習状況や道徳性に係る成長の様子を継続的に把握し、指導に生かすよう努める必要がある。ただし、数値などによる評価は行わないものとする」と示している。

この規定から、「特別の教科道徳」（以下、道徳科という）における評価について、次の三点が確認できる。すなわち、①道徳科における評価の対象は、児童生徒の**学習状況や道徳性に係る成長の様子**である。②教師には、この成長の様子の評価を指導に生かす、**指導と評価の一体化**が求められている。③数値などで成績をつけない、である。なお、「数値などによる評価」とは、点数化だけでなく、共通の評価規準を設定してその達成状況を「おおむね満足」などの評語で表す評価（目標に準拠した評価）を含む。つまり、道徳科における児童生徒の評価は、他と比較する相対評価や目標の実現状況を段階で判定する到達度評価ではなく、一人ひとりの学びの姿や成長に着目する**個人内評価**[1]である。

学習指導要領のこの規定は、「道徳の時間」特設以来、同様に示されてきた。「特別の教科」となって変わったのは、指導要録に新たに道徳科の記載欄が設けられ、「学習状況や道徳性に係る成長の様子」を記録するよう示されたことである[2]。同時に、道徳科の評価については、「調査書に記載せず、入学者選抜の合否判定に活用することのないようにする」ことも明示されている。

道徳科における評価の目的は、児童生徒が自らの成長を実感し、学習に意欲的に取り組めるようにすることであり、また、教師による指導の改善につなげることである。児童生徒一人ひとりの成長を積極的に受け止めて認め、励ます記述式の個人内評価の意義を十分に理解して評価活動に取り組まなければならない。

2 評価の基本的な方向性

文部科学省に設置された「道徳教育に係る評価等の在り方に関する専門家会議」の報告[3]は、評価の基本的な考え方を次のようにまとめている。

- 道徳科で育むべき資質・能力を道徳的判断力、心情、実践意欲と態度など観点別に分節し、学習状況を分析的に捉えることは妥当ではない
- 学習活動における児童生徒の具体的な取組状況を、一定のまとまりの中で、児童生徒が学習の見通しを立てたり学習したことを振り返ったりする活動を適切に設定しつつ、学習活動全体を通して見取ることが求められる
- 個々の内容項目ごとではなく、大くくりなまとまりを踏まえた評価とする

---

1 **個人内評価**
児童生徒一人ひとりのよい点や可能性、進歩の状況などを積極的に評価しようとする評価。

2 「学習指導要領の一部改正に伴う小学校、中学校及び特別支援学校小学部・中学部における児童生徒の学習評価及び指導要録の改善等について（通知）」（2016〈平成28〉年7月29日）

3 道徳教育に係る評価等の在り方に関する専門家会議「『特別の教科 道徳』の指導方法・評価等について（報告）」2016〈平成28〉年7月22日

4 **パフォーマンス評価**
知識やスキルを総合して活用することを求めるような、現実の文脈で出会うような問題の解決を求める課題（パフォーマンス課題）に取り組ませることによって評価する。評価はルーブリックという評価規準を作成して行う。

5 **ポートフォリオ評価**
学習の過程で生まれたさまざまな成果物や作品（レポートやプレゼンテーションなど）を時系列に

> - 他の児童生徒の比較による評価ではなく、児童生徒がいかに成長したかを積極的に受け止めて認め、励ます個人内評価として記述式で行う
> - 特に学習活動において児童生徒がより多面的・多角的な見方へと発展しているか、道徳的価値の理解を自分自身との関わりの中で深めているかといった点を重視する
> - 発達障害等のある児童生徒が抱える学習上の困難さの状況等を踏まえた指導及び評価上の配慮を行うこと

　まず確認しなければならないことは、『学習指導要領解説　特別の教科 道徳編』（以下『解説』）に示されているように、「道徳性が養われたか否かは、容易に判断できるものではない」ことである。『解説』では、さらに、「道徳科で養う道徳性は、児童（生徒）が将来いかに人間としてよりよく生きるか、いかに諸問題に適切に対応するかといった個人の問題に関わるものである。このことから、小（中）学校の段階でどれだけ道徳的価値を理解したかなどの基準を設定することはふさわしくない」と明示している。内容項目は「指導の内容を構成するもの」、「道徳性を養う手掛かりとなるもの」であって、道徳科の目標は道徳性を養うことである。これは人格全体に関わる方向目標であって到達度を測ることはできない。道徳科で行う評価は、人格や道徳性全体ではなく、目標に示された学習活動―道徳的諸価値についての理解を基に、自己を見つめ、ものごとを（広い視野から）多面的・多角的に考え、自己（人間として）の生き方についての考えを深める―に着目し、児童生徒の学びの成長を見取る評価である。

3　多様な評価方法

　指導要録や通知表等における評価は、一定の学習期間のまとまりの中で児童生徒の成長を大くくりで記述する。そのためには、日々の授業における学習活動に着目した評価資料の収集と蓄積が必要となる。また、児童生徒が学びを振り返って考えを深め、成長を実感できるようにすることが評価の目的であることから、振り返りなどの自己評価を通して**自己評価力**を育成する学習活動を充実し、それを教師の評価活動に生かすことが大切である。さらに、**パフォーマンス評価**[4]や**ポートフォリオ評価**[5]などの**真正の評価**[6]を活用して学びのプロセスを可視化しつつ、児童生徒の変容や成長に関わるさまざまな**エピソード**[7]を蓄積して、一人ひとりの学びの姿を多面的・多角的にとらえられるように工夫したい。

　評価の信頼性や妥当性を高めるには、担任教師だけでなく複数の目で児童生徒のよさや成長を評価し合う校内研修が有効である。チーム学校として児童生徒理解を深めていく取組が期待されている。

（西野真由美）

沿って計画的に収集・蓄積した資料集（ポートフォリオ）をもとに、子どもの学びの全体をとらえる評価。

6　真正の評価
真正の（authentic）評価は、アメリカで1980年代以降、従来型のペーパーテストによる評価に対するオルタナティブとして提起されるようになった評価に対する考え方である。現実世界の文脈のなかで発揮される力を捉える目的で、現実に出会うようなリアルでオープンエンドな課題に対する児童生徒の問題解決的な遂行（パフォーマンス）としての作品や文章表現を評価する。パフォーマンス評価やポートフォリオ評価も真正の評価の一つと位置づけられる。

7　エピソード記述による評価
児童生徒の発言や活動など、授業で特に印象に残った事柄を授業後に記録しておき、ある程度まとまった段階で振り返ってみることで、児童生徒の変容や変容のきっかけなどをとらえる評価。

◀参考文献▶

- 鯨岡峻『エピソード記述入門―実践と質的研究のために』東京大学出版会、2005年
- 西岡加名恵『教科と総合に活かすポートフォリオ評価法』図書文化、2003年
- 中坪史典『子ども理解のメソドロジー』ナカニシヤ出版、2012年

43 小学校の全体計画と「特別の教科 道徳」の年間指導計画

1 全体計画の意義と内容

(1) 全体計画の意義

道徳教育は、学習指導要領総則に示された道徳教育の目標を踏まえ、週1時間の道徳科を「要（かなめ）」としつつ学校の教育活動全体で行うものである。したがって、各学校で道徳教育の全体計画を作成する際には、次の道徳教育の指導体制が整っている必要がある。

- 校長の指導方針の明確化
- 道徳教育推進教師を中心とした全教師による協力体制の整備

道徳教育の**全体計画**は、各学校における道徳教育の中軸となる基本方針を示すとともに、その基本方針を具現化し、学校としての道徳教育の目標を達成するために、何を重点に推進するのか、各教育活動はどのような役割を分担し関連を図るか、家庭や地域社会との連携をどう進めていくのか等について総合的に示した教育計画である。

『小学校学習指導要領解説 総則編』には、全体計画の意義として次の5点をあげている。

- ア 人格の形成及び国家、社会の形成者として必要な資質の育成を図る場として学校の特色や実態及び課題に即した道徳的展開ができる
- イ 学校における道徳教育の重点目標を明確にして推進することができる
- ウ 道徳教育の要としての道徳科の位置付けや役割が明確になる
- エ 全教師による一貫性のある道徳教育が組織的に展開できる
- オ 家庭や地域社会との連携を深め、保護者や地域の人々の積極的な参加や協力を可能にする

(2) 全体計画の内容

全体計画は、校長の明確な方針のもと、上記の意義を踏まえて**道徳教育推進教師**を中心に全教師の参加と協力により創意と英知を結集し、『小学校学習指導要領解説 総則編』に示された次の事項を盛り込み作成する。

- ア 基本的把握事項
  - 教育関係法規の規定、時代や社会の要請や課題、教育行政の重点施策
  - 学校や地域社会の実態と課題、教職員や保護者の願い
  - 児童の実態と課題
- イ 具体的計画事項
  - 学校の教育目標、道徳教育の重点目標、各学年の重点目標

- 道徳科の指導方針
- 年間指導計画を作成する際の観点や重点目標に関わる内容の指導の工夫、校長や教頭等の参加、他の教師との協力的な指導
- 各教科、外国語活動、総合的な学習の時間及び特別活動などにおける道徳教育の指導の方針、内容及び時期
- 特色ある教育活動や豊かな体験活動における指導の方針、内容及び時期
- 学級、学校の人間関係、環境の整備や生活全般における指導の方針
- 家庭や地域社会、他の学校や関係機関との連携の方法
- 道徳教育の推進体制

　全体計画は一覧表にして示されることが多いが、必要事項については文章化したり別葉にして具現化したりしたものを加えるなどの工夫が必要である。特に、次のものは別葉にして加えることで、年間を通して具体的に活用しやすいものにすることができる。『小学校学習指導要領解説 総則編』には、次の３点が例示されている。

①各教科等における道徳教育に関わる指導内容及び時期を整理したもの。
②道徳教育に関わる体験活動や実践活動の時期等が一覧できるもの。
③道徳教育の推進体制や家庭や地域社会等との連携のための活動等が分かるもの。

2　全体計画作成上の創意工夫と留意点

　全体計画の作成にあたっては、理念だけで終わることなく、具体的な指導に生きて働くものになるよう、全教師で創意工夫を生かすことが大切である。
　その際、特に『小学校学習指導要領解説 総則編』に示された次の点に留意することが大切である。

①校長の明確な方針の下に道徳教育推進教師を中心として全教師の協力・指導体制を整える。
②道徳教育や道徳科の特質を理解し、教師の意識の高揚を図る。
③各学校の特色を生かして重点的な道徳教育が展開できるようにする。
④学校の教育活動全体を通じた道徳教育の相互の関連性を明確にする。
⑤家庭や地域社会、学校間交流、関係諸機関等との連携に努める。
⑥計画の実施及び評価・改善のための体制を確立する。

　全体計画の作成において大切にしたいのは、全教師の力を結集することである。道徳教育推進教師等の限られた教師が案を示すのではなく、各教師が自分の校内分掌に基づき全教師に提案していく姿勢が望まれる。そのためには、道徳教育に対する校内の研修体制を確立し、全教職員が道徳教育の重要性を共有することが大切である。

3 年間指導計画の意義と内容

　道徳科においては、学校の教育活動全体を通じて行う道徳教育との関連を明確にして、発達段階に即しながら、学習指導要領に示された内容項目の全体にわたって、計画的、発展的に指導することが求められている。そのためには、学校や地域等の実態を考慮し、子どもがよさを生かし主体的に学べるよう創意工夫を加えて**年間指導計画**を作成する必要がある。

(1) 年間指導計画の意義

　年間指導計画とは、「道徳科の指導が、道徳教育の全体計画に基づき、児童の発達の段階に即して計画的、発展的に行われるように組織された全学年にわたる年間の指導計画」(『小学校学習指導要領解説　特別の教科 道徳編』)であり、各学年段階で作成するものである。作成にあたっては、全体計画に示された学校重点目標が表れるように、各学年に適した主題を構成し、学年別に年間にわたって適切に位置づけ配列することが大切である。道徳科における主題とは、「指導を行うに当たって、何をねらいとし、どのように教材を活用するかを構想する指導のまとまりを示すものであり、「ねらい」とそれを達成するために活用する教材によって構成される」(『小学校学習指導要領解説　特別の教科 道徳編』)ものである。

　『小学校学習指導要領解説　特別の教科 道徳編』では、このように作成される年間指導計画の意義として、次の3点をあげている。

> ア　6年間を見通した計画的、発展的な指導を可能にする。
> イ　個々の学級で道徳科の学習指導案を立案するよりどころになる。
> ウ　学級相互、学年相互の教師間の研修などの手掛かりとなる。

　校長の道徳教育の方針をうけて各学年の基本方針や指導の重点を明確にして作成することで、6年間を見通した指導が可能になること。また、このように作成された年間指導計画に基づいて学習指導案を作成したり授業研究会を実施したりすることで、計画的、発展的な指導が可能になり、子どもの心に響く道徳科の授業が展開できること、などが年間指導計画の意義としてあげられている。

(2) 年間指導計画の内容

　年間指導計画は、各学校が創意工夫をして作成するものだが、特に次の内容を明記しておくことが必要であるとして、『小学校学習指導要領解説　特別の教科 道徳編』に次のものがあげられている。

> ア　各学年の基本方針
> イ　各学年の年間にわたる指導の概要
> 　　指導の時期、主題名、ねらい、教材、主題構成の理由、学習指導過程及び指導の方法、他の教育活動等における道徳教育との関連、その他

なお、道徳科の指導の時期、主題名、ねらいおよび教材を一覧にした配列表だけでは年間指導計画としては機能しにくい。全教師の共通理解のもとに、学習指導過程等を含む年間指導計画を作成し、授業後には年間指導計画の評価と改善を行うことが必要である。

年間指導計画の例

月・時	4月①	主題名		教材名	
主題構成の理由					
学習指導過程					
他の教育活動との関連			その他（事後　検証等）		

4　年間指導計画作成上の創意工夫と留意点

年間指導計画を活用しやすいものにし、指導の効果を高めるために、創意工夫し留意すべきこととして次の点があげられる。

(1) 学校の方針を明確にした年間指導計画の必要性

年間指導計画の作成にあたっては、学校や地域の実態はもちろん、児童の発達の段階や特性、心の成長等を考慮し、教材の選定や主題の設定と配列を工夫することが必要である。また、計画的、発展的、重点的な指導ができるように、内容項目相互の関連、学年段階を考慮すること、各教科等における道徳教育との具体的な関連の見通しをもつこと、多様な指導方法を導入したりする工夫が大切である。

(2) 教材選定・教材活用の工夫・弾力的な取り扱い

教材については、教材自体がもつ教育的価値を考慮し、単に「ねらい」とする**道徳的価値**が明確だとか、指導がしやすいなどの理由で選択することは避けるべきである。教科書を中心に年間指導計画は作成される場合が多いと思われるが、偉人伝（人物資料）、実話（ノンフィクション）、郷土資料等、児童の心に響くものを選択・開発することも望まれる。

年間指導計画は、指導者の判断による不用意な変更や修正は行われるべきではない。しかし、教材の開発に努め、より大きな効果が期待できるという判断をした場合、学年等で検討し、校長の了解を得て、時期や「ねらい」、教材、**学習指導過程**の変更・修正を行う等の弾力的な取り扱いも必要である。

（前田哲雄）

◀参考文献▶

- 文部科学省『小学校学習指導要領解説 総則編』2015年7月
- 文部科学省『小学校学習指導要領解説 特別の教科 道徳編』2015年7月

中学校「特別の教科 道徳」の目標

1 学習指導要領における道徳教育の目標

2017（平成29）年３月に告示された「中学校学習指導要領」によって、中学校における道徳教育の目標は、以下のように明記された。

> 道徳教育は、教育基本法及び学校教育法に定められた教育の根本精神に基づき、人間としての生き方を考え、主体的な判断の下に行動し、自立した人間として他者と共によりよく生きるための基盤となる道徳性を養うことを目標とすること。

（出典：「第１章 総則」の「第１ 中学校教育の基本と教育課程の役割」の２の(2)。下線―引用者）

小学校の場合と同様、以前の記述（平成20年版まで）と比較すると、文言が整理されて道徳教育の目標がより明快に示された。また、小学校学習指導要領と対照して読むと、その目標設定に若干の違いが確認される。すなわち、小学校が「自己の生き方を考え」としているのに対し、中学校では「人間としての生き方を考え」るとしており、「自己」という存在を超え、より普遍的に「人間」という社会的存在への視野から、生き方への深い自覚を促すことがめざされている。なお、この「人間としての生き方」という文言は、「人間としての生き方についての自覚を深め、道徳的実践力を育成するものとする」との文脈で、昭和52年版の学習指導要領から「道徳（の時間）」の目標に登場する文言である[1]。「学習指導要領（一部改正）」では、「第１章 総則」において、「人間としての生き方を考え」と記すことで、以下に述べる道徳科の目標との整合性を図る記述となっている。

2 「特別の教科 道徳」における目標

「特別の教科 道徳」（道徳科）の目標は、次のように述べられている。

> 第１章総則の第１の２の(2)に示す道徳教育の目標に基づき、よりよく生きるための基盤となる道徳性を養うため、道徳的諸価値についての理解を基に、自己を見つめ、物事を広い視野から多面的・多角的に考え、人間としての生き方についての考えを深める学習を通して、道徳的な判断力、心情、実践意欲と態度を育てる。

（出典：「第３章 特別の教科 道徳」の「第１ 目標」。下線－引用者）

これもまた、改訂前（平成20年版まで）の記述と比較して、文言が整理された。

これまでの学習指導要領に着目すると、「道徳（の時間）」の目標（「第３章 道徳」の第１）は、次のように述べられてきた。

- 「道徳の時間においては……各教科及び特別活動における道徳教育と密接な関連を図りながら、計画的、発展的な指導によってこれを補充、深化、統合し、生徒の道徳的心情を豊かにし、道徳的判断力を高め、道徳的実践意欲と態度の向上を図ることを通して、人間としての生き方についての自覚を深め、道徳的実践力を

---

[1] 「道徳の時間においては……各教科及び特別活動における道徳教育と密接な関連を保ちながら、計画的、発展的な指導を通してこれを補充、深化、統合し、生徒の道徳的判断力を高め、道徳的心情を豊かにし、道徳的態度と実践意欲の向上を図ることによって、人間の生き方についての自覚を深め、道徳的実践力を育成するものとする。」（昭和52年版『中学校学習指導要領』、「第３章 道徳」の「第１ 目標」後段）

- 育成するものとする。」(平成元年版)
- 「道徳教育の目標は、第1章総則の第1の2に示すところにより、学校の教育活動全体を通じて、道徳的な心情、判断力、実践意欲と態度などの道徳性を養うこととする。」(平成10年版、同20年版、前段)

このように、以前の「道徳の時間」では「道徳的な心情、判断力、実践意欲と態度(など)」としていたが、道徳科では前述のように「道徳的な判断力、心情、実践意欲と態度」へと記載の順番が改められている[2]。また、これまで「道徳の時間」の目標に定めていた「計画的、発展的な指導による補充、深化、統合」の文言は、第3章の「第3 指導計画の作成と内容の取扱い」の2に移動し、より丁寧な表現で整理している[3]。

道徳教育の「要(かなめ)」として位置づく道徳科の性格は次のようにとらえられる。すなわち、道徳科では「道徳的諸価値についての理解を基にする」点に教科的意義があり、「自己を見つめる」―「ものごとを広い視野から多面的・多角的に考える」―「人間の生き方についての考えを深める」という過程を通して、道徳的価値の意義およびその大切さの理解がめざされるということである。日常生活を送るなかであまり意識していない、あるいは「分かっていると信じて疑わない様々な道徳的価値について、学校や家庭、地域社会における様々な体験、道徳科における教材との出会いやそれに基づく他者との対話などを手掛かりとして自己との関わりを問い直すこと」から、道徳的価値に対する「本当の理解」は始まる。したがって、「指導の際には、特定の道徳的価値を絶対的なものして指導したり、本来実感を伴って理解すべき道徳的価値のよさや大切さを観念的に理解させたりする学習に終始することのないように配慮することが大切である」[4]。規範の一方的伝達に陥らないためにも、「よりよく生きるうえで大切なものは何か、自分はどのように生きるべきか」といった、生徒たちの主体的な判断と切り離さないかたちで、ものごとを多面的にとらえる機会を教師は保障する必要がある。

3 道徳性の諸様相について

道徳科がその育成をめざす「道徳性」とは、「人間としてよりよく生きようとする人格的特性」であり、それを構成する諸様相として、「道徳的判断力」「道徳的心情」「道徳的実践意欲と態度」が位置づく。だが、これらはそれぞれが独立した特性としてとらえられるものではなく、またそれぞれの間に序列や段階があるのでもない。これらを含む「道徳性」とは、「一人一人の生徒が道徳的価値を自覚し、人間としての生き方について深く考え、日常生活や今後出会うであろう様々な場面及び状況において、道徳的価値を実現するための適切な行為を選択し、実践できるような内面的資質を意味している」[5]。教師はこの点を理解し、道徳的実践につながる指導の展望を描くことが求められる。

(佐藤高樹)

---

[2] 昭和44年版、昭和52年版でも、道徳科同様に「判断力」が最初にくる記述であった(「第3章 道徳」の「第1 目標」後段)。「道徳の時間においては……各教科および特別活動における道徳教育と密接な関連を保ちながら、計画的、発展的な指導を通して、これを補充し、深化し、統合して、人間性についての理解を深めるとともに、道徳的判断力を高め、道徳的心情を豊かにし、道徳的態度における自律性の確立と実践意欲の向上を図るものとする。」(昭和44年版) 昭和52年版については、注1を参照。

[3] 巻末資料参照。

[4] 文部科学省『中学校学習指導要領解説 特別の教科 道徳編』2017年7月、14-15頁

[5] 同上書、17頁。「道徳的判断力」等、諸様相の定義については同頁を参照。

◀参考文献▶
- 押谷由夫・柳沼良太編著『道徳の時代がきた!――道徳教科化への提言』教育出版、2013年
- 押谷由夫・柳沼良太編著『道徳の時代をつくる!――道徳教科化への始動』教育出版、2014年

中学校「特別の教科 道徳」の内容

1 教育課程における道徳の位置づけ

「学校における道徳教育は、特別の教科である道徳（以下「道徳科」という。）を要として学校の教育活動全体を通じて行うものであり、道徳科はもとより、各教科、総合的な学習の時間及び特別活動のそれぞれの特質に応じて、生徒の発達の段階を考慮して、適切な指導を行うこと」（『中学校学習指導要領』）とされており、その点で道徳科のカリキュラム上の位置づけは、教科化前と大きくは変わっていない。

2 教育内容における4つの視点

道徳科の教育内容は、以下の大きく4つの視点によって分かれている。

A 主として自分自身に関すること
B 主として人との関わりに関すること
C 主として集団や社会との関わりに関すること
D 主として生命や自然、崇高なものとの関わりに関すること

「A 主として自分自身に関すること」は、「自己の在り方を自分自身との関わりで捉え、望ましい自己の形成を図ることに関するもの」、「B 主として人との関わりに関すること」は、「自己を人との関わりにおいて捉え、望ましい人間関係の構築を図ることに関するもの」である。「C 主として集団や社会との関わりに関すること」は、「自己を様々な社会集団や郷土、国家、国際社会との関わりにおいて捉え、国際社会と向き合うことが求められている我が国に生きる日本人としての自覚に立ち、平和で民主的な国家及び社会の形成者として必要な道徳性を養うことに関するもの」とされている。「D 主として生命や自然、崇高なものとの関わりに関すること」は、「自己を生命や自然、美しいもの、気高いもの、崇高なものとの関わりにおいて捉え、人間としての自覚を深めることに関するもの」である。

これら4つの視点は、相互に深い関連性をもっている。AからDに向かって、学習者である生徒を中心とした同心円的な拡がりを基本構造としている。他者、集団、社会、国、自然との関わりのなかで、常に自己を相対化しながら、よりよい生き方を求めるという内容構成となっている。

さらに、4つの視点には、それぞれに内容項目が設定されている。例えば、「A 主として自分自身に関すること」は、「自主、自律、自由と責任」「節度、節制」など5つの内容項目から、「B 主として人との関わりに関すること」は、「思いやり、感謝」「礼儀」など4項目から成っているようにである（巻末資料を参

照のこと）。

3 発達段階による構成

　中学校は４つの視点と22の内容項目から構成され、３学年同一の枠組みで設定されている。ただし、小学校から中学校までの９年間を視野に入れた、系統的な指導を可能とするカリキュラムとして構成されている。したがって、中学校の教育内容は、生徒個々の発達段階の差異に配慮するとともに、小学校との連続性に配慮しながら、内容の充実を図らなければならない。

　中学校の段階は「小学校の段階よりも心身両面にわたる発達が著しく、他者との連帯を求めると同時に自我の確立を求め、自己の生き方についての関心が高まる時期であり、やがて人生観や世界観ないし価値観を模索し確立する基礎を培う高等学校生活等につながっていく」ものである（『中学校学習指導要領解説 特別の教科 道徳』）。このような発達段階の特性は、小学校と中学校の連続性の観点があって初めて現れるものである。

　例えば、「B　主として人との関わりに関すること」の内容項目「友情、信頼」と、「D　主として生命や自然、崇高なものとの関わりに関すること」の内容項目「よりよく生きる喜び」を例に見てみよう。

小中学校の連続性の観点

内容項目	小学校第５学年及び第６学年	中学校
友情、信頼	友達と互いに信頼し、学び合って友情を深め、異性についても理解しながら、人間関係を築いていくこと。	友情の尊さを理解して心から信頼できる友達をもち、互いに励まし合い、高め合うとともに、異性についての理解を深め、悩みや葛藤も経験しながら人間関係を深めていくこと。
よりよく生きる喜び	よりよく生きようとする人間の強さや気高さを理解し、人間として生きる喜びを感じること。	人間には自らの弱さや醜さを克服する強さや気高く生きようとする心があることを理解し、人間として生きることに喜びを見いだすこと。

（出典：『小学校学習指導要領』『中学校学習指導要領』より作成）

　中学校では「悩みや葛藤も経験」（「友情、信頼」）、「自らの弱さや醜さを克服」（「よりよく生きる喜び」）が入り、心身の変化と自己の生き方を見つめることで生じる課題を乗り越えることが内容として盛り込まれている。小学校の内容との異同が明確に示されている。

（山田恵吾）

◀参考文献▶

- 文部科学省『中学校学習指導要領』2017年３月
- 文部科学省『中学校学習指導要領解説 特別の教科 道徳編』2017年７月

46 中学校「特別の教科 道徳」の方法

1 指導の基本方針

　中学校の道徳科においても、基本的には小学校と同様に、各教科、総合的な学習の時間、特別活動における道徳教育と密接な関連を図りながら、道徳科の特質に基づく適切な指導をすることになる。そのために、生徒一人ひとりがねらいに含まれる道徳的価値について理解したうえで、自己を見つめ、ものごとを広い視野から多面的・多角的に考え、人間としての生き方について考えを深める学習にする。

　道徳科の指導は、よりよい生き方について生徒が互いに語り合うなど学級での温かな心の交流があることで効果が高まる。そのため、教師と生徒および生徒どうしの心の交流が深まるよう、学級において温かく信頼し合える人間関係を築くようにする。

　また、生徒は年齢によってほぼ共通した特徴を示し、年齢相応の発達課題をもつことを把握して指導に当たる必要がある。その一方で、中学校では生徒の発達に個人差が著しく、個々の生徒がさまざまな課題を抱えていることもある。生徒一人ひとりが道徳科の主題を自分の課題として受け止めることができるように配慮する必要がある。

　道徳科の指導は、単に生徒が個々の道徳的行為や日常生活の問題処理に終わるものではなく、生徒自らが時と場に応じて望ましい道徳的行動が取れるような内面的資質を高めるようにすることが大事である。

2 道徳科の特質を生かした学習指導の工夫

　道徳科の授業では、生徒が自ら学びたいという課題意識をもち、学習の見通しをもたせることが大切になる。中学生になると、自分の考え方や生き方を主体的に見つめ直し、人間としての生き方や在り方について考えを深め、自分自身の人生の課題や目標を見つけようとする傾向が強まる。そこで、道徳科の授業では、生徒自身が人生の問題や課題に取り組み、人間としての生き方を主体的に判断できるように支援することが大事になる。

　道徳科の**学習指導案**[1]は、教師が**年間指導計画**に位置づけられた主題を指導するにあたって、生徒や学級の実態に即して、教師自身の創意工夫を生かして作成することになる。道徳科の**学習指導過程**は、一般には「導入・展開・終末」が以下のように行われる。

　「導入」では、主題に対する生徒の興味や関心を高め、学習への意欲を喚起して、ねらいの根底にある**道徳的価値**や人間としての生き方についての自覚に向け

[1] 教師が授業をどのように進めていくかを記した学習指導の計画書。

て動機づけを図る。「展開」では、「ねらい」に関連した資料を用いて、生徒一人ひとりがねらいの根底にある道徳的価値の理解をもとに自己を見つめ、ものごとを広い視野から多面的・多角的に考え、道徳的価値や人間としての生き方について自覚を深めるようにする。「終末」では、「ねらい」の根底にある道徳的価値に対する思いや考えをまとめたり、道徳的価値を実現することのよさや難しさなどを確認して、今後の課題や発展につなげたりする。

3 学習指導の多様な展開

道徳科の学習指導は柔軟な発想で多様に展開することができる。例えば、**問題解決的な学習**を取り入れ、生徒一人ひとりが生きるうえで出会うさまざまな道徳上の問題や課題を多面的・多角的に考え、主体的に判断し、互いに議論し合うような展開にすることができる。例えば、読み物教材で道徳的問題を取り上げ、どうすれば解決するかを話し合う。原因と結果の関係を考えたり、相手の立場になって考えたりすることで多面的・多角的な視点から考えることができる。

また、道徳科の学習指導では、**体験的な学習**を活用することもできる。例えば、具体的な道徳的行為の場面を想起させ追体験したり、役割演技をしたりすることで、臨場感のあるいきいきとした学習指導が可能になる。こうした体験的な学習は、授業で体験的な行為や活動をすること自体が目的ではなく、それを通じて学んだ内容から道徳的価値の意義について考えを深めることが大事になる。

4 体験活動や各教科等と関連をもたせた指導

豊かな体験は、生徒の内面に根ざした道徳性を養うことに資する。生徒はさまざまな体験活動を通してさまざまな道徳的価値に気づき、それらがもつ意味や大切さを実感することができる。

道徳科の指導においては、職場体験活動やボランティア活動、自然体験活動などの体験活動や実践活動を活用することができる。学校におけるさまざまな体験活動や実践活動で感じたことや考えたことを道徳授業の「導入」や「展開」の一部で振り返り、その道徳的価値の理解を深めることができる。例えば、運動会や集団宿泊活動での友情や協力の経験を授業の振り返りで考えることが考えられる。

また、各教科等と道徳科の指導を関連づけ、それぞれの特質を踏まえた指導をすることも大事になる。例えば、国語科における物語文の学習、社会科における郷土の学習、「総合的な学習の時間」における異文化理解の学習と関連づけると、指導の効果を一層高めることが期待できる。

（柳沼良太）

◀参考文献▶
- 押谷由夫・柳沼良太編著『道徳の時代をつくる！』教育出版、2014年
- 柳沼良太『実効性のある道徳教育——日米比較から見えてくるもの』教育出版、2015年

47 中学校の全体計画と「特別の教科 道徳」の年間指導計画

1 全体計画の必要性と意義

　教育の目的は教育基本法第1条に「教育は、人格の完成を目指し、平和で民主的な国家及び社会の形成者として必要な資質を備えた心身ともに健康な国民の育成を期して行われなければならない」と示されている。したがって、各教科、道徳科、特別活動および総合的な学習の時間は、それぞれの目標や特質を重視しつつ、それと同時に教育基本法第1条の規定内容を目的としている。つまり、各教科等においても人格の完成や民主的な国家および社会の形成者の育成をめざすことが求められている。このことと、道徳教育が人格形成の根幹に関わることや、民主的な国家・社会の持続的発展を根底で支えるものであることを考え合わせると、教科等の教育活動は道徳教育を行う必然性を含んでいるといえる。したがって、道徳教育はすべての教育活動を通じて行うことになり、道徳教育を全教育活動で円滑に機能させるためには全体計画が必要となる。

　『中学校学習指導要領解説 総則編（抄）』では、道徳教育の全体計画は次の点において意義をもつとしている。

> ①人格の形成及び国家、社会の形成者として必要な資質の育成を図る場として学校の特色や実態及び課題に即した道徳教育が展開できる。
> ②学校における道徳教育の重点目標を明確にして取り組むことができる。
> ③道徳教育の要として、道徳科の位置付けや役割が明確になる。
> ④全教師による一貫性のある道徳教育が組織的に展開できる。
> ⑤家庭や地域社会との連携を深め、保護者や地域住民の積極的な参加や協力を可能にする。

2 全体計画の内容

　道徳教育の**全体計画**の内容は、基本的に把握しておくべき事項と、そのことを踏まえて各学校の実情に応じて表す具体的な計画事項がある。それぞれの内容については次のような事柄が考えられる。

(1) 基本的把握事項

　①教育関係法規の規定、時代や社会の要請や課題

　②学校や地域の実態や課題、教職員や保護者の願い

　③生徒の実態や発達の段階等

(2) 具体的計画事項

　①学校の教育目標、道徳教育の重点目標、各学年の重点目標

　②道徳科の方針

③各教科、総合的な学習の時間および特別活動などにおける道徳教育の指導の方針、内容および時期
④特色ある教育活動や豊かな体験活動における指導との関連
⑤学級、学年の人間関係、環境の整備や生活全般における指導の方針
⑥家庭、地域社会、関係機関、小学校・高等学校・特別支援学校等との連携
⑦道徳教育の推進体制

これらのことを踏まえると全体計画の構造は次のような形式が考えられる。

道徳教育の全体計画の構造

日本国憲法・教育基本法・学校教育法・学習指導要領・教育行政重点施策・時代や社会の要請や課題	→	道徳教育の重点目標	←	学校や地域の実態や課題 教職員や保護者の願い
		↓	←	生徒の実態や発達の段階
		学校の教育目標		
各教科				特別活動
特色ある教育活動		各学年の指導の重点目標 1年 2年 3年		総合的な学習の時間
豊かな体験活動				家庭や地域との連携
生徒指導				他校や関係機関との連携
学校や学級の人間関係、環境の整備		道徳科の指導の方針		校内研修や道徳教育の推進体制

（筆者作成）

3 全体計画作成上の創意工夫と留意点

　全体計画は、道徳教育が教育活動全体を通じて行うものであることから、校長の明確な方針のもとに、**道徳教育推進教師**[1]が中心となり、全教師の協力のもとに作成することが大切である。そのためには、まず全教師が研修等を重ねることで道徳教育の重要性や特質を理解することである。さらに、学校ごとに地域や生徒の実態は異なるので、各校の実態を把握したうえで課題を明確にし、その時どきの社会情勢や時代の要請も考慮しながら、創意工夫をしていくことが大切である。また、全体計画に示された事項について、さらに詳細に示したい場合には別葉[2]として加えるなどして、活用しやすいものにすることが必要である。

4 年間指導計画の必要性と意義

　日々の学校生活のなかには**道徳的価値**について考えさせたい場面に出会うことが数多くある。もちろん、道徳教育が全教育活動を通じて行うのであるから、適切に指導することは望ましい。しかし、これらは意図的に計画されたものではないので、これだけでは、すべての道徳的価値を習得することは困難である。それに対し、道徳科は、計画的、系統的に道徳的価値を学び、これをもとに自己を見つめ、人間としてのよりよい生き方について考えを深めていくことをねらいとし

1　道徳教育の推進を主に担当する教師である。その役割は、各指導計画の作成、道徳科の充実、家庭や地域との連携等を図ることである。

2　全体計画を一覧表にしたとき、本来全体計画に盛り込むべき内容を記入しきらなかった場合に一覧表とは別に作成したもの。

ている。このように、道徳科は、計画的、系統的にさまざまな道徳的価値を学習できるところにその意味がある。そうすると、計画的、系統的に指導を行うのであるから、必然的に年間指導計画が必要となる。

『中学校学習指導要領解説 特別の教科 道徳編』では、道徳科の年間指導計画は次の点において意義をもつと述べられている。

> ①3年間を見通した計画的、発展的な指導を可能にする。
> ②個々の学級において、道徳科の学習指導案を立案するよりどころとなる。
> ③学級相互、学年相互の教師間の研修などの手掛かりとなる。
> 　これらのことを踏まえつつ、各中学校における年間指導計画は、生徒や地域の実態を考慮しつつ、校長の指導方針の下に、道徳教育推進教師を中心として全教師の共通理解を図り、創意工夫によって作成されることが望まれる。

各中学校における年間指導計画は、全体計画の作成と同様に、生徒や地域の実態を考慮しつつ、校長の指導方針のもとに、道徳教育推進教師を中心として全教師の共通理解のもとに作成されることが望まれる。

5 年間指導計画の内容

道徳科の年間指導計画は、道徳科の授業を計画的、発展的に行うための指針となるものであり、各学校で創意工夫をして作成することが大切である。年間指導計画の作成にあたっては一定の形式が定められているわけではないが、その内容については次のような事柄を記述することが一般的である。

(1) 各学年の指導方針
(2) 各学年の年間にわたる指導の概要
　①指導の時期
　　実施予定の時期を記載する。例えば、4月第1週などと記す。
　②主題名
　　「ねらい」と教材で構成した主題を、授業の内容が概観できるように端的に表したものを記述する。
　③「ねらい」
　　道徳科の内容項目をもとに、「ねらい」とする道徳的価値や道徳性の様相を端的に表したものを記述する。
　④教材
　　教科用図書、各教育委員会が作成した教材、教師の自作教材等のなかから、指導で用いる教材の題名を記述する。なお、出典を明記する。
　⑤主題構成の理由
　　「ねらい」を達成するために教材を選定した理由を簡潔に示す。

⑥学習指導過程と指導の方法

「ねらい」を踏まえて、教材をどのように活用し、どのような学習指導過程や指導方法で学習を進めるのかについて簡潔に示す。

⑦他の教育活動等における道徳教育との関連

他の教育活動において授業で取り上げる道徳的価値に関わってどのような指導が行われるのか、日常の学級経営においてどのような配慮がなされるのかなどを示す。

⑧その他

校長や教頭の参加、他の教師の協力的な指導の計画、保護者や地域の人々の参加・協力の計画、複数の時間で取り上げる内容項目の場合は各時間の相互の指導の関連などの構想、年間指導計画の改善に関わる事項を記述する備考欄などを示すことが考えられる。

6　年間指導計画作成上の創意工夫と留意点

　年間指導計画の作成にあたっては、道徳教育の全体計画に基づき各教科、総合的な学習の時間、特別活動との密接な関連を図ることが重要である。全体計画に示されている学校や各学年の重点目標を考慮しながら、主題を構成し配列していく。中学校では22の内容項目を年間35時間のなかで配列することになる。『中学校学習指導要領解説　特別の教科　道徳編』では、年間指導計画を活用しやすいものとし、指導の効果を高めるために創意工夫し留意すべきこととして次の7点をあげている。

---

①主題の設定と配列を工夫する。
②計画的、発展的指導ができるように工夫する。
　　中学校3年間を見通すことや小学校道徳科との関連、家庭や地域社会との連携を図ることが望まれる。
③重点的な指導ができるように工夫する。
④各教科等、体験活動等との関連的指導を工夫する。
⑤複数時間の関連を図った指導を取り入れる。
　　例えば、1つの主題を2時間にわたって指導し、道徳的価値の自覚を一層深める方法、重点的指導を行う内容を複数の教材による指導と関連させて進める方法などが考えられる。
⑥計画の弾力的な取扱いについて配慮する。
　　年間指導計画は不用意に変更や修正をすべきではない。変更や修正を行う場合は、大きな効果が期待できるという判断を前提として、十分な検討が必要である。そして、変更した理由を明記し、今後の検討課題とする。
⑦年間指導計画の評価と改善を計画的に行うようにする。

（富岡　栄）

◀参考文献▶

- 文部科学省『中学校学習指導要領解説　総則編（抄）』2015年
- 文部科学省『中学校学習指導要領解説　特別の教科　道徳編』2015年
- 小野健知編『新しい道徳教育』原書房、2004年

48 高等学校の道徳教育

1 高等学校の道徳教育

　高等学校の道徳教育は、小・中学校と同様に、**教育基本法**および**学校教育法**の教育の根本精神に基づいて行われる。道徳教育の目標は、①人間尊重の精神と生命に対する畏敬の念、②豊かな心、③伝統と文化の尊重、④わが国と郷土を愛する心、⑤公共の精神、⑥他国の尊重、⑦国際社会の平和と発展、⑧環境の保全、等を大切にする「主体性のある日本人」を育成することであり、それらの基盤としての道徳性を養うことにある。また、小・中学校では道徳科を「要」としながら、各教科や外国語活動（小学校3・4年）、総合的な学習の時間および特別活動等の学校教育活動の全体を通じて行われるのに対し、高等学校では、「小・中学校の道徳教育も踏まえつつ」、「公民科やホームルーム活動を中心に各教科・科目等の特質に応じ学校の教育活動全体を通じて」行うこととされている[1]。

　このように、高等学校の道徳教育は小・中学校とほぼ共通の目標や方法で行われており、単独で独自に行われているわけではない。小・中学校の道徳科を踏まえながら、生徒の発達段階を考慮しつつ、「人間としての在り方生き方」を追求する教育が構想されているのである。なお、高等学校に道徳科は存在しないため、実際には公民科がその中核的な役割を担っている。

1　『高等学校学習指導要領解説』18頁

小・中学校および高等学校における道徳教育の関連教科

学校種	中心となる教科・活動	主な道徳教育の場
小学校および中学校	道徳科	各教科、外国語活動（小学校）、総合的な学習の時間、特別活動
高等学校	公民科（「現代社会」「倫理」「政治経済」）およびホームルーム	各教科に属する科目、総合的な学習の時間、特別活動

『小学校学習指導要領（平成27年一部改正）』『中学校学習指導要領（平成27年一部改正）』『高等学校学習指導要領』（平成21年）より筆者作成。

2 公民教育の変遷

　公民科とは、そもそもいかなる教科なのか。戦後の**公民教育**は、実質的には1947（昭和22）年の「学習指導要領社会科編試案Ⅰ・Ⅱ」の社会科にその起点を見いだすことができる。ただし、当時の位置づけは公民科ではなく、従前の公民・修身・地理・歴史を融合した「一般社会」という一科目にすぎなかった。アメリカ経験主義教育の影響を強く受けて登場したこの科目は、民主主義社会を形成するための中核的役割を担う科目でもあった。

　しかし、1950（昭和25）年の朝鮮戦争の勃発によってアメリカの占領政策が転換され、1951年には講和条約で独立が果たされると、国内では愛国心の教育が強

調されるとともに、公民教育の見直しと道徳教育の強化が検討されていった。1955年の学習指導要領の改訂（以下、「改訂」）では、政治・経済的内容に道徳や思想などの倫理的内容も加わることで、「一般社会」は「社会」に改称された。また、1960（昭和35）年の「改訂」では系統主義教育重視への転換と1958（昭和33）年の「道徳」特設化を踏まえ、再び改編されることになる。すなわち、「社会」は人間関係や民主主義的倫理を学ぶ「倫理・社会」（2年次）と、もう一つは系統的で科学的な政治・経済を扱う「政治・経済」（3年次）の二科目に分離された。つまり、総合的な単一科目の「社会」は、道徳教育に特化した科目と道徳教育の内容を排除して社会認識形成に特化した科目に分離されたのである[2]。

1970年以降では系統主義教育からの脱却と「ゆとり」や「人間性の重視」が重視されていくなかで、1978（昭和53）年の「改訂」では「現代社会」（1年次）が新たに登場した。この科目は、「現代社会に対する判断力の基礎と人間の生き方について自ら考える力を養う」ことをねらいとするものであった。

1980年代〜90年代になると、急速な科学技術の進展や国際化、情報化等が進展していくなかで、多様な社会の要請や生徒の実態に対応可能な教育の在り方が問われ、「個性重視」や「生涯学習」が重視されていった。そして、1989（平成元）年には新しい学習指導要領が発表されたが、これは高等学校の社会科にとっては重大な転換点となった。社会科が解体され、地理・歴史科（「世界史A・B」「日本史A・B」「地理A・B」）と公民科（「現代社会」「倫理」「政治・経済」）[3]の二教科に分離されたからである。教員の専門性の向上と教科の専門性や系統性を明確化し、公民教育を重視したためであった。

以来、公民科の成立からは四半世紀を超えたが、2017年現在も上記の三科目による公民科の枠組みに大きな変動はない。

3 高等学校道徳教育の課題

戦後の公民教育関連の教科目は、①社会科の「社会」から「倫理・社会」の分離→②「現代社会」に社会的領域を譲ることでの「倫理」の独立→③社会科の地歴科と公民科への解体・分離、というように整理が進められてきた。これらの変遷は、当該科目が「社会認識教育をめざすのか」、あるいは「道徳教育をめざすのか」という問いをめぐる改編に伴う専門化と体系化の軌跡でもあった。だが一方で、いまだ高等学校の道徳教育は十分な段階にないことも否定できない。小・中・高を貫く体系的で一貫性のある道徳教育の展開は、わが国の道徳教育の重要な課題の一つとなっている[4]。

（関根明伸）

2　社会認識教育学会『公民科教育』学術図書出版社、2010年、115頁

3　「現代社会」または「倫理」「政治・経済」のうち、一科目（2単位）は必履修科目となっている。

4　高等学校の教育の目標について「学校教育法第51条1」では、「義務教育として行われる普通教育の成果を更に発展拡充させて、豊かな人間性、創造性及び健やかな身体を養い、国家及び社会の形成者として必要な資質を養うこと」とされている。

49 高等学校の公民科(「倫理」)における道徳教育

1 公民科の目標

高等学校における道徳教育は、小・中学校のように道徳科は設置されず、各教科・科目や特別活動等の学校教育活動の全体を通じて行うことを原則として行われている。ただし、「人間としての在り方生き方」に深く関わる公民科がその中心的な位置づけにあり、ホームルームとともに道徳教育の中核的な役割を果たしている[1]。公民科は1989(平成元)年の社会科の分離・解体に伴って地理・歴史科とともに登場した教科であり、現在は、「現代社会」「倫理」「政治・経済」の三科目から構成される。公民科の目標を示せば、下記のとおりである。

公民科の教科目標

> 広い視野に立って、現代の社会について主体的に考察させ、理解を深めさせるとともに、人間としての在り方生き方についての自覚を育て、平和で民主的な国家・社会の有為な形成者として必要な公民としての資質を養う。

(文部科学省『高等学校学習指導要領』平成21年、31頁)

公民科は現代の社会的事象や課題を扱う点で大きな特徴をもつ。過去の文化遺産としての知識や事実だけでなく、生徒が実際に生活する現代社会そのものを学習対象にして、現在の自分自身の生活や今後の在り方、生き方について見つめさせ、考えさせていくのである。そのために、①社会科の成果の活用、②多面的・多角的な考察、③国際的な視野をもつ、という意味で「広い視野」に立つことが求められている。

また、現代社会に対する理解と「人間としての在り方生き方」の追求、そして社会の形成者としての態度育成とが一体的に学習される教科でもある。現代社会を理解して道徳・倫理的な自覚や思考を促し、望ましい意欲や態度を育成するまでが、一連の学習活動のセットで展開される。つまり、認知的、情意的、行動的な側面から総合的に「公民としての資質」が育成されるべき教科なのである。

2 公民科の「現代社会」「倫理」「政治・経済」科目

「現代社会」「倫理」「政治・経済」は、それぞれ2単位の科目である[2]。目標から見れば、「倫理」は「人間としての在り方生き方について理解と思索」を深めて現代社会における主体的な自己の確立をめざすのに対し、「政治・経済」は現代社会のさまざまな社会的事象に対する客観的理解と公正な判断力の育成をめざす科目である。「現代社会」はその両方の性格を同時にあわせもち、現代社会の基本問題を人間との関係のなかで理解すると同時に、「倫理」と同様に自己の確立と「人間の在り方生き方」を考察することが目標とされる。ただし、「倫理」

---

[1] 『高等学校学習指導要領解説 総則編』の「高等学校における道徳教育の考え方」では、「高等学校における道徳教育の考え方として示されているのが、人間としての在り方生き方に関する教育であり、公民科やホームルーム活動を中心に各教科・科目等の特質に応じ学校の教育活動全体を通じて、生徒が人間としての在り方生き方を主体的に探究し豊かな自己形成ができるよう、適切な指導を行うものとしている」と表記されている。文部科学省『高等学校学習指導要領 総則編』2011年、18頁

[2] 各科目の目標は以下のとおりである。
「現代社会」の目標
「人間尊重の精神と科学的な探究の精神に基づいて、広い視野に立って、現代の社会と人間についての理解を深めさせ、現代社会の基本的な問題について主体的に考察し公正に判断するとともに自ら人間としての在り方生き方について考察する力の基礎を養い、良識ある公民として必要な能力と態度を育てる。」
「倫理」の目標
「人間尊重の精神と生命に対する畏敬の念に基づいて、青年期における自己形成と人間としての在り方生き方について理解と思索を深めさせるとともに、人格の形成に努める実践的意欲を高め、他者と共に生きる主体としての自己の確立を促し、

だけは「人格の形成」が示されている点で、最も道徳教育の趣旨に直結する目標をもっている。2009（平成21）年の学習指導要領の改訂の際には、新たに「生命に対する畏敬の念」や「他者と共に生きる」が追加された点でも、「倫理」は公民科のなかでも中核的な道徳教育の役割と責任を担っている。

3 「倫理」の内容と課題

「倫理」を例に現状と課題点について見てみよう。「倫理」は、倫理学や心理学の学問的知識や現代社会の課題の理解を踏まえたうえで、自分自身と関連させながら「人間としての在り方生き方」を思索し、自己形成することが目標とされている。また、学習指導要領では、以下のとおり内容が示されている。

高等学校「倫理」の内容

(1) 現代に生きる自己の課題
(2) 人間としての在り方生き方
　ア　人間としての自覚
　イ　国際社会に生きる日本人としての自覚
(3) 現代と倫理
　ア　現代に生きる人間の倫理
　イ　現代の諸課題と倫理

（文部科学省『高等学校学習指導要領』平成21年、33頁より筆者作成）

教科書『現代の倫理』[3]を例に、具体的に内容を検討してみると、(1)では「青年期と自己の探究」や「自己と他者」等のように、主に青年期の心理学的な課題や内容が扱われている。(2)のアでは、ギリシアや古代中国の思想、宗教等に触れながら思想の源流について、イでは日本の思想史について扱われる。そして(3)のアではルネサンス以降のさまざまな西洋の思想、イでは「生命倫理」「環境倫理」「家族と地域社会」「情報社会」「世界の文化と宗教」「国際平和と人類の福祉」といった現代的な課題が登場する。つまり、学習指導要領では大綱的な表示となっているが、教科書レベルでは、青年心理学的内容→古今東西の倫理思想・哲学の歴史→現代の倫理的課題という順で内容が示されているのである。

このように、心理学や倫理・哲学思想史、倫理学の内容が体系的に扱われることは、まさに「倫理」の固有の学習内容としてその教育的意義は大きい。だが、一方では生徒の発達段階やニーズ、生活上の課題に触れないまま、一方的に知識の伝達に終始しまいがちな点で、「思索する」という目標との隔たりは否めない。道徳科が「考える道徳」「議論する道徳」へと転換された今、「倫理」においても、現代に生きる生徒の課題に接近し、「人間としての在り方生き方」に直接向き合うような学習の構想がより一層求められている。

（関根明伸）

良識ある公民として必要な能力と態度を育てる。」
「政治・経済」の目標
「広い視野に立って、民主主義の本質に関する理解を深めさせ、現代における政治、経済、国際関係などについて客観的に理解させるとともに、それらに関する諸課題について主体的に考察させ、公正な判断力を養い、良識ある公民として必要な能力と態度を育てる。」

3　『現代の倫理』山川出版、2014年

◆参考文献▶
・濱井修ほか『現代の倫理』山川出版社、2014年
・文部科学省『高等学校学習指導要領』2009年3月

50 コラム——性教育

1 「男女平等」の理念

日本国憲法では、「すべて国民は、法の下に平等であつて、人種、信条、性別、社会的身分又は門地により、政治的、経済的又は社会的関係において、差別されない」(第14条)とされ、「婚姻は、両性の合意のみに基いて成立し、夫婦が同等の権利を有することを基本として、相互の協力により、維持されなければならない」(第24条)とされている。

「性」に関わる日本国憲法の理念は、男女の差別なく、共同して社会を形成する国民の育成を掲げるものである。生物学的な性別に基づく役割分業が当然視され、法的にも不平等であった戦前日本社会のありようを踏まえての、新たな民主主義社会の根幹をなす理念である。

2 性をめぐる社会の動向

近年、性をめぐる社会状況は大きく変化している。LGBT(レズビアン・ゲイ・バイセクシュアル・トランスジェンダー)の芸能人が活躍し、同性婚が報道されるなど、性的少数者や同性愛について広く認知されつつある。その「認知」の在り方はともかく、憲法が前提とする男女二分法のとらえ方では、困難な状況が浮かび上がっている。

2003(平成15)年「性同一性障害者の性別の取扱いの特例に関する法律」[1]が制定された。これを踏まえ、文部科学省でも「学校における性同一性障害に係る対応に関する状況調査」(2014年)を実施し、2015(平成27)年には「性同一性障害に係る児童生徒に対するきめ細かな対応の実施等について」を各教育委員会等に通知している。児童生徒個々の性的指向に応じた、具体的な対応はこれからの課題ではあるが、男女二分法を前提とした両性の平等から、一歩踏み込んだ、性の多様性に即した性教育が要請されるようになってきている。

3 学校教育における性教育

「性教育」は多義的であるが、大きく二つに分けることができる。一つは、思春期にある児童生徒の性に対する好奇心や不安への備えとするものである。例えば、性徴や性交渉に関する正確な知識を学ぶことで、性感染症や性犯罪、望まない妊娠・中絶から身を守り、思春期における安定した自己認識、他者認識を得ることである。

学校教育においては「思春期になると次第に大人の体に近づき、体つきが変わったり、初経、精通などが起こったりすること。また、異性への関心が芽生える

---

1 性同一性障害者の性別の取扱いの特例に関する法律
性同一性障害者に対して、法令上の性別の取扱いと戸籍上の性別記載の変更を可能にした法律。未婚の成人で未成年の子がいないこと、生殖腺の機能がないことなどの要件を満たしたうえで、家庭裁判所の審判により適用される。

こと」（『小学校学習指導要領（体育）』）や、「思春期には、内分泌の働きによって生殖に関わる機能が成熟すること。また、成熟に伴う変化に対応した適切な行動が必要となること」（『中学校学習指導要領（保健体育）』）などが教育目標として掲げられている。

もう一つは、固定的な性別役割観を克服し、男女がお互いに独立した一個の人格として尊重する共同社会の形成者の育成をめざすものである。この点において道徳教育の果たす役割は特に大きい。学習指導要領の「B 主として人との関わりに関すること」の内容項目「友情、信頼」には、「友だちと互いに信頼し、学び合って友情を深め、異性についても理解しながら、人間関係を築いていくこと」（小学校第５学年及び第６学年）、「友情の尊さを理解して心から信頼できる友達をもち、互いに励まし合い、高め合うとともに、異性についての理解を深め、悩みや葛藤も経験しながら人間関係を深めていくこと」（中学校）が位置づけられている。

『中学校学習指導要領解説　特別の教科 道徳編』にも「人間としての成長と幸せを願うという点において、異性間における相互の在り方は基本的に同性間におけるものと変わるところがない」（中学校）と言及されているように、他者の生命・人格に対する尊厳という点で、道徳教育の役割が強調されている。それは「D 主として生命や自然、崇高なものとの関わりに関すること」の「生命の尊さ」「よりよく生きる喜び」の課題につながるものである。

4 性教育の実践と課題

性教育の展開過程において、ジェンダー教育[2]の立場からの「隠れたカリキュラム」[3]の問題提起とその解消に向けた実践の蓄積は無視できない。例えば、男女混合名簿の作成、性別による「君・さん」呼称の廃止、男女色分けの廃止、制服・運動着のユニバーサル化などがある。技術・家庭科の男女共修、公立高校の男女別学の廃止・再編もその延長線上にあるといってよい。

道徳の授業としては、「生命の尊さ」を主題に自己と他者の尊厳について理解を深める実践がある。例えば、受精・妊娠・出産の映像を通じて生命誕生の神秘に触れたり、出産経験者の体験談に耳を傾ける、あるいは自己の生育史を親子で振り返ったりすることで、生きることのすばらしさや自分を支えてくれた人々への感謝の気持ちに気づかせるものがある。

性教育は、障がい者やニューカマー[4]など少数者や社会的弱者に対する姿勢を養ううえでの基礎となるものであり、自分とは異なる考えや立場を理解、尊重する「相互理解、寛容」とも深く関わる。性教育は両性の関係にとどまらず、国を越え出た多様な人間関係へと拡がる教育課題である。

（山田恵吾）

2　ジェンダー教育
　（gender education）
生物学的な性別に対して、文化的な性別・性差のことをジェンダーという。ジェンダー教育とは、男女平等あるいは多様な性の観点から文化的な性別・性差、すなわち学習によって後天的に獲得される固定的な性別役割意識を克服しようとするものである。

3　隠れたカリキュラム
　（hidden curriculum）
潜在的カリキュラムともいう。学校の公式なカリキュラムとは別に、学校や教室の慣習、雰囲気、人間関係、教師の立ち居振る舞いなどが機能する人間形成に注目したもの。しらずしらずのうちに学習、伝達される教育内容を指す。

4　ニューカマー
主に1900年代以降に来日し、定住した外国人のこと。戦前期から定住していた在日韓国・朝鮮人を指すオールドカマーと区別するための用語である。中国、フィリピン、ブラジル、アメリカ、ペルーなど多国籍であり、現在200万人を超えている。

◀参考文献▶

- 尾藤りつ子・性と生を考える会編著『性と生をどう教えるか（第二版）』解放出版社、2005年

51 幼稚園・特別支援学校における道徳教育

1 幼稚園における道徳教育

2017（平成29）年の『幼稚園教育要領』[1]では、幼稚園教育の基本を「幼児期の教育は、生涯にわたる人格形成の基礎を培う重要なものであり、幼稚園教育は、学校教育法に規定する目的及び目標を達成するため、幼児期の特性を踏まえ、環境を通して行うものであることを基本とする」としている。

幼稚園では、「環境を通して」遊びを中心とする総合的な教育活動が展開されているのである。

幼稚園教育の目標は、学校教育法第23条において5つの号で示されている。第2号では、「集団生活を通じて、喜んでこれに参加する態度を養うとともに家族や身近な人への信頼感を深め、自主、自律及び協同の精神並びに規範意識の芽生えを養うこと」として、道徳教育と関連の深い「信頼感」「自主」「自立」「協同」「規範意識」といった語が使用されている。

また、『幼稚園教育要領』では「幼児期の終わりまでに育ってほしい姿」として、「自立心」「協同性」「道徳性・規範意識の芽生え」などの10の姿が示されている。こうした10の姿は、幼稚園における活動全体を通して「資質・能力が育まれている幼稚園終了時の具体的な姿」である。

『幼稚園教育要領』の第2章では、「健康」「人間関係」「環境」「言葉」「表現」の5領域から、「ねらい及び内容」等が示されている。

人との関わりに関する領域である「人間関係」では、「他の人々と親しみ、支え合って生活するために、自立心を育て、人と関わる力を養う」ために、以下の3点をねらいとしている。

---

① 幼稚園生活を楽しみ、自分の力で行動することの充実感を味わう。
② 身近な人と親しみ、関わりを深め、工夫したり、協力したりして一緒に活動する楽しさを味わい、愛情や信頼感をもつ。
③ 社会生活における望ましい習慣や態度を身に付ける。

そのうえで、「友達と積極的に関わりながら喜びや悲しみを共感し合う」「友達のよさに気付き、一緒に活動する楽しさを味わう」「よいことや悪いことがあることに気付き、考えながら行動する」「友達との関わりを深め、思いやりをもつ」「友達と楽しく生活する中できまりの大切さに気付き、守ろうとする」などの13項目が内容として記されている。

幼稚園では、道徳教育として、幼稚園での生活のなかで、友達と関わりながら共感や思いやりの感情をもったり、よいことや悪いことに気づいたり、きまりの大切さに気づき・守ろうとするなどの習慣や態度を育てているのである。

---

[1] 幼稚園教育要領は、いわば、小・中・高等学校における学習指導要領と同様、幼稚園の教育課程の基準として示されたものである。
1948（昭和23）年、当時の文部省は『保育要領―幼児教育の手びき―』を試案として刊行した。これが、第2次世界大戦後に幼稚園の保育内容を規定したものの始まりである。ただし、『保育要領』は、幼稚園のみならず保育所や家庭での保育についても記述されていた。
1956（昭和31）年に『保育要領』は『幼稚園教育要領』として改訂された。昭和31年の幼稚園教育要領では、保育内容を、①健康、②社会、③自然、④言語、⑤音楽リズム、⑥絵画製作の6領域に分類しているが、この領域という考え方については小学校以上での「教科」との違いが強調されていた。
幼稚園教育要領はその後、1964（昭和39）年に改訂されている。平成に入ってからは、1989（平成元）年、1998（平成10）年、2008（平成20）年、2017（平成29）年と、小学校以上での学習指導要領の改訂のタイミングと同時に改訂されている。なお、平成に入ってからは、保育内容は、①健康、②人間関係、③環境、④言葉、⑤表現の5領域となっている。

なお、『幼稚園教育要領』の5領域である「健康」「人間関係」「環境」「言葉」「表現」は、『保育所保育指針』『幼保連携型認定こども園教育・保育要領』においても同様に見いだすことができる。

2 特別支援学校における道徳教育

特別支援学校[2]は、従来の盲学校・聾学校・養護学校を一つの学校種として2007（平成19）年4月1日から設置された学校種である。

学校教育法第72条では、特別支援学校の目的を「視覚障害者、聴覚障害者、知的障害者、肢体不自由者又は病弱者（身体虚弱者を含む。以下同じ。）に対して、幼稚園、小学校、中学校又は高等学校に準ずる教育を施すとともに、障害による学習上又は生活上の困難を克服し自立を図るために必要な知識技能を授けることを目的とする」としている。

2017（平成29）年4月に改訂された『特別支援学校小学部・中学部学習指導要領』の第1章総則第2節の2の(2)では、「学校における道徳教育は、特別の教科である道徳（以下「道徳科」という。）を要として学校の教育活動全体を通じて行うものであり、道徳科はもとより、各教科、外国語活動、総合的な学習の時間、特別活動及び自立活動のそれぞれの特質に応じて、児童又は生徒の発達の段階を考慮して、適切な指導を行うこと」として、小・中学校の学習指導要領とほぼ同一の表現で記されている。

そして、第3章の「特別の教科 道徳」では、「小学校学習指導要領第3章又は中学校学習指導要領第3章に示すものに準ずるほか、次に示すところによるものとする」として、小・中学校の学習指導要領に「準ずる」ことが示されたうえで、特別支援学校独自の項目として次の3点が示されている。

> ① 児童又は生徒の障害による学習上又は生活上の困難を改善・克服して、強く生きようとする意欲を高め、明るい生活態度を養うとともに、健全な人生観の育成を図る必要があること。
> ② 各教科、外国語活動、総合的な学習の時間、特別活動及び自立活動との関連を密にしながら、経験の拡充を図り、豊かな道徳的心情を育て、広い視野に立って道徳的判断や行動ができるように指導する必要があること。
> ③ 知的障害者である児童又は生徒に対する教育を行う特別支援学校において、内容の指導に当たっては、個々の児童又は生徒の知的障害の状態、生活年齢、学習状況及び経験等に応じて、適切に指導の重点を定め、指導内容を具体化し、体験的な活動を取り入れるなどの工夫を行うこと。

特別支援学校では、道徳性を養うことを目標として、在籍する児童・生徒の実態に即しながら小・中学校に「準ずる」道徳教育が展開されている。例えば、絵本を用いたり、スキルトレーニング的なものを行ったりする場合もある。

特別支援学校における道徳教育および道徳科の授業の在り方については、今後さらに実践を積み重ねていく必要がある。

（中野啓明）

2　特別支援学校は、学校教育法第1条で規定されている「一条校」である。学校の種別としては特別支援学校であるが、個別の学校の名称として「○○盲学校」などと旧来の名称を使用している場合もある。特別支援学校の目的は、学校教育法第72条で規定されている。また、特別支援学校には、小学部および中学部を置かなければならないが、幼稚部又は高等部（単独の場合もある）を置くことができる。
平成19年の学校教育法の改正によって、幼稚園、小学校、中学校、高等学校または中等教育学校の要請に応じて特別な支援を要する子どもに対する教育に関し必要な助言または援助を行うという、コーディネーターとしての役割も求められることとなった。
なお、学校教育法では特別支援学級に関しても規定されている。さらに、学校教育法施行規則および平成5年文部省告示第7号を法的根拠として、通級による指導も行われている。

◀参考文献▶

- 中野啓明・佐藤朗子編著『教育・保育の基礎理論――生涯発達の視点から』考古堂書店、2012年

52 家庭・地域社会における道徳教育

1 学校・家庭・地域社会の関係

　教育を大きく二つに分けるとすれば、一つは学校のように計画的で目的的な教育活動である意図的な作用と、もう一つは家庭や地域社会のように非計画的かつ非定型的である無意図的な作用に分類される[1]。前者は意図的で組織的な教育であるのに対し、後者は教育する意図や計画が明確に自覚されない場合が多い。歴史的に見るならば、わが国では家庭や地域社会での無意図的な教育が中心であった時代から、戦前の「**学制**」（1872年）や戦後の学習指導要領（1947年）のように、合理的で意図的かつ計画的な教育が重視される時代へと移り変わってきたといえる。そうした過程のなかでわが国の教育は著しく急速に発展してきたのである。

　しかし、現代化の進展に伴う無意図的な教育作用の衰退は、道徳教育の観点からは必ずしも好ましい現象とはいえない側面をもつ。児童生徒にとって、家庭や地域社会のなかで体験する生活習慣やきまり、挨拶、コミュニケーション能力等はそこでしか学べないものが多く、きわめて教育的な意義と役割が大きいからである。もっとも道徳教育は学校生活のなかだけで行うことは無理であり、家庭や地域社会を含むすべての日常的な生活の場や機会で行われるべきものである。学校の意図的な道徳教育が無意図的な家庭や地域社会と密接に連携を図り、それぞれの役割と責任を十分に果たすことでこそ、効果的な道徳教育の展開が可能となるのである。

2 家庭および地域社会の教育的機能

　家庭はさまざまな役割をもつが、その主な教育的機能の一つに児童生徒の社会化機能がある。家庭では学習の最も基盤となる言語、基本的な行動様式、習慣、コミュニケーション能力、そして善悪判断の基準等を学んでいく。実際の社会生活で自立に必要な基本的な内容や方法を最初に学ぶ場となるのである。そしてもう一つは、情緒を安定させる機能がある。愛情にあふれた家庭においてこそ、児童生徒は祖父母や父母、兄弟等との関係において温かな人間関係を築くことが可能となり、信頼関係に基づく情緒的な安定性を保つことができるのである。

　一方、地域社会の教育的機能に関しては明確な定義はないが、例えば、異年齢の集団活動によるコミュニケーション能力向上の機能や共同作業や共同生活による社会性向上の機能、社会体験や生活体験、そして自然体験などによる体験活動の場の機能等が考えられる。いずれも学校教育や家庭教育を基礎としながら、「**生きる力**」を子どもたちのなかに根づかせるものであり、逆をいうならば、「地域社会での様々な体験は、学校教育で自ら学び、自ら考え、主体的に判断し、表

1　谷田貝公昭『教育基礎論』一芸社、41-47頁

2　中央教育審議会答申「21世紀を展望した我が国の教育の在り方について」1996年

3　教育基本法第13条「学校、家庭及び地域住民その他の関係者は、教育におけるそれぞれの役割と責任を自覚するとともに、

現し、行動できる資質や能力を身に付けていくための基礎となる」ものでもある[2]。

しかし、わが国の1950年代後半からの急激な高度経済成長は、こうした家庭や地域社会がもつ教育的な機能的役割を弱体化させ、教育力の低下を招いてきた。近代化以前の家庭には、モノの生産機能や宗教的機能、子育て機能などのさまざまな機能が存在し、それらが地域社会と有機的に結びつくことで総合的な教育的機能の役割を果たしていたのだが、都市化や商業化に伴う経済発展と社会的分業の進展は、こうした機能を急速に衰退させてきたのである。また地域社会も、都市部では地方からの流入で人口集中と地縁関係の希薄化が進むなかで、近隣の連帯意識は低下の一途をたどっている。地方では人口流出と過疎化が進んでおり、地域共同体の基本的な生活基盤すら揺るがしかねない状況をもたらしている。

3 学校・家庭・地域社会の連携と協力

学校・家庭・地域社会の連携と協力は、これまでも道徳教育に限らず、政府の審議会や教育関係者らによって幾度となく主張されてきた古くて新しい課題である。なかでも1996（平成8）年7月発表の中央教育審議会答申「21世紀を展望した我が国の教育の在り方について」では、理念的な共通理解の重要性が大きく取り上げられたわけだが、条件の整備と実現化はこれまでも常に課題であり続けてきた。しかし、2006（平成18）年の教育基本法の改正で、第10条に家庭教育、そして第13条に「学校、家庭及び地域住民等の相互の連携協力」の条項が新設された意義は大きい[3]。これをうけ、現在では「**放課後子どもプラン**」や「**学校支援地域本部事業**」など[4]、三者の連携と協力を具体化させていくための事業が全国的に運用され、積極的に展開されている。

2014（平成26）年10月21日発表の中央教育審議会答申「道徳に係る教育課程の改善等について」では、①家庭や地域の参加する「道徳教育の全体計画」の作成、②ホームページ等での情報の発信と共有、③外部の人材の協力、④道徳科の授業の公開、⑤家庭や地域の人々が参加する授業、⑥学校運営協議会の活用、⑦学校評価との関連づけ、等の具体的な方策が提案されている[5]。また、2015（平成27）年3月に告示された学習指導要領では、積極的な道徳科の授業の公開や、授業と教材開発への家庭や地域の人々の参加の必要性が述べられている。

学校・家庭・地域社会の連携・協力関係の推進は、道徳教育だけの問題ではなく、社会教育や生涯学習など、さまざまな分野で重複する重要なテーマの一つである。前述の家庭や地域社会がもつ教育的機能や意義を十分に理解しながら、道徳科ではさまざまな行政や機関と連携・協力しつつ、計画的かつ具体的に三者の連携・協力関係を推進していく必要がある。

（関根明伸）

相互の連携及び協力に努めるものとする。」

4　平成19年、文部科学省および厚生労働省は、子どもたちの地域社会における放課後等の安全で健やかな活動場所の確保を図るため、両省連携のもとで「放課後子どもプラン」を創設した。これは、市町村教育委員会が主導して福祉部局と連携を図ることで、文部科学省の「放課後子ども教室推進事業（放課後子ども教室）」と厚生労働省の「放課後児童健全育成事業（放課後児童クラブ）」を一体的あるいは連携していく総合的な放課後対策プランである。平成26年5月には、この取り組みを拡大することで「放課後子ども総合プラン」が策定されている。

学校支援地域本部とは、学校・家庭・地域が一体となって地域ぐるみで子どもたちを育てるために、地域の人々を学校の教育活動にボランティアとして派遣する組織である。これまでの地域の人々によるボランティア活動を発展させて組織化し、より効果的に学校支援を行おうとするものである。文部科学省・厚生労働省放課後子ども総合プラン連携推進室ホームページ参照。
http://manabi-mirai.mext.go.jp/（アクセス日：2015年12月10日）

5　中央教育審議会答申「道徳に係る教育課程の改善等について」2014（平成26）年10月21日、13頁

53 コラム ── 食育

1 「食育」の背景

「**食育**」という言葉が、現代的な意味で定着したのは、食品の産地偽装や賞味期限の改ざんなど、食をめぐるさまざまな問題が噴出した2000年以降のことである。これを境に、外食や加工食品・輸入食材の利用機会の増大による食の安全性、日本の食糧自給率の低下や地域の特性を生かした伝統的な食文化の問題、また、偏った栄養摂取、肥満、瘦身願望、朝食欠食、子どもだけで食事をとる孤食などの健康問題など、食に対する問題意識が高まった。

2004（平成16）年、中央教育審議会答申「食に関する指導体制の整備について」によって、**栄養教諭**[1]制度の創設を含めて、学校教育における「望ましい食習慣の形成」をめざす提言がなされ、2005（平成17）年には**食育基本法**が制定された。同法は、特に「子どもたちに対する食育は、心身の成長及び人格の形成に大きな影響を及ぼし、生涯にわたって健全な心と身体を培い豊かな人間性をはぐくんでいく基礎となるもの」と位置づけた点で学校教育における「食育」を大きく進展させるものとなった。

2 食育基本法と学校教育

食育基本法では、「健全な心身」「豊かな人間性」（第1条）、「食に関する適切な判断力」「健全な食生活」（第2条）、「（自然や人々への）感謝の念や理解」（第3条）、「食料の生産から消費等に至るまでの食に関する様々な体験活動（を通じた食に関する理解）」（第6条）、「我が国の伝統ある優れた食文化、地域の特性を活かした食生活、環境と調和のとれた食料の生産とその消費等に配意し、我が国の食料の需要及び供給の状況（についての理解）」「食料自給率の向上」（第7条）などを目的として掲げている。

学校教育の課題としては、食品の栄養や食品添加物など安全を含めた食品への理解や知識、調理・盛りつけの方法（家庭）、メタボリック症候群に象徴される病気予防と健康保持の方法（保健体育）、「朝食を食べない子ども」の生活習慣・家庭の在り方、しつけ、マナーを含む人間関係づくりの能力、好き嫌い・食べ残しに対する指導や食物生産者に対する感謝、命あるものへの感謝（道徳、特別活動、総合的な学習の時間）、食料生産や流通、食の文化と歴史（社会）などが想定される。学習指導要領においても「食育の推進」が明記され、各教科・領域の横断的・総合的な指導が期待されている。

---

[1] 学校における食育の推進に中核的な役割を担う教員として2005（平成17）年から設置された。肥満や偏食、食物アレルギーなどの児童・生徒に対する個別指導や授業や学校行事等の時間に学級担任と連携して集団的な指導を行うとともに、学校給食における栄養管理や衛生管理などの職務に当たる。

3 「食育」と道徳教育

「食育」の課題は、道徳教育を通じて達成できる事柄が多い。学習指導要領における道徳科（小学校）の4つの視点・内容項目に照らして、関連性の高い「食育」の内容をあげると、次のようになる。

道徳科における「食育」の内容

道徳科の4つの視点	道徳科の内容項目に関連ある「食育」の内容
A 主として自分自身に関すること	【節度、節制】健康や安全に気をつけた食生活。食習慣の大切さを理解し、節制を心がける。 【希望と勇気、努力と強い意志】自分でやろうと決めた目標に向かって努力すること
B 主として人との関わりに関すること	【友情、信頼】【感謝】給食や家庭での食卓の準備を通じて、協力することの大切さを理解する。感謝の気持ちをもつ。 【礼儀】食事のマナーを知り、実践する。
C 主として集団や社会との関わりに関すること	【規則の尊重】給食の準備を通じて、約束やきまりを守る。 【勤労、公共の精神】食料生産への理解を深めたり、また給食の準備等を通じて、働くことの大切さを知る。 【家族愛、家庭生活の充実】家の手伝いができる。 【伝統と文化の尊重、国や郷土を愛する態度】日本の食文化を理解し、大切にする。 【国際理解、国際親善】他国の食文化に親しみ、尊重する。
D 主として生命や自然、崇高なものとの関わりに関すること	【生命の尊さ】人間が動植物とともに生きていること理解する。 【自然愛護】食物を育む自然環境を大切にする。

（『小学校学習指導要領』から筆者作成）

内容項目「生命の尊さ」「感謝」に照らして注目できる教育実践に、ニワトリを殺して食べる実践（村井淳志『「いのち」を食べる私たち——ニワトリを殺して食べる授業「死」からの隔離を解く』）や、同じく豚を学校で飼って食べる試み（黒田恭史『豚のPちゃんと32人の小学生——命の授業900日』。2008年公開映画『ブタがいた教室』の原作である）がある。

愛情をもって世話をして、大切に育てた動物の生命を奪って自らの生の糧にする。その体験を通じて、生命への理解をより深く、確かなものにする教育活動である。屠畜に対する忌避感情、子どもへの心理的な衝撃、家庭や地域社会との連携など、道徳教育の本質を突く、多くの問題を投げかけている。

（山田恵吾）

◆参考文献▶
- 金子佳代子『Let's 食育 ここがポイント』アイ・ケイコーポレーション、2005年
- 女子栄養大学栄養教諭研究会編『栄養教諭とはなにか——「食に関する指導」の実践』女子栄養大学出版部、2005年
- 農文協編『食育のすすめ方——6つの視点・18のプラン』農山漁村文化協会、2005年

第4部
学習指導過程と学習指導案

54　学習指導案とは何か

1　学習指導案の役割

　学習指導案とは、年間指導計画や全体計画に沿って、1つの単元や学習活動のまとまりを授業計画として示すものである。最も小さな教育課程の単位であり、通常1回分（1単位時間）の授業計画を指す。1時間の計画であっても、児童生徒にどのような力や特性を身につけさせたいのかという目標の設定は不可欠である。

　また、目標達成のためには、学習指導要領や教科書使用の枠組みのなかで、いかなる児童生徒の活動と創意工夫を凝らした指導が可能であるか、そのためには、児童生徒の発達段階や各々の個性はいかなるものかを把握する必要もある。学習指導案は、学校が策定する教育課程と同様に、教師の願いと学習者の実態把握、指導観、創意工夫に基づく教育計画である。

2　学習指導案の内容

　一般的な学習指導案の内容は、①単元名（題材）、②授業の日時・場所・学習者（学年・学級・人数）・授業者名、③単元について（単元設定の理由。学習者の実態、教材の特徴、指導観など）、④目標、⑤学習計画（単元全体のなかでの位置づけ）、⑥本時の学習（目標・準備・展開）から構成されている。

　③は、なぜこの授業を設定しなければならないのか、授業者の願いや認識に即して示す重要な箇所である。「学習者の実態」は、目標に照らして児童に欠けている点、課題となる点を示す。日常の児童生徒の様子に加えて、アンケートによる学力調査・意識調査の結果に基づくこともある。「教材の特徴」は、教科書のほかに授業者の創意工夫による教材が学習活動を促しうる有効なものであることを示すものである。「指導観」は、授業者の関わりや教材の活用によって、いかに学習の内実を保障し、目標に達しうるか、授業者の考えを述べるものである。

　④は、この授業を通じて、児童生徒にどのような力や特性が身につくのかを示す。通常、「～ができるようになる」などの変化を表す文体になる。

　⑤は、当該授業が単元や学習活動のまとまりのなかでどのような役割を果たすのか、全体の計画における位置づけを明らかにする。

　⑥の「本時の学習」が1回分の授業計画（「略案」と呼ぶこともある）となる。

3 「本時の学習」の構造

　「本時の学習」は、授業展開の経過に沿って、通常、「導入」→「展開」→「終末（まとめ）」の3段階に分けて示される。また、それぞれの段階には「学習内容・活動」「教師の関わり・支援（予想される学習者の反応）」が設定される。この授業の展開、時間の経過に沿う縦の軸と、学習者の学習とそれを促す授業者とのやり取りを中心とする横の軸によって構成されている。

　まず、「導入」では、主題に関する興味・関心を高めるとともに、授業で何をすべきかを学習者にとらえさせ、学習活動への動機づけとなる事項を記す。

　「展開」は、学習者の学習活動・体験活動とそれを促し、支援する授業者の関わりを記入する。

　「終末（まとめ）」には、学習活動・体験活動を子ども自身が振り返って、成果と課題についてまとめられるような計画を記入する。

　そして、3段階の過程において、授業者のねらいが達成されたかどうかを判定する基準である「評価の観点」を示す。

　そのほか、「発問」「板書」「教材の提示」等の計画や時間配分も行う。学習者一人ひとりの個性や到達度が大きく異なり、授業者が個別に支援する必要がある場合には、座席表を作って学習者一人ひとりの課題や予想される反応、活動と授業者の対応を示すこともある。

4 学習指導案における評価

　学習指導案はあくまでも計画である。目標を達成できたか、学習者の実態に照らして評価する。達成されなければ、問題点を抽出し、課題と対策を明確にする。場合によっては、その後の授業計画の修正を余儀なくされることもある。その意味で学習指導案は、教師の指導の在り方をとらえ直し、次回以降の学習指導案の根拠となる側面をもっている。

　「評価と指導の一体化」は、評価活動を指導の改善につなげようとするものでもある。この観点に立てば、授業のなかで絶えず学習指導案を評価・修正する必要がある。計画→実行→評価→修正→（次の）計画というPDCAサイクル[1]は、学習指導案にもあてはまる。

　また、入念な授業計画にも関わらず、授業者の思惑を超え出る学習者の学びの可能性は常に存在する。計画に執着すれば、形式的には「よい」授業となるかもしれないが、結果として子どもの学習の深まりを阻害することもある。

　子どもの実態把握、学びの展開への想像と幅広い対応策の構想が、学習指導案作成のポイントとなる。

（山田恵吾）

1　PDCAサイクル
(plan-do-check-act cycle)
Plan（計画）→ Do（実行）→ Check（評価）→ Act（改善）の4段階を1つの過程として、業務を管理する考え方のこと。この過程を繰り返すことによって、より効率的・効果的な業務の遂行が期待できる。もとは経営管理の考え方であり、これを学校経営に応用したものである。

◀参考文献▶

- 天野正輝『教育課程の理論と実践』樹村房、1993年
- 安彦忠彦『教育課程編成論――学校で何を学ぶか』放送大学教育振興会、2002年
- 山田恵吾・藤田祐介・貝塚茂樹『学校教育とカリキュラム（第三版）』文化書房博文社、2015年

55 学習指導過程とは何か

1 学習指導過程の基本的な考え方

　道徳科における**学習指導過程**とは、ねらいに含まれる一定の**道徳的価値**について、適切な教材を活用しながら自己を見つめ、物事を（広い視野から）多面的・多角的に考え、自己の（人間としての）生き方についての考えを深めるために具体化された指導と学習の手順を示したものである。

　道徳科における問いは「内省の問い」[1]を基調としており、それは児童生徒自らが自分自身に向かって問うものである。いわばこのことが、他教科の学習指導過程と根本的に異なる点であり、教師はそうした特質を十分に理解したうえで、指導のねらいを効果的に達成するために、あらかじめ実際の指導場面を想定して、具体的な指導の手順を明確にしておく必要がある。

2 学習指導過程の基本型

　道徳科の授業では、「導入」「展開」「終末」の各段階を設定する学習指導過程が広く用いられている。一般的には、学習活動、主な発問と児童生徒の発言、指導上の留意点、指導方法、評価の観点などを指導の流れに即して記述することが多く用いられている。

　「導入」は、主題に対する興味や関心を高めるとともに、「ねらい」の根底にある道徳的価値をもとに動機づけを図る段階である。具体的には、主題に関わる問題意識をもたせる導入と、教材の内容に関する導入に大別できる。

　「展開」は、本時の「ねらい」を達成するための中心となる段階である。ここでは、中心的な教材を用いながら、多様で効果的な指導方法を用いることで、児童生徒の自己内対話を深める段階である。言語活動や多様な表現方法を取り入れたり、経験や体験を生かしたりしながら、児童生徒がじっくり考える時間を設定しなければならない。

　「終末」は、学習を振り返り、「ねらい」の根底にある**道徳的価値**に対する自分の思いをまとめるとともに、今後の課題を考える段階である。具体的には、教師の説話、詩、作文、家族の手紙、写真、VTR等の提示を通して、感動や余韻を残したり、新しい課題の発見を考えたりさせることが考えられる。

　この基本型は1958（昭和33）年の「道徳の時間」の設置から今日まで、学校や研究者の間で研究実践されてきた成果であるが、同時に、これがパターン化した授業をつくる要因になっているといった指摘もある。

　中央教育審議会答申（2014年10月21日）が指摘した「読み物の登場人物の心情理解のみに偏った形式的な指導」や「分かりきったことを言わせたり書かせたりす

---

[1] ドイツの教育哲学者 O. F. ボルノー（Otto Friedrich Bollnow 1903-1991）は、人間がその本質において「問う存在」であるとし、その問いには「インフォメイションを求める問い」と「内省の問い」があると述べている。

る授業」などの道徳授業の特質を押さえない形式化・固定化した学習指導過程を脱却するためには、基本型に込められた原則を踏まえながら、学級の実態や教材のもち味を生かす創造的な展開[2]を行うことが求められる。

3 多様な指導方法の工夫

　道徳科の指導方法には多様なものが用いられる。例えば、教材提示や発問、話合いや書く活動などの言語活動、動作化[3]や**役割演技**があるが、このような指導方法を、いつ、どこで、どのようなかたちで用いるかによって、授業の形態が大きく異なってくる。例えば、動作化が児童生徒の道徳性を高めることに効果があるとしても、その活用場面や方法が適切でなければ、実際の指導の場面で有効に機能させることは難しい。また、書く活動が発表を上手に行うための準備になってしまっていることも見受けられる。

　学習指導過程と指導方法には一定のきまりはないといっても、単なる教師の思いつきでは授業を混乱させるだけである。例えば、1時間の学習指導過程に複数の指導方法を取り入れることはよくあるが、あまり多くなると、児童生徒の意識が「ねらい」から外れたり、じっくりと自己を見つめ、考えることがおろそかになったりしてしまうことがあるので十分に注意したい。

4 発達段階との関連

　学習指導過程を考える場合、年齢相応の発達段階に配慮することがどうしても必要になる。学習指導要領では、小学校低学年では「人としてしてはならないことを具体的に指導し、しっかりと自覚させる」ことに重点を置き、中学校では「人としての生き方や在り方について多角的に考えることを重視する」ことなどを求めているが、学習展開や教材の選択・活用についても、こうした発達段階の違いを考えると、学習指導過程の在り方は児童生徒の実態に応じて工夫されなければならないことになる。

　もちろん、学年が上がるにつれて、学習指導過程は複雑になってくる傾向がある。例えば、小学校低学年では場面ごとに登場人物の気持ちを考える展開が「ねらい」に迫りやすいとしても、中学生には退屈な授業になってしまう。逆に、あるテーマをもとに議論しながら「ねらい」に迫る授業が中学生には効果があるとしても、小学校低学年には素朴な「なぜ」を一緒に考える議論を行う必要がある。こうした児童生徒の発達と学習指導過程との関係を念頭に置いて授業づくりに当たることが必要になる。発達段階とともに、同学年での個人差も大きいことに配慮しながら、一人ひとりの考え方や感じ方を大切にした授業の展開を工夫したい。

（林　敦司）

2　中央教育審議会答申では、「ねらいの達成に向け、言語活動や多様な表現活動等を通じて、また、実際の経験や体験も生かしながら児童生徒に考えさせる授業を重視する」ことを求めている。

3　登場人物の動きを忠実にまねして、実感的な理解を深める方法。

◀参考文献▶

・奥田眞丈・熱海則夫編『新学校教育全集9』ぎょうせい、1994年
・沢田慶輔『道徳教育の研究』自由書房、1971年
・林敦司「子どもが心待ちにする道徳授業をつくる」日本道徳教育学会編『道徳教育入門　その授業を中心として』教育開発研究所、2008年

56 導入の工夫

1 道徳授業における導入

道徳授業の**学習指導過程**は、一般的には、「導入」「展開」「終末」の各段階を設定することが広く行われている。

「導入」は、主題に対する児童生徒の興味や関心を高め、「ねらい」の達成に向けて動機づけを図る段階である。具体的には、次のような活動が多い（発問例は『小学校道徳 読み物資料集』『中学校道徳教育実践事例集』より引用）。

(1) 本時の主題に関わる問題意識をもたせる導入（主題への導入）。

「自分が『生きている』ことを実感するときは、どんなときか話し合う」（中学年：生命尊重）

「友達の心拍音を聞いて、自分の心拍と比較してみる」（中学校：生命尊重）

(2) 教材の内容に興味や関心をもたせる導入（教材への導入）

「阪神・淡路大震災について知ることで、被災の状況を理解し、極限状況にある人々に共感しやすくする」（高学年：遵法精神・公徳心）

「保健指導の男女交際アンケート結果をもとに、生徒自身の意識を思い起こさせる」（中学校：友情・信頼）

(3) 学習への雰囲気づくりをねらった導入（雰囲気づくりの導入）

「学習を始める前に、みんなで『学級歌』を歌おう」（小学校）

「グループでパズルを完成させてみよう。」（中学校）

どの導入がよいのかは、「ねらい」、教材、子どもの実態、興味や関心によって、判断していくことになる。

2 導入段階での工夫と留意点

(1) 児童生徒の主体的な学習へつながる「導入」をめざす

他教科の授業と同様に、道徳科の授業においても、児童生徒の主体的な学習が行われることが大切である。そこで、「導入」においてはこれから始まる授業への必要性や必然性を感じさせる工夫、児童生徒の課題意識を高める工夫をすることが必要である。

留意したいのは、上記の「(1) 主題の導入」「(2) 教材の導入」を行うことで、主題の方向やどんな場面や背景の話なのかは理解できても、授業への必要性や必然性、課題意識はもてていないことが多いことである。特に、中学生は、道徳的に正しいことを知識のうえでは既に知っている。中学生が真剣に考える授業を実現するためには、児童生徒のもっている価値観を揺さぶり、課題意識を高める導入の工夫が必要である。児童生徒主導の授業をつくるためには、「導入」から工

夫することが大切である。

(2) すぐに取り入れられる導入の工夫
　児童生徒の主体的な学習へつながり、普段の授業にすぐに取り入れられる導入段階の発問をあげてみた。
① 児童生徒のもつ価値観を揺さぶるような問いかけ。
　「本当の親切ってどんなことなのだろうか」「挨拶は、本当に必要なのだろうか」などの疑問を投げかける。
② 自分と関わりがありそうだという意識をもたせる。
　「学年・学級の意識調査をもとに話し合おう」「携帯電話の所持率について話し合おう」などの身近な調査結果を活用する。
③ 「ねらい」に関する経験や事実を問う発問をする。
　「人のために尽くした人物に感動した経験はないか」「これは問題だと感じたニュースについて話し合おう」などの経験を問う発問をする。
④ 「なぜだろう」から「自分なりに納得がいくものを見つけたい」という興味や関心をもたせる。
　①、②、③の話合いを、自分なりの答えを見つけたいという興味や関心の高まりへつなぐ働きかけを工夫する。

(3) 「導入」で避けたい発問
　「導入」の段階は、できるだけ短時間で、これから学習する内容に対する関心・意欲を高めたり、資料への興味を高めたりすることをねらって行う活動である。
　また、道徳科においては、自分をマイナス方向で見つめさせるのではなく、自分のよさや可能性に気づかせる学習をめざしたい。
　そこで、導入段階での次のような発問は注意したい。
① 展開後段の発問と似た主題への導入
　導入でも、後段でも「家族がいてよかったと思ったことはないか」
② 懺悔で始まる導入
　「約束やきまりを破って後悔したことはないか」
③ くどい導入
　「自然っていいなと思ったことはないか」「それはどんなことか」
　「そのときどう思ったか」
④ 経験等の羅列に終わる導入
　「悲しい思いをしたことがあるか」
　「悪口を言われた」「たたかれた」「無視された」

　　　　　　　　　　　　　　　　　　　　　　　　　　（前田哲雄）

◀参考文献▶
- 文部科学省『小学校道徳 読み物資料集』文溪堂、平成23年
- 全日本中学校道徳教育研究会『中学校道徳教育実践事例集１集・３集・５集』平成13年・20年・26年
- 文部科学省『小学校学習指導要領解説 特別の教科 道徳編』
- 文部科学省『中学校学習指導要領解説 特別の教科 道徳編』

57 教材の収集と開発

1 教材の具備すべき要件

　道徳科においても、主たる教材として教科用図書を使用しなければならないが、道徳教育の特性を考えると、地域教材の開発等、教材を広く求める姿勢が大切である。『小(中)学校学習指導要領解説 特別の教科 道徳編』によると、生命の尊厳、自然、伝統と文化、先人の伝記、スポーツ、情報科への対応等を題材にして、児童生徒が問題意識をもって多面的・多角的に考えたり、感動を覚えたりするような充実した教材の開発や活用が求められている。

　教材を収集・開発する際に具備すべき要件も、次のように示されている。

> ア　児童・生徒の発達の段階に即し、ねらいを達成するのにふさわしいものであること
> イ　人間尊重の精神にかなうものであって、悩みや葛藤等の心の揺れ、人間関係の理解等の課題も含め、児童・生徒が深く考えることができ、人間としてよりよく生きる喜びや勇気を与えられるものであること。
> ウ　多様な見方や考え方のできる事柄を取り扱う場合には、特定の見方や考え方に偏った取り扱いがなされていないものであること。

　道徳科では、児童生徒がさまざまな場面において道徳的価値を実現できるようにするための道徳性を養うことができる指導を行うことは必要である。そのため、道徳科に生かす教材は、自己の生き方についての考えを深める学習に資するものでなければならない。道徳科に生かす教材は、児童生徒が道徳的理解をもとに自己を見つめ、ものごとを多面的・多角的に考えることができると同時に、児童生徒が学習に興味・関心を深め、意欲的に取り組める内容や表現であることが望ましい。

　具体的には、体験学習や日常生活を振り返り、道徳的価値の意義や大切さを考えることができる教材、今日的な課題について深く考える教材、学級や学校生活における具体的事柄や葛藤などの課題について深く考える教材などが求められる。また、先人の多様な生き方が織り込まれ、生きる勇気や知恵などを感じる教材、人間としての弱さを吐露する姿にも接し、生きることの魅力や意味の深さについて考えを深めることのできる教材、児童の感性に訴え、感動を呼ぶ教材の選択と開発に努める必要がある。

2 教材の開発と活用

　児童生徒が自ら課題に取り組み、自己や他者との関係を深く見つめ、生きる希

望や勇気を見いだす道徳授業に発展させるには、既存の教材の収集・選定だけでなく、教師の手による自作資料など教材の開発や活用の工夫が期待される。

そのためには、日常からアンテナを張りめぐらし、報道記事や書籍、身近な出来事などに強い関心をもつとともに、柔軟な発想をもち、教材を広く求める姿勢をもつことが大切である。具体的には、先述の生命の尊厳などを題材として、子どもが感動を覚えるような教材の発掘に努めることが求められている。

また、『学習指導要領解説 特別の教科 道徳編』には、これらのほかにも、古典、随想、民話、詩歌などの読み物、映像ソフト、映像メディアなどの情報通信ネットワークを利用した教材、実話、写真、劇、漫画、紙芝居などの多様な形式の教材もあげている。低学年においては、絵本、童話なども教材として活用できる。

このような多様な教材の開発や活用の工夫がなされることで、教師の指導力が向上すること、道徳科の授業そのものが子どもにとって魅力あるものになっていくことが期待できる。

そのための教材の活用例として、『学習指導要領解説　特別の教科 道徳編』には以下のことがあげられている。

ア　地域人材を招いて協力しながら学習を進める。
イ　実物や写真を提示し心に残る学習を行う。
ウ　情報機器を生かして学習する。
エ　疑似体験活動を取り込んで学習する。
オ　中心教材だけでなく、補助教材を組み合わせて学習する。

教材を開発・活用していくためには、まず教師一人ひとりの教材発掘に向けた積極的な姿勢が大切である。しかし、開発の過程では、**道徳教育推進教師**や学年の教師等と、「教材の具備すべき要件」を満たしているか、人権や著作権等への配慮がなされているか、などについて検討を重ねることが必要である。この話合い自体が貴重な研修であるとともに、教師一人による判断ミスや思い込みを修正する機会になる。

これらの過程を経て、学年で学習指導案を作成して検討したうえで有効と判断できれば、年間指導計画の変更や修正を検討することになる。

（前田哲雄）

◀参考文献▶

- 文部科学省『小学校学習指導要領解説 特別の教科 道徳編』2015年7月
- 文部科学省『中学校学習指導要領解説 特別の教科 道徳編』2015年7月

58 発問の方法
―多様な考えを表出させる発問の工夫―

1 発問とは

発問とは、教育話法の一つで、児童生徒の思考を促す問いである。指示、説明、称賛とは区別したい。特に道徳における発問は、学習の「ねらい」の達成のために教師が意図的に発する児童生徒の道徳的思考を促し、道徳的見方・考え方・感じ方を拡充させる問いかけである。

2 道徳学習におけるよい発問の条件

子どもの思考を促す発問には次のようなものがある。

(1) 「ねらい」に迫る発問であること

授業は一つの「ねらい」に向かってなされる教育活動である。学習指導案作成の際には、発問と児童生徒の反応との関係を吟味しておくことが必要になる。それには、「中心発問」と「基本発問」「補助発問」の関係をとらえておくことが重要である。

「基本発問」とは、授業展開の骨子となる発問であり、学習指導過程の各段階に設定される問いかけである。

「中心発問」とは、「ねらい」に迫るための決め手となる道徳的価値に向かう問いかけである。

「補助発問」は、中心発問に向かうための補助的な問いかけである。

(2) 児童生徒の発達段階に即した発問であること

道徳授業では、人の気持ちや立場がどの程度わかるか、そのような経験をしてきているかなど、児童生徒の発達段階、生活経験等も考慮して発問すべきである。低学年では他者の心情を推し量ることは発達段階上難しい児童もいる。そこで、心情を推し量らせるときは、登場人物の表情に着目させ、「①どんな顔（表情）をしていますか？ ②どんな気持ちでしょう？」と２段階の発問が必要になる。

(3) 多様な反応を期待できる発問であること

多様な考えが保障される「ひらかれた発問（拡散する発問）」と、「本質に向かう発問（収束する発問）」を意識することが必要である。それによって、問題解決に向かう活動なのか、習得に向かう（価値理解）活動なのかが決まってくる。

(4) 根拠を問う発問であること

主人公の行為や考えについて自分の考えを述べるとき、その根拠のなかに、児童生徒の道徳的価値が含まれる。「なぜよいと思うのか。そのわけは？」と問い、自分の生活経験と結んだ根拠を表出させ、他者と交流させたい。

(5) 児童生徒が考えてみたい場面をとらえる発問であること

教師主導型の授業に陥らないためにも、児童生徒の考えてみたいと思う場面を取り上げ、児童生徒とともに創り上げる授業をめざしたい。

3 具体的な発問の方法例―まず中心発問を！―

まず、骨子となる「基本発問」を考える。道徳授業の場合は、①導入段階（主題への入り口）、②展開段階（教材等を通した価値追求→価値から自己の振り返り）、③終末段階（実践の意欲化）を意識する。そして、展開段階では、「ねらい」に迫る中心場面をとらえ、「中心発問」を考える。発問を構成するときに参考にしたいのが、教材の活用類型である（下表）。これに、常にあてはめようとするのではなく、このなかで活用できるものを考え、発問を構成する際の参考にする。

活用類型ごとの展開と発問例

○活用類型
(1) 共感的活用
　児童生徒の道徳観が教材中の登場人物に託して語られる。
　「主人公『ぼく』になって考えてみよう」（なりきり）
　①主人公のもっている弱さの追求
　　「主人公はこのときどんな気持ちだったでしょう」
　　　（ねらいに反する場面）
　②主人公が道徳的な価値に気づくもとになる考え方や感じ方の追求
　　「主人公はこのときどんな気持ちだったでしょう」
　　　（ねらいに迫る場面）
　③主人公の価値ある（価値に反する）行為後の快い（不快）感情の追求
　　「このとき主人公はどんな気持ちだったでしょう」

(2) 批判的活用
　登場人物の行為や考えに対する批判・弁護。
　①主人公の行為や考えに対する自己の立場の決定
　　「主人公の行為（考え）をどう思うか」
　②批判・弁護の理由（各々の道徳的な価値からの理由づけ）
　　「どちらの考えに賛成か。その理由は」
　③主人公の価値ある行為や考え方の追求
　　「主人公を支えた気持ちや考え方は何か」

(3) 感動的活用
　教材の感動性を生かす。
　①感動場面の取り出し
　　「この話で最も心を動かされたところはどこか」
　②感動の波及・深化
　　「なぜ、そこに心が動かされたか」
　③感動のもとにある価値の明確化
　　「主人公を支えていたすばらしい心は何か」

(4) 範例的活用
　主人公の道徳的な行為を模範的な例として、価値を理解させる。
　①主人公のとった学ぶべき行為の取り出し
　　「主人公のすばらしいところはどんなところか」
　②主人公のとった行為の背景の追求
　　「主人公は、どうしてこのようなすばらしい行為ができたのか」
　③主人公から学んだこと（道徳的価値）の意識化
　　「主人公の生き方から学んだことは何か」

（筆者作成）

中学年以降は、「本当の親切とは？」などテーマ（主題）に関わる発問を行い、対話活動等の多様な価値観を表出させる活動を仕組むことも考えられる。この場合、先述の場面を問う発問（場面ごとに問う発問）とは異なり、「自分だったらどうするか」という自我関与のもと、とりうる行為について、その根拠をもとに交流することで、多面的・多角的な思考により、**道徳的判断力**が育成される授業展開が期待できる。

（木下美紀）

◀参考文献▶
- 大西忠治『発問上達法』民衆社、1992年
- 青木孝頼『道徳授業の基本構想』文溪堂、1995年
- 永田繁雄『教師の授業力アップのために　研究授業　小学校道徳　中学年』明治図書、2004年

59 板書の方法

1 板書の役割とは

ICT[1]（Information and Communication Technology）の普及が著しい教育現場においても、小中学校ではごく当然のこととして黒板を活用した学習が展開されている。黒板は、学校制度が始まって以来、長期にわたり連綿と受け継がれてきた教具の代表格である。しかし、黒板があまりにも自然に定着しているために、その役割や活用の在り方について深く思いをいたすことなく、ただ漫然と文字を書き連ねただけの板書を見ることも少なくない。これは、「板書とは授業内容を黒板に記述したものである」という辞書的な意味理解しかなされていないためといえる。

教材や教具を授業で活用する目的は、本時の学習の「ねらい」を達成するためである。つまり、板書の役割は「黒板を思考の場として活用し、学習の『ねらい』を達成するために活用する」ことだといえる。このことは、『学習指導要領解説 特別の教科 道徳編』でも、「道徳科では黒板を生かして話合いを行うことが多く、板書は児童にとって思考を深める重要な手掛かりとなり、教師の伝えたい内容を示したり、学習の順序や構造を示したりするなど、多様な機能をもっている」として、教師の意図に基づいた板書の構想と活用が求められている。

2 意図をもった板書の構成

よく見かける板書の形式を図にすると、右のようになるであろう。「１時間の授業の流れが記録されていることが板書として重要である」という考えであれば、児童生徒の思考の流れを順接的に板書することが適している。

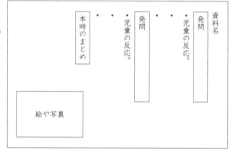
一般的な板書の形式

しかし、「学習のねらいを達成するために…」という視点から考えると、単に授業の流れを記録しただけの板書では、効果的に活用されたとはいえない。では、実際にどのような工夫が考えられるのか。いくつかの具体例をもとに考える。

(1) 児童生徒の考えをウェビング[2]でまとめる

感想や疑問を意見交流する際、児童生徒の発言を、ウェビングでまとめる。これは、「誰の、どの意見に対して、どのような考えをもったか」を、より明確に位置づけることをねらっている。ウェビングによって、個々の考えに対するつながりが明確に見てとれるとともに、新たな考えが積み重なり、板書の内容が「思考の道具」として生きていく。児童生徒に他者の意見を受け入れつつ、自分の考

---

1 コンピュータ技術の活用に着目した情報通信技術のこと。教育現場においては、パソコンや電子黒板を導入するなどの環境整備が図られている。

2 ウェビング（Webbing）とは、あるテーマを設定し、そこから個人の経験や興味・関心によって派生していく発想やアイディアについて、くもの巣（web）状に図式化して表現する手法である。ウェビング法ともいう。知識やイメージを引き出し、カテゴライズ（種類分け）と関連づけによって児童生徒の思考や発想を整理することができる。

えを主張しようとする意識も醸成される。

(2) 多様な考え方を類別して整理する

伝記教材や現代的な諸課題に関する学習では、複数の内容項目を関連づけて扱う指導によって、児童生徒の多様な考え方を引き出すことがある。その際に、挿絵や写真を中心にして、児童生徒の考えを類別してまとめることで、自分の立場や考えを明確にするとともに、複数の内容項目がどのように関連づけられるのかが視覚的にとらえやすくなる。

(3) 道徳的問題についての具体的解決策を中心に位置づける

相反する道徳的価値の立場を踏まえ、その解決策を検討するような問題解決型の学習では、黒板の左右にそれぞれの立場や考えを記述し、具体的な解決策についての考えを中心に位置づけるとよい。よりよい生き方はいかにして可能になるかという児童生徒の思考を中心に据えることで、相手の立場を最大限に尊重する相互承認の意識を高めることができる。

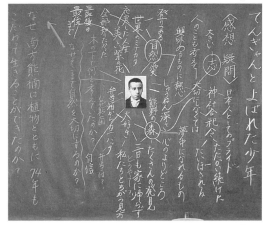

ウェビングでまとめる板書例

複数の内容項目を関連づける板書例

◀参考文献▶
・木原一彰「複数関連価値統合型の道徳の時間の可能性――学習指導過程の固定化を克服するために」『道徳と教育』第333号、2015年

問題解決型の板書例

（木原一彰）

60 話合い活動

1 話合い活動について

(1) 話合い活動とは

話合いは、道徳科の学習で最もよく用いられる指導方法であり、言葉を通して学習内容を深めていく相互作用の活動である。道徳科の学習では、一定の結論を出すのではなく、一人ひとりのものの見方や考え方を尊重しながら、**道徳的価値**を追求していくことが大切である。

『学習指導要領解説 特別の教科 道徳編』の道徳科の目標に「多面的・多角的に考え、自己の生き方について考えを深める学習を通して」とされており、この話合い活動が重要な位置を占める。話合いのなかで、他者との共通性や差異性などをもとに自己を見つめ、よりよい生き方を追求していくことになる。

道徳の主な表現活動として、①言語的表現活動(書く活動・話合い活動)、②動作的表現活動(動作化・役割演技)、③視覚的表現活動(心情図等)などがある。話合い活動は、①言語的表現活動のなかに含まれる。

(2) 意義

話合い活動の意義としては、次のようなものがある。

- 自分の道徳的見方、考え方、感じ方を意識化することができる。
- 他者との比較や交流により、道徳的見方、考え方、感じ方を拡充することができる。
- 自分の見方、考え方、感じ方の高まりを実感することができる。

(3) 形態

話合いの形態としては、対話(ダイアローグ法)[1]、小集団討議(バズセッション)[2]、立場討議[3]などがある。

言語活動は、国語科で培われた言語に関わる能力を道徳学習に生かしていくことになる。国語科や学級活動の内容と関連をも

交流活動について

	重点化するねらい	形態	関連する国語科の内容	教具の活用	主な活動
低学年	表出 (自分の考えを伝える)	ペア(1対1)→全体 (根拠をもとに)	話題に沿って話し合う能力 ペア(1対1)から	表情図 等	動作化 役割演技 共感的視点で
中学年	表出 →創造	ペア OR グループ対話→全体 (根拠をもとに)	進行に沿って話し合う能力(司会を立てて) 小グループ→全体	心情円 心のものさし等	対話活動 役割演技 批判的な視点を入れて
高学年	表出・創造 (考えを練り上げる)	ペア OR グループ対話→全体 フリートーキングなど (根拠をもとに)	計画的に話し合う能力 討議・協議など	心情円 心のものさし 主人公・自分比較図 等	対話活動 (討論等) 批判的・多角的視点で
中学校	表出・創造 (考えを練り上げる)	ペア OR グループ対話→全体 フリートーキングなど (根拠をもとに)	①建設的に ②目的に沿って ③課題の解決 対話や討論	心情円 心のものさし 主人公・自分比較図 等	対話活動 (討論等) 批判的・多角的視点で

(出典:小・中学校『学習指導要領 国語』より筆者作成)

---

[1] **対話(ダイアローグ法)**
話し手と聞き手が言語を通して理解を深めながら、自己の見方・考え方等を拡充するコミュニケーションの在り方。
主な機能としては、自己を見つめ直す(自己照射性)、他者とつながり合う(社会性)、共同で創り上げる(創造性)がある。

[2] **集団討議(バズセッション)**
討議形式の一つ。少人数のグループに分かれて意見をもちより、討議を行う手法。

[3] **立場討議**
ある立場に立って、その立場からとりうる行為や考えをさまざまに考え、話し合う手法。立場を交替するなど工夫すれば、多面的なものの見方を育成することができる。

たせ、発達段階に応じて形態の工夫をし、系統的な指導をしたい。

(4) 話合いの条件

話合いの条件としては、①対象をとらえ、自分との関わりで問題解決したいという自我関与、②自他の比較による共通性や差異性をもとに自他のよさを認める相互交流、③よりよい生き方について志向しようとする価値追求などが含まれる。

(5) 話合いを活性化させる教具の工夫

自己の内面を表出させる際、教具を工夫し視覚化させると、有効である。教具を視覚化させることで、自己の道徳的傾向性を知り、他者との交流を生むきっかけとなる。話合いを活性化させる教具例は次のようなものがある。

①心情図

主人公の心の迷いや葛藤をシーソーや数色の色カードで表して表現させ、自己の感じ方や考え方の変化を視覚的にとらえさせる。

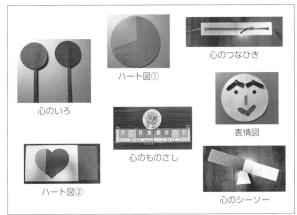

言語活動を活性化させる教具の例

②ネームカード

自分の立場を明確にする場合などには磁石を貼ったカードを黒板に提示する。

(6) 留意点

話合い活動（対話活動）には、次のような項目をチェックするのが望ましい。

> 展開段階では、主たる交流活動を1つ考えましょう。子どもの考えを広げ、深める活動です。例えば、多様な価値観を交流させる「対話活動」が有効です。個人の考えをもちより、皆で出し合って練り上げる活動をめざしたい。
>
> 交流活動では、次のようなことが大切です。チェックしましょう。
> - 「児童生徒が話し合ってみたい！　と思っていますか？」(話し合う必然性)
> - 「何について話し合うかわかっていますか？」(テーマの把握)
> - 「話し合う材料がありますか？」(自分の考えを書いたノート等)
> - 「話合いの進め方がわかっていますか？」(話合いのルール)
> - 「多様な考えを認め合う関係になっていますか？」(支持的風土)

（木下美紀）

◀参考文献▶
- 金子晴勇『対話の構造』玉川大学出版部、1985年
- ボルノー（森田孝訳）『言語と教育』川島書店、1969年
- ヴィゴツキー（柴田義松訳）『思考と言語』、新読書社、2001年

61 役割演技（ロールプレイ）

1 役割演技の基礎

役割演技は、ロールプレイ（ロールプレイング）とも呼ばれている。これは、医者のヤコブ・モレノ[1]が精神療法の一つとして提案した心理劇[2]から派生したものである。心理劇は、精神疾患の治療方法やカウンセリングの手法として用いられている。それに対して、役割演技は、もっと簡便に、学校教育や企業の研修などでも使用されており、心の変化を体験する対人関係の訓練法のひとつである。

モレノの考える心理劇では、自発性や即興性が重視される。また、監督、補助自我、演者、観客、舞台が5つの要素とされている。

監督は、治療者が行うが、学校現場で行われる役割演技では、教師がそれに当たることになる。補助自我は、心理劇に特有の言葉である。自我を補い支える者である。心理劇は、心の状態に大きな影響を及ぼす可能性があるので、補助自我がそうしたことが起こらないように配慮する。副治療者や助手がその任に当たる。教室内で行う場合は、この補助自我は存在しないことが多いが、ティームティーチング[3]で、教師の一人が補助自我の役割を担うことは可能である。演者は、主役あるいは脇役として演じる人である。学校では、一部の児童生徒が演じることになる。観客は、見ている人である。学校では、演者以外の残りの児童生徒が観客になる。舞台は、演じる場所であり、モレノは階段状で3段の舞台を考案しているが、学校では、教室の前面などが舞台となる。

その実施の過程としては、ウォーミングアップ、ドラマ、シェアリングの3ステップとなる。ウォーミングアップでは、体を動かしたり、声を出したりするような簡単なエクササイズを行って、演じることに対する気恥ずかしさなどをなくし、場の雰囲気をつくる。その後、ドラマの段階では、テーマを決めて、集まった者のなかから何人かが舞台に出て演じる。その際には、シナリオは用いない。自発性や即興性を大切にするためである。終わった後、参加者全員で感想などを言い合うのがシェアリングの段階である。

簡単にいえば、この心理劇をより簡便にさまざまな場面で応用できるようにしたものが役割演技である。

2 道徳授業における二つの役割演技

道徳授業で行われる役割演技は、大きく二つに区分できる。

一つは、シナリオどおりに演じる役割演技である。シナリオとしては、教科書に掲載されている教材を主に使うことになる。資料や教材の登場人物の気持ちを身体で理解するという点に大きな特徴がある。また、役割交換して演じることで、

---

[1] ヤコブ・モレノ（Jacob Levy Moreno, 1889–1974）
ルーマニアに生まれ、オーストリアのウィーンで育ち、後にアメリカで活躍した精神分析家。心理劇やソシオメトリーを考案した。

[2] 心理劇の技法
心理劇の技法として、同じ場面で役を交代する役割交換の他に、補助自我と演者とが同時に（一体であるかのように）同じ人物を演じる二重自我、葛藤を表現するためにある人物の2つの側面を補助自我と演者が演じ話し合う自我分割、演者が一人で思いを語る独白などがある。役割演技においても、こうした技法は効果がある。

[3] ティームティーチング
授業場面で、二人以上の教員が連携協力して指導を行う指導方法。

他の登場人物の気持ちも理解することができる。役割演技させる場合と、考えてワークシートに書かせる場合とでは、登場人物の気持ちの理解の仕方が異なる場合もある。

もう一つは、資料や教材の場面を途中で切って、場面設定だけして、後は児童生徒に自由に演じさせるというやり方である。こちらの方が、本来の心理劇に近いといえる。ただし、この場合には、**学習指導案**で予想したとおりに展開しないこともありうるので、教師が監督役割をうまくこなせるように訓練を積む必要がある。

資料の登場人物の気持ちを深く理解するという点では、前者の方が効果的かもしれない。しかし、今まで考えもしなかった場面で、道徳的な行為ができるようにするという点では、自発性や即興性や創造性が求められる後者のやり方の方が望ましいといえる。

役割演技と似たものとして、**劇化**や**動作化**というものもある。劇化は、文字どおり劇にするということであり、先に述べた、シナリオどおりに演じる役割演技と重なってくる。動作化は、登場人物の行動の一部を、身体を動かしてやってみるというものである。短時間で実施することが多く、主として、低学年の授業で用いられている。

3 役割演技の魅力

役割演技は、本当に心が動かされる手法である。温かい場面を演じれば温かい気持ちになるし、悲しい場面を演じれば悲しい気持ちになる。また、怒りの場面を演じれば本当に怒りが湧いてくる。こうした点は、魅力でもあるが、危険な一面もある。というのも、いじめのような場面を演じれば、そうした関係を児童生徒の間で固着させる危険性もあるからである。だから、マイナスの感情を体験させるような演技は、教師が役割演技に慣れてないうちはやらない方がよい。

とはいえ、どうしても体験させたいということもある場合には、例えばいじめられっ子の役割は教師がやるなどして、子どもの心が傷つかないように工夫するとか、役割演技が終わった時には必ず拍手をするというかたちにして、ここまでは演技だったのだということを強く意識させるとか、悲しい場面や怒りの場面を演じた後には、必ずみんなで楽しく遊んでいる場面を演じて、楽しい気持ちで授業を終えるなど、さまざまな工夫が求められる。

また、いじめの場面では、人間ではなく他のものに置き換えて実践するというやり方もある。例えば、植木に水やりをしないと植木がどんな気持ちになるか、を役割演技するなどのやり方である。

(林　泰成)

◀参考文献▶
- 千葉ロール・プレイング研究会（外林大作監修）『教育の現場におけるロール・プレイングの手引』誠信書房、1981年
- 江橋照雄『子どもが生き生きと取り組む役割演技ハンドブック』明治図書、1996年
- 金子賢『教師のためのロールプレイング入門』学事出版、1992年
- 早川裕隆『役割演技を道徳授業に』明治図書、2004年

62 体験活動

1 体験活動を生かす意義

道徳科の授業では、学校の教育活動や日常生活における体験を生かしながら**道徳的価値の意味や大切さを深く考えられようにすることが有効である**[1]。

2017（平成29）年の『小学校学習指導要領』には、**体験活動**について次のように明記されている。

> 児童の発達の段階や特性等を考慮し、指導のねらいに即して、問題解決的な学習、道徳的行為に関する体験的な学習等を適切に取り入れるなど、指導方法を工夫すること。（中略）また、特別活動等における多様な実践活動や体験活動も道徳科の授業に生かすようにすること。

ここで注目したいのは、体験活動の取扱いが「取り入れる」と「生かす」とに書き分けられていることである。前者は、授業における指導方法としての扱いであり、後者は、特別活動をはじめとした学校で行われるすべての教育活動や、家庭・地域社会における体験を指している。いずれにせよ、いかに巧みな授業展開がなされ、感動的な教材が用いられたとしても、それが児童生徒の体験に基づいていなかったら、道徳的価値の理解を深めたり、自己を見つめたりする学習にはなりにくい。

2 体験的な学習を取り入れる

道徳科の授業の多くは、教材に描かれる内容を中心とした間接的な体験をもとに行われる。指導方法の工夫としてこれまでさまざまな実践が紹介されているが、内容を整理するとおおまかに次の二つに分類することができる。

(1) 道徳的行為に関する体験的な学習を用いる

動作化や役割演技（ロールプレイ）、**構成的グループエンカウンター**などの手法を用い、具体的な模擬体験をすることで、登場人物の心情や考えを感じ取るという指導方法がこれまでも広く行われてきた。これらに加え、『小学校学習指導要領解説 特別の教科 道徳編』では「道徳的行為に関する体験的な学習等」を取り入れて、指導方法の一層の工夫を求めている。

例えば、挨拶を実際に行うことで教材を読み深めたり、その動作や所作を通して道徳的価値の大切さを実感したりしながら、挨拶についての意義を考えたり、課題に向き合ったりするのである。

そのほかにも、授業中に実物を児童生徒に見せたり、触れさせたりする活動や、臨場感あふれる場面設営、写真や手紙の提示、ICT機器の活用等を取り入れることも考えられる。

---

[1] 平成27年7月に公表された『小学校学習指導要領解説 特別の教科 道徳編』には、「ある体験活動の中で考えたことや感じたことを道徳科の話合いに生かすことで、児童の関心を高め、道徳的実践を主体的に行う意欲と態度を育む方法などが考えられる」と示されている。

(2) 登場人物の心情に迫る追体験を行う

　児童生徒の目を登場人物の内面に向け、それを追体験しながら**自己内対話**へと導く展開は、特に伝記教材を活用した授業ではよく用いられる。先人の伝記は理想を実現しようと懸命に生きた偉人たちの足跡である。どうなるかわからない未来と、真正面から向き合って生きた人間の苦悩や覚悟に満ちた営みが、児童生徒を自己内対話という思索の世界に強く導くのである。

　偉人たちの生き様に自己を重ね、その情況における葛藤や決断のプロセスを、まさに今ここに息づく自分の問題として追体験することによって、児童生徒は道徳的価値と正面から向き合うことができる。

3　体験活動を生かす授業を工夫する

　道徳科において体験活動を生かす方法は多様に考えられるが、それを実効性のあるものにするためには、道徳性を有する**体験活動**を明らかにしておき、そのことを意識して体験活動を行ったり、そこでの体験をもとに道徳科において考えを深めさせたりする必要がある。この点について『小学校学習指導要領解説』では、次のように述べて**特別活動**における実践活動や体験活動を、道徳科の授業で生かすことを強く求めている[2]。

> 　特に特別活動において、道徳的価値を意図した実践活動や体験活動が計画的に行われている場合は、そこでの児童の体験を基に道徳科において考えを深めることが有効である。

　また、児童生徒に考えさせる授業を展開するためには、教材のなかの出来事が実感をもって共感されなければならない。授業で用いられる教材を、児童生徒が自分のことのようにとらえることによって、間接的な体験をより直接的な体験に近づけることができる。例えば、教材に描かれた主人公が、バスのなかで席を譲るときに抱く「恥ずかしい」とか「断られたらどうしよう」という思いは、同じような自らの体験があればこそ共感できるのである。

　ここで注意が必要なのは、道徳科の授業に取り入れる体験活動が生活上の問題処理であったり、行為の直接的指導を意図したりしているものでないことを教師がよく理解して指導にあたることである。

　体験から得るものは個人的なレベルで多様であり、その授業の「ねらい」に沿った反応ばかりとは限らない。したがって、事前調査やアンケートを実施して、児童生徒の日常の体験やその時に感じたことを把握するなど、それらを基に授業のねらいと即応する点に焦点化した体験の生かし方を工夫する必要がある。

（林　敦司）

2　道徳科で取り上げる道徳性を有する実践活動や体験活動を明らかにしておき、そのことを意識して計画的に活動を行うことが求められる。

63 小学校　学習指導案作成の手順

1　道徳科学習指導案の形式(例)

　道徳科の**学習指導案**は、『学習指導要領解説 特別の教科 道徳編』によれば、「教師が年間指導計画に位置付けられた主題を指導するに当たって、児童や学級の実態に即して、教師自身の創意工夫を生かして作成する指導計画である」とある。その形式には特にきまった基準はないとされているが、「主題」、「ねらい」、「用いる教材」、「主題設定の理由」、「展開の大要」などが書かれるのが一般的である。ここでは、基本的な学習指導案作成の流れについての一例を紹介する。この手順をもとに、さらに創意工夫した指導案が作成されることを期待する。

第○学年○組　道徳科学習指導案

平成○年△月□日
指導者○○　○○

1　主題名　○○○○（内容を端的に表す言葉を記入）
2　教材名　△△△△（出典を記入）
3　主題設定の理由
4　本時の学習
　(1)　本時のねらい
　(2)　準備
　(3)　展開の大要

学習過程	主な発問と児童の反応	教師の支援・意図・評価
1．導入 2．展開（前段） 3．展開（後段） 4．終末	○（教師の発問） ・予想される児童の反応 ◎（中心発問は二重丸で） ・ ○ ・ ○	●主な言語活動として、話し合い活動や書く活動など内容と方法を記述する。 ○「～することで…できるようにする」のように、発問や活動、説話などに対する教師の意図を明確にして書く。 ※ねらいに即して児童の学習の様子についての評価項目を記入する。

4　板書計画

2　「ねらい」の検討と教材分析

　本時の学習を構想するにあたって、主題に基づいた指導内容や教師の意図を明らかにできるような学習の「ねらい」を検討する。さらに、本時の学習で用いる教材、特に中心的に扱う教材について、「本時の主題に関わる道徳的価値がどのように含まれているか」や「その他の諸価値が、本時の主題となる道徳的価値と、どのような関連をもって表れているか」について分析し、主題や学習の「ねらい」との整合性を確認する。

教材分析をするにあたり、学習で扱う教材を何度も読むことになるが、ここで大事なのは、「登場する人間とその行為のなかにある道徳的問題の所在を読み解くこと」である。どのようなタイプの授業であろうと、教師が教材のなかで、「なぜ？」と問える部分を見いだしていくことが重要である。

3 学習指導過程の構想

教材観・児童観・方法観を「主題設定の理由」として記述したうえで、「展開の大要」[1]について考える。教科によってさまざまであろうが、道徳科の学習指導過程を考える際には、授業の初めから終わりまで時系列で順を追って考えるのではなく、主題に迫るための中心となる発問を最初に検討してから、その他の「基本発問」や「導入」、「終末」について考えるようにしたい。以下にその手順を説明する。

(1) 「展開」（前段）[2]における場面設定と「中心発問」

まず、本時の教材において中心となる場面を考える。教材をいくつかの場面に区切って考えたとき、教材分析で明らかにした道徳的問題の所在が表れている場面が見えてくる。そこが、本時の主題や「ねらい」に迫ることができ、児童に最も考えさせたい中心となる場面である。

中心となる場面が設定できたら、そこで児童にどのような発問を投げかけるかを考える。問いが「ねらい」に則していて、児童の思考が深まるような発問を考えたい。学習指導過程の柱となるこの発問を、「**中心発問**」という。

「中心発問」を考えた後で、その発問によって児童がどのような反応を返してくるかを予想する。ここで、児童の反応に多様さが期待できなかったり、「ねらい」とあまりにもかけ離れたりしそうだと考えられる場合は、「中心発問」が適切ではないと考えられる。その場合は、「中心発問」を別の問いにするか、中心となる場面を再検討するかが必要になる。こうして、本時の学習における中心発問と、そこで予想される「児童の反応」を最初に考えておきたい。

(2) 「展開」（前段）における「基本発問」の設定

「中心発問」と予想される児童の反応が決まったら、後は、その前後の場面について考える。考えるといっても、不要な場面を捨てる作業をするということになる。本時の主題について広く浅く考えるのではなく、より深く考えさせるために、必要な「基本発問」を設定したい。

ここで留意したいのが、「中心発問」までの「基本発問」の数を絞ることである。教材の場面を丁寧に追って、その場面ごとに発問を設定したのでは、一番考えさせたい「中心発問」にかける時間が限られてしまうし、児童の思考も拡散してしまいかねない。最初に「中心発問」における児童の反応を予想しているのだから、その考えにいたるためのベースとなるような発問を設定することが重要で

---

[1] 道徳科の学習における「展開」とは、道徳的諸価値に関する理解と自覚を深める学習の中心であるが、これを（前段）と（後段）に分けて考えることが多い。

[2] 学習のねらいとなる道徳的諸価値を追求したり判断したりすることで、理解を深めようとする段階。

ある。いくつかの「基本発問」を想定し、そのなかから必要最小限のものに絞っていくようにして発問の構成を考えたい。また、「基本発問」においても、児童の反応を予想して発問に修正をかけることは「中心発問」と同じである。

(3) 「展開」（後段）[3]における発問等の設定

「展開」（前段）における「基本発問」と「中心発問」の設定と児童の反応を予想したら、「展開」（後段）における発問や活動を考える。

「展開」（後段）は、一般的には、教材や教材を離れて、自己を見つめる段階であるとされる。そのために、「ねらい」とする**道徳的価値**についての自分の考えを整理することができるような発問と活動を取り入れたい。例えば、「今日の学習で、自らがすてきだと思った生き方は何か」「今日の学習で学んだことを、自分の生活のどんな場面で生かすことができそうか」など、本時の主題を自分との関わりで考えることができるような発問を考えたい。また、自己内対話を深めるために、**ワークシート**[4]などに書く活動は有効である。ここで書いたものを道徳ファイルなどの**ポートフォリオ**[5]に保存しておくことで、児童の学習の履歴として蓄積しておきたい。

(4) 全体を見直す

「展開の大要」を構想したら、いくつかのポイントに留意して見直しを図る。

①本時の主題や「ねらい」と展開の大要との間にずれがないかを確認する。主題や「ねらい」を設定し、その後「中心発問」から「展開」を考えていくのだが、「中心発問」の設定に試行錯誤しているうちに、授業の主題や「ねらい」からずれてしまうことがある。その場合、もう一度主題や「ねらい」に立ち返って修正を加えることが必要である。

②特定の価値観を児童に教え込むような展開になっていないかを確認する。このチェックのためには、「基本発問」から「中心発問」への流れのなかで、予想される児童の反応に多様さがあるかを見ることや反省調の振り返りになっていないか、「終末」の説話が教師の主張の押しつけになっていないかなどを確認する必要がある。

③登場人物の**心情**理解のみに偏った展開になっていないかを確認する。道徳科の学習における発問で、最も安易に用いられがちなのが「〜の気持ちはどうだったのか」という問いである。気持ちを問うことによって、他者の心情を類推したり、共感したりすることはできても、その問いだけで「ねらい」や主題に迫り、自己の生き方を見つめたりすることは不可能である。発問全体を見て、気持ちばかりを問う発問になっていないかどうかを確認したい。

(5) 板書計画を作る

「展開の大要」が決まったら、どのように板書をするかを図にして書く。教師の発問と児童の反応を最終確認したり、より洗練させたりするためにも、板書計

---

3 道徳的諸価値を自分との関わりでとらえ、価値の主体的自覚を深めようとする段階。

4 学習に用いる書き込み形式の用紙。児童の思考を整理したり新たな気付きを促したりする役割がある。

5 学習活動において児童生徒が作成した文書や写真などの活動の様子がわかるものを、ファイルに入れて保存する方法のこと。

画は重要である。板書を写真に撮って載せることもよい。

4 学習指導案と評価

　『学習指導要領解説 特別の教科 道徳編』にもあるように、道徳科で養う道徳性は、児童が人間としてよりよい生き方を志向し、諸問題に適切に対応する力の基盤となるものであり、道徳的価値をどれだけ理解したかなどの基準を設定することはふさわしくない。また、個々の内容項目ごとではなく、学期や学年といった大きなくくりで児童の**評価**を行うこととされている。

　上記を踏まえ、もし学習指導案に評価の観点を表記するなら、「主人公の生き方を手がかりにして、主題やねらいについて、自分なりの根拠をもって考え、話し合うことができる」というような個人の成長の見取りに関する観点を支援と留意点に書くことができる。

5 学習指導案作成上の留意点

(1) 児童が考えたくなり、答えたくなるような発問を

　教師の安易な発問は児童が見抜く。一方で、難しすぎても児童の反応が限られたものになってしまう。児童にとって、ちょうどいい困難さを感じるくらいの問いを設定する必要がある。

(2) 「導入」や「終末」はなるべく短時間で

　「導入」で児童の興味・関心を本時の学習に引きつけることは、児童が学習の見通しをもつうえでも大変重要である。しかし、「導入」で教師の想像以上に話が盛り上がってしまい、時間を大幅に延ばしてしまうことがある。また、「終末」に設定した説話などについて、教師の思いが強ければ強いほど、かける時間も長くなってしまう傾向がある。「導入」や「終末」について学習指導案上に書く際に、「最低限、この部分が伝えられればよし」という基準を設けておき、授業の中心となる活動にしっかりと時間が確保できるようにしておきたい。

(3) 児童の発達段階を考慮し、多様な学習展開を

　価値の共感的理解に基づく心情主義的な学習展開は、低・中学年までが特に効果的である。高学年では、心情論だけではなく、社会のなかで自分はいかに在るべきかについて考え始める時期である。学習指導案を作成する際には、児童の発達段階を考慮して、多様な実践の在り方を学習展開に取り入れることで、児童が「人の生き方は、どういう思いに支えられて実現するのか」について、主体的に考え、議論できるようにしたい。

(木原一彰)

◀参考文献▶

- 行安茂『道徳教育の理論と実践』教育開発研究所、2009年

小学校　学習指導案「ねらい」の設定の方法

1 道徳科の学習におけるねらいとは

道徳科の学習における「ねらい」を考える前に、「特別の教科 道徳」の目標について整理しておきたい。学習指導要領「第3章 特別の教科 道徳」の「第1 目標」には、次のように書かれている。

> 第1章総則の第1の2に示す道徳教育の目標に基づき、よりよく生きるための基盤となる道徳性を養うため、道徳的諸価値についての理解を基に、自己を見つめ、物事を多面的・多角的に考え、自己の生き方についての考えを深める学習を通して、道徳的な判断力、心情、実践意欲と態度を育てる。

「特別の教科 道徳」の目標は道徳性を養うことであり、そのために道徳科の学習において、「道徳的諸価値についての理解」「自己を見つめる」「物事を多面的・多角的に考える」「自己の生き方についての考えを深める」という諸様相が想定されている。

つまり、道徳科の学習の「ねらい」とは、この4つの諸様相をベースとして、「道徳性の育成のために、どのような学習を通して、どのような児童の姿を求めたいのか」を明らかにしたものであるといえる。

2 内容項目と教材分析との関連から「本時のねらい」を考える

各学校おける年間35時間の道徳科の学習は、**全体計画**および**年間指導計画**に基づいて実施される。特に年間指導計画は、内容項目についての児童の実態や多様な指導方法などを考慮しつつ、重点的な指導や内容項目間の関連を密にした指導などを考慮して策定される。年間指導計画には、「ねらい」のほかに、「内容項目（主題名）」「使用する教材と主題構成の理由」「学習指導過程と指導の方法」「他の教育活動との関連」などが明記されることが多いが、これらの項目が、「**本時のねらい**」を考えるための要素となる。

(1) 内容項目から本時の学習における「ねらい」について考える

『学習指導要領解説 道徳編』には、「内容項目の指導の観点」として、特に留意すべき事項や、指導に際して参考としたい考え方などが、発達段階に即して整理されている。また、内容項目を端的に表す言葉を付記したものが見出しとして示されている。この内容項目の概要や指導の要点を熟読し、児童の実態をもとに内容項目の指導内容を具体的にとらえることが必要である。換言すれば、「道徳的諸価値についての理解」のための視点から、「ねらい」を検討する段階といえる。

(2) 教材分析を通してねらいを考える

「ねらい」を考えるうえでは、道徳科の学習に用いる教材で、「ねらい」がどのように達成されるのかについて考える必要がある。その際に、教材を分析するなかで、多様な感じ方や考え方を引き出すことができるかを常に念頭に置きたい。つまり、この段階では、「自己を見つめ、ものごとを多面的・多角的に考える」ための視点から「ねらい」を検討することが重要であるといえる。

(3) 内容項目と教材分析との関連から、最終的な「本時のねらい」を考える

上記の(1)、(2)を検討したうえで、最終的な「本時のねらい」を考える。まず、内容項目と教材から学ばせたいと願う内容とがマッチしているかを確認する。そして、道徳的諸価値についての自らの生き方を振り返ることによって、**道徳的判断力、心情、実践意欲と態度**を育てるために、本時の学習で何をねらうのかということが明確になるような表現を用いて「本時のねらい」を書く。つまり、最終的なこの段階では、「自己の生き方についての考えを深める」ための視点から、「本時のねらい」を仕上げることが重要だといえる。

3 ねらいの具体的な表現等について

従来の「道徳の時間」における「ねらい」の表現について、「『〜を通して』という表現は、一定の場面での価値把握にとどまるので望ましくない。「ねらい」には、価値に関する内容を簡潔に記すべきである」といわれることがあった。

しかし、道徳科においては、「児童の学習状況の把握を基に評価を行う」ことが明示されている。**学習指導過程**における指導と評価を一体的にとらえるためには、学習指導過程で期待する児童の学習活動を具体的な姿で表しておくことが必要となる。したがって、「ねらい」においても、本時の学習について具体的に表しながら、育てたい道徳性（道徳的判断力、心情、実践意欲と態度のいずれか）を明確に表現した方がよいと考える。

4 複数の内容項目からねらいを設定する場合について

現代的な課題を扱う場合、複数の内容項目を関連づけて扱う指導によって、児童の多様な考え方を引き出す授業を構想することができる。その場合に留意したいことは、複数の道徳的諸価値を関連づけて、中心となる価値とそれを支える諸価値とを、指導者が明確に関連づけておくことである。そして、「ねらい」には、中心となる価値の理解を、他の諸価値の側面からどのようにして深めていくかについて書くことが重要である。

教材分析をした際に、複数の価値についての発言が予想されるからといって、諸価値の関連を考えずに、「ねらい」とする価値を羅列することは避けた方がよい。

（木原一彰）

◀参考文献▶

- 文部科学省『小学校学習指導要領解説 特別の教科 道徳編』平成27年7月
- 日本道徳教育学会編『道徳教育入門 その授業を中心として』教育開発研究所、2008年
- 木原一彰「複数関連価値統合型の道徳の時間の可能性——学習指導過程の固定化を克服するために」『道徳と教育』第333号、2015年

小学校 学習指導案の教材観・児童観・方法観

1 児童、教材、教師の三者の関係について

　各教科・領域全般についていえることであるが、児童、教材、教師の相互作用による営みが授業である。また、児童が学習するということは、教材として提示される問題を解決していく営みである。教師は、児童に提示する教材を吟味し、解決すべき価値ある問題として提示する。そして、各教科・領域における学び方を通して、児童と教材との相互作用をとりもつという役割がある。学習指導案の記述内容を考える前に、まず、この三者の関係について整理しておきたい。

(1) 児童と教材の関係

　教師は、目の前にいる児童の実態をもとに、「この教材を取り上げたら、児童はどのような反応を示すのか」や、「この問いを提示したら、どのような思考を展開し、いかに課題を解決するための筋道を構成するのか」などを十分に予想し、検討することが大切である。それによって、一人ひとりの児童の思考の様相に応じた、教師の具体的な支援が導かれてくる。

(2) 児童と教師の関係

　児童と教師の関係においては、学習の主体者である児童が、これまでの学習でどのような見方・考え方を学び、それぞれの教科・領域における「学び方」をどのように身につけてきているのかなどを検討することが必要である。そうすることによって、一人ひとりの児童の見方・考え方と「学び方」に応じた学習内容が導かれてくる。

(3) 教師と教材の関係

　教師と教材との関係においては、取り上げる教材の内容や、児童に活用してほしい各教科・領域の見方・考え方や学び方などを考え、これまでの児童の学び方をもとに、授業の「質」を高めるとともに、児童の主体的な学びへつながる学習展開等を検討することが必要である。そうすることで、「ねらい」の達成に向けた一連の学習展開（授業構成と授業分析）の視点と指導の評価の視点が導かれてくる。

2 教材観を記入する際の留意点

　『学習指導要領解説 特別の教科 道徳編』において、「ねらいや指導内容についての教師の捉え方」と規定されているのが、**教材観**である。
　教材観を考えるにあたって必要となるのが、「本時の主題や取り上げる教材が、どんな教育的価値をもっているのか」や「どんな仕組みになっているのか」「どんな関連をもっているのか」など、教材として位置づけられる内容に対する価値、

そして内容の系統性や困難性等などを明らかにすることである。そこに、教師として何を教えるかについての分析と考察を加えたものを、教材観として記述するようにしたい。その際、特に留意しておきたいのは、教材のもつ価値や**主題**と、「本時のねらい」が遊離しないようにすることである。「本時のねらい」を常に意識して教材観を記述することで、児童観や方法観、学習指導過程などにも一貫した筋が通り、記述内容のブレがなくなる。

3 児童観を記入する際の留意点

「児童のこれまでの学習状況や実態と教師の願い」と規定されているのが、**児童観**である。

各教科の学習指導案と同様に、これまでの児童の学習状況を記述したいが、ここで問題となるのが、本時の内容項目に関する児童の実態をどのようにとらえるかということである。教師の日々の児童の実態の見取りはもちろん、対人関係に関する心理アンケートや内容項目に関する自作の事前アンケートなどを活用し、できるかぎり児童の姿を客観的にとらえたい。そのうえで、本時の学習を通して児童にどのような力（道徳的判断力、心情、実践意欲と態度）を養いたいのかを教師の願いとして記述したい。

4 方法観を記入する際の留意点

「使用する教材の特質やそれを生かす具体的な活用方法など」と規定されているのが、**方法観**である。

教育的価値や教材の構造、学習指導要領などにおける位置づけ、内容の系統性や困難性等などを明らかにし、教師として何を教えるかについての分析と考察を適切に加えたとしても、それが実際の授業場面に効果的に生かされなければ、画餅と化してしまう。児童に教材のもつ価値を獲得させるためには、教材観と児童観とを有機的に関連づける方策を考え、授業の具体的な姿をイメージし構想したものが方法観に記述されるべきである。

ここで留意したいのが、「他者との関わりにおいて自分を深く見つめ、他者の考えを肯定的あるいは批判的に受け入れつつ、自らの考えに生かす」という道徳科の特質である。道徳科の授業においては、「教材との対話」「仲間との対話」「自分との対話」によって、道徳科の学習における学びを楽しもうとする姿が求められる。これらの「対話」が授業のどのような場面で展開されるかを踏まえつつ、道徳科の特質をどのようにして授業として実現していくかについて、学習指導案に具体的に書くことが必要である。

（木原一彰）

◀参考文献▶
- 文部科学省『学習指導要領解説 特別の教科 道徳編』2015年7月

小学校 学習指導過程
―「導入」・「展開」・「終末」―

1 一般的な指導過程について

『小学校学習指導要領解説 特別の教科 道徳編』では、「道徳科の学習指導過程には、特に決められた形式はないが、一般的には以下のように、「**導入**」、「**展開**」、「**終末**」の各段階を設定することが広く行われている」と記述されている。学習指導過程は、道徳的価値の大切さを自覚し、ねらいとする価値の本質を把握、体得させることで内面化を図ることを重視して構想されることが一般的である。

(1)「導入」

授業の最初の段階として、本時において学習する内容について考える視点を明確にもてるようにすることをねらう。この際に、「ねらい」とする価値への方向づけを意図した「導入」と、教材の世界への「導入」の二つのパターンが考えられる。

「ねらい」とする価値への方向づけを意図した「導入」では、児童たちが、本時においてどのような価値について考えるのかについて気づくことができるようにする。児童たちの日常生活の紹介や事前アンケートの結果の提示などを活用する場合が多い。

教材の世界への「導入」では、本時の学習で用いる教材の内容が子どもたちの実体験や生活から遠い場合に、それを補い本時の学習にスムーズに入っていけるようにする。実話や偉人の伝記などの教材において、時代背景や人物の略歴の紹介などを行う場合が多い。

いずれの場合であっても、「導入」に多くの時間をかけすぎることは避け、2〜3分の時間で本時の学習に入ることが望ましい。

(2)「展開」（前段）

「展開」（前段）では、教材を通して、主人公の生き方から道徳的価値を追求・把握することをねらう。主人公や教材で提起された問題に関する児童たちの感じ方や考え方を表出させ、互いの考えについて共通化や焦点化を図ることで、「本時のねらい」とする価値に関する理解を明確化していく。

そのために、まず「本時のねらい」に即した「中心発問」を設定し、その後に「中心発問」に迫るための「基本発問」を2問程度用意するのが一般的である。どの発問にもいえることだが、単にあらすじや状況を確認するような内容の発問だけであってはならない。苦悩や葛藤、それを乗り越えるにいたる心情など、児童が人の生き方に迫ることのできるような発問であることが重要である。

(3)「展開」（後段）

「展開」（後段）では、一人ひとりの具体的な生活から、本時の学習で学んだ内

容について価値の一般化を図ることをねらいとする。教材を離れ、本時の内容に照らして、「自分の生き方はどうであったか」や、「自分は今後どうありたいか」について自問自答させる段階である。

　ここで留意したいのは、「反省調の振り返りに終始しないようにする」ということである。現在の自分の在り方を振り返るなかで、「できなかった自分」に気づくことは多い。しかしそこで終わるのではなく、「だから自分はこのように生きたい」という未来志向や希望をもたせることが重要である。

(4)「終末」

　「終末」では、本時の学習内容や価値を整理し、授業をまとめることをねらいとする。「終末」において、**教師の説話**という言葉を目にすることが多い。これは、「教師による説諭」を意味するものではなく、「本時のねらい」に関連する教師の体験談や児童作文などを紹介し、子どもたちの実践化への意欲向上を図るものである。よって、教師による本時の「ねらい」の押しつけは避けるようにすべきである。

2　多様な指導過程の工夫

　「価値の主体的自覚をめざす指導過程」のほかにも、多様な指導過程論があるが、どういった立場であれ、「指導過程の画一化」を避け、授業の実態に即した工夫を行うことが重要である。そのためのいくつかの事例を紹介する。

(1) 感想交流

　実話や**伝記教材**を用いた授業において、教材範読後に感想交流を取り入れる。児童の感想や疑問をつなぎながら、本時で追求するべき問題を明らかにすることをねらう。ここで形作られた課題が、本時の学習で追求すべき課題としての中心発問となる。

(2)「気持ち」を問うことに終始しない発問

　学習指導案等で「主人公はどんな気持ちだったか」を問う発問に出合うことは多い。児童の発達段階にもよるが、特に小学校高学年においては、心情を追求する発問だけでなく、「なぜ、主人公は〜できたのか。主人公の生き方を支えていた思いに迫ろう」など、児童の思考を深めることができるような広がりのある発問を取り入れたい。

(3) 多様な手法による「終末」

　授業に込めた教師の思いによって、「終末」もまた多様であってよい。相応の教材研究と準備が必要ではあるが、教師の説話だけでなく、映像や音楽、先人の格言などを取り入れ、児童それぞれが本時の学習内容について深く心にとどめたり思いを新たにしたりする場としたい。

（木原一彰）

◀参考文献▶

- 押谷由夫・内藤俊史編著『教職専門シリーズ⑥　道徳教育』ミネルヴァ書房、1993年
- 日本道徳教育学会編『道徳教育入門　その授業を中心として』教育開発研究所、2008年

67 中学校　学習指導案作成の手順

1 学習指導案の構成

　道徳科の**学習指導案**とは、**年間指導計画**[1]に示されている主題の達成のために、教師が、生徒や学級の実態を考慮したうえで、創意工夫を生かしながら作成した具体的な計画案である。この学習指導案作成は、主題における「ねらい」を達成するために、何を、どのような順序で、どのような方法で指導し、評価し、さらに、主題に関連する本時以外の指導にどのように生かしていくのかなどの観点からまとめることになる。まとめ方の形式は『中学校学習指導要領解説 特別の教科 道徳編』で「学習指導案は、教師の指導の意図や構想が適切に表現されることが好ましく、各教師の創意工夫が期待される。したがって、その形式に特に決まった基準はないが、一般的な内容としては次のようなものが考えられる」と述べられている。このように学習指導案には定まった形式はないが、一般的には次のような形式が考えられる。

1　年間指導計画
　道徳科の指導が、生徒の発達の段階に即して計画的、発展的に行われるように組織された年間の指導計画。

道徳科学習指導案

　　　　　　　　　　　　　　　　　平成○○年○月○日
　　　　　　　　　　　○年○組（男子○名、女子○名、計○名）
　　　　　　　　　　　　　　　　　指導者　　○○○○

1　主題名　　　　　内容項目
2　ねらい
3　教材名（出典を明記）
4　主題設定の理由
　(1) ねらいに含まれる道徳的価値について
　(2) ねらいに含まれる道徳的価値に関する生徒の実態
　(3) 教材について
　(4) 指導方針
5　学習指導過程（展開）

区分（時間）	生徒の学習活動 教師の主な発問等	予想する生徒の反応	指導上の留意点
導入（○分）			
展開（○分）			
終末（○分）			

6　他の教育活動との関連
7　評価の観点
8　板書計画　　　　　　　　※必要に応じて項立てをして記述する。

学習指導案に示されている各項目の内容は次のとおりである。

(1) 主題名

主題名とは、道徳科の１時間で行う授業の主題に対する名称である。主題とは、「ねらい」と教材で構成されており、これらを端的に表現したものが主題名である。学習指導案には、原則として年間指導計画に記述されている主題名を記すことになる。また、主題名を表した欄に、学習指導要領の内容項目を記述することが多い。

(2)「ねらい」と教材

年間指導計画を踏まえて「ねらい」を記述するとともに教材名を記述する。「ねらい」に含まれる生徒に学ばせたい道徳的価値を教材の内容に即し、より具体的に記述することが望ましい。学習指導要領に示されている内容項目をそのまま記述することがないようにしたい。また、教材名は出典を明記する。

(3) 主題設定の理由

年間指導計画に示された主題構成[2]を確認し、「ねらい」に含まれている**道徳的価値**について、教師のとらえ方を記述する。そして、その道徳的価値に対する、これまでの学級や個々の生徒の実態や教師の**生徒観**を記述する。さらに、使用した教材の特質や取り上げた意図を記述することも必要である。加えて、授業を進めていく際の教師の指導方針を記述する。また、生徒のよい面やさらに伸ばしていこうとする観点から記述することや、生徒の学習場面を想定してより積極的な教材の生かし方などを記述することが大切である。

(4) 学習指導過程（展開）

一般的に**学習指導過程**は、「導入」「展開」「終末」の三段階で区分されることが多い。各段階には、生徒の学習活動、教師の主な発問や指導の意図、予想や期待される生徒の発言や反応、指導上の留意点などを指導の流れに即して記述することになる。

(5) その他の内容

道徳教育は、道徳科を「要（かなめ）」として全教育活動を通じて行うことを基本としているので、他教科や領域との関連を図った指導が必要である。そのため、これらの関連事項についても学習指導案に記述することになる。また、これまで以上に評価の必要性が求められている。大くくりなまとまりを踏まえた評価をしていくなかで、生徒の学習状況や道徳性に係る成長の様子を見取るための評価の視点を設定することが必要になってくる。

そのほかにも学習指導案に記述する事項としては、**板書計画**、座席表の作成、校長や教頭の参加、他の教師とのティームティーチング、保護者や地域の方々の参加や協力等が考えられる。なお、重点的に取り上げる内容や複数時間にわたって指導する場合は、全体的な指導構想のなかでの本時の位置づけについて記述す

2 主題構成
何をねらいとし、そのねらい達成のためにどのような教材を活用するかを構想していくこと。

ることが望ましい。

2 学習指導案作成の主な手順

　主題は「ねらい」と教材で構成されており、基本的には、「ねらい」を達成するために教材がある。そして、適切な教材を選び、学習指導案を作成していく。実践場面では、教師がある教材に出会い、そのなかに生徒に指導したいと思う道徳的価値が含まれていることを感じ授業構想をする場合もあるが、原則的には、「ねらい」を検討したうえで教材を選定していくことになる。このようなことから、学習指導案の作成の手順は、おおむね次のように考えられる。

(1) 「ねらい」を検討する

　基本的には年間指導計画に示されているものを再確認する。そこに記述されている指導の内容が、指導する教師から見て明確になっているか検討する。また、「ねらい」に含まれる道徳的価値が生徒になぜ必要なのか、あるいは、どのような意味で大切なのかを検討するなどして、生徒が学習すべき内容や学習の意図を明らかにしておく。

(2) 指導の要点を明確にする

　「ねらい」に含まれる道徳的価値を明らかにし、指導者として、その道徳的価値をどのようにとらえるのかを明確にしておく。そして、道徳的価値に関する生徒の実態を把握するために、調査したり観察したりすることで生徒の現状を明らかにする。さらに、その道徳的価値に関する各教科等での指導との関連を検討し、明らかにしておく。

(3) 教材を吟味する

　授業者が、生徒に考えさせたい道徳的価値に関わる事項について使用する教科書等の教材にどのように含まれているか検討する。よい教材といわれるものほど、多くの道徳的価値が含まれている。この教材吟味が精緻にされているほど、指導展開が深まる。

(4) 学習指導過程を構想する。

　「ねらい」、生徒の実態、教材の内容などをもとに、授業の展開について考える。「ねらい」や指導内容および教材について生徒がどのように感じたり考えたりするのか、あらゆる角度からその反応を予想する。そして、生徒の考え方を深めるための発問を考え、「ねらい」に迫るための発問を構成していくことが必要である。この生徒の反応の予想が浅い理解にとどまると、生徒の発言が教師の想定をはるかに超え、生徒の発言を生かせない場合も生じる。教師は、自らが発した発問に対する予想する生徒の回答についても、それに対する対応まで想定しておくよう心がけたい。生徒の反応を十分に予測できていない授業は、一方的な授業になりがちで、生徒主体の授業になりにくい。

3　学習指導案作成上の創意工夫

　学習指導案の作成は先述の内容や手順を基本としながらも、生徒の実態や教師のもち味等を生かしながら、工夫していくことが大切である。さらに、次に示す点についても工夫していくことで、授業を円滑に進ませることができ、「ねらい」に迫りやすくなることが考えられる。

(1) 板書計画の工夫

　板書は、教材の内容を理解しやすくし、「ねらい」とする道徳的価値の理解を深めていくのに役立つ。板書計画を立てていくためには、学習指導過程に沿い、教材の内容や学習の意図がよくわかるように整理しておくことが大切である。黒板には、何をどのように書くのか、板書内容のレイアウトも含め構想しておく必要がある。

(2) 事前指導や事後指導の工夫

　「ねらい」についての生徒の意識をアンケートすることにより、実態を把握することが考えられる。また、授業前に次の時間に使用する教材を示し登場人物の言動等について感想を書かせておくことなども考えられる。このことにより、生徒の反応もある程度理解でき、授業展開がしやすくなる。事後指導としては、授業の感想文を家庭学習に課すことなどが考えられる。これらの記述文は、「学級便り」等を通じて、生徒間でも共有できるとよい。

(3) 評価の工夫

　道徳の評価はこれまでも行うことが求められてきたわけだが、これからは**通知表や指導要録**[3]に記入することにもなり、視点を定めて、評価を行う必要がある。**評価の視点**としては、道徳科での学習状況の様子と道徳性の成長の様子の2点が考えられる。つまり、道徳科における学習の取り組みの様子と同時に、何を学びどんな道徳的な変化があったのかを見取ることになる。

　その際、教師による評価とともに**自己評価**を取り入れることが有効である。

(4) 校長、教頭や他の教師、保護者や地域の方々等の参加や協力の工夫

　道徳科の指導は学級担任の教師が行うことを原則としているが、指導の効果が期待される場合には、校長、教頭や他の教師、保護者や地域の方々等に参加、協力を得ることが考えられる。参加を得る場合は、1時間の授業のなかで、どの部分でどのように協力を得るのかを明確にしておき、道徳科の特質に配慮しなければならない。

　これからの道徳科においては、問題解決的な学習や体験活動を生かす指導、複数時間にわたる指導等の多様な学習指導が求められている。このような場合も含めて、学習指導案は、常に創意工夫をしながら、誰が見てもよくわかるように作成していかなければならない。

（富岡　栄）

3　生徒の学籍（氏名、性別、生年月日等）と学習の結果等を記録し、その後の指導や外部に対する証明等に役立たせるための公簿。

◀参考文献▶

- 文部科学省『中学校学習指導要領解説 特別の教科 道徳編』2015年
- 押谷由夫・柳沼良太編『道徳の時代をつくる！』教育出版、2014年
- 日本道徳教育学会『道徳教育入門』教育開発研究所、2008年

中学校 学習指導案 「ねらい」の設定の方法

1 学習指導案における「ねらい」の意義

　道徳科における指導は、**年間指導計画**に基づき行われるものである。年間指導計画には、一般的に「主題名」「ねらい」「教材」「主題構成の理由」「学習指導過程と指導の方法」等が記述されている。そして、各学級においては、この年間指導計画に示されている内容を踏まえ、学級での生徒の実態を考慮しながら主体的に構想して**学習指導案**を具体化していくことになる。この学習指導案で中核をなす部分が「ねらい」であり、道徳科１時間のなかで、生徒に何について考えさせ、何を学ばせたいのかの中心になるものである。それだけに、学習指導案での「ねらい」の設定が重要になってくる。

2 「ねらい」設定の手順

(1) よりよい生き方への願い

　道徳科では、生徒が**道徳的価値**を理解し、その理解のもとに自己の生き方を見つめ、ものごとを広い視野から多面的・多角的に考えることにより、人間としての生き方についての自覚を深めていけるよう指導することが望まれる。このように指導を進めていくうえで、まず、その前提として、生徒がよりよく生きたいという思いに対する温かいまなざしをもつことが大切である。生徒は、よりよく生きたいと願っている。その願いがあるからこそ、道徳的価値に触れたときに、感動し、道徳的価値を志向した生き方がしたいと思うのである。教師は、このように生徒がよりよく生きたいという願いをもっているということを理解することが大切である。

(2) 内容項目の深い理解

　道徳科における指導は、各内容項目に含まれている道徳的価値を直接教え込むことではないが、教師として各内容項目について記述されている内容を十分に理解しておくことが必要である。内容項目についての理解が浅いと、「ねらい」の設定が浅薄なものとなってしまう。さらに、内容項目に対する理解が表面的では、授業中の深みのある生徒の発言や考えをとらえきれず、適切な回答や対応がとれない場合もある。『中学校学習指導要領解説 特別の教科 道徳編』に示された22の内容項目を深く理解しておきたい。

　一般的に、学習指導案での「ねらい」は、各内容項目のなかから１つに限定して記述することになる。しかし、１つの内容項目に限定しても、他の内容項目との関わりがあることが多い。この点からも、「ねらい」を設定する際は、他の内容項目との関連性なども理解しておくことが必要である。さらに、「ねらい」に

含まれている道徳的価値が、各教科や他領域で、どのように関連しているのかを把握しておきたい。

(3) 生徒の実態との関係

学習指導案における「ねらい」は、年間指導計画を踏まえて記述することになる。もちろん、年間指導計画に示されたそのままを転記すればよいということではなく、クラスや生徒の実態を考慮しながら設定することになる。生徒が、「ねらい」に含まれている道徳的価値をどのように理解するのか、あるいはどのように反応するのかを予想することになる。さらに、生徒にとって道徳的価値がこれからの人生のなかでどのように生かされていくのかを検討するなど、道徳的価値を生徒との関わりにおいて吟味していく必要がある。そして、生徒の道徳性の発達を考慮しながら、これからの生徒のよりよい人生へ向けての思いを込めて設定することが大切である。

(4) 具体化と明確化

「ねらい」を設定する際は、具体的に明確に記述したい。ときに、「ねらい」の欄に学習指導要領で示されている内容項目とほとんど変わらない文章を見かけることがある。内容項目の記述は抽象度が比較的高く、1時間の「ねらい」とするには包括的すぎるので、具体的に明確に記述していくことが望まれる。具体的には、教材の内容を盛り込みながら習得させたい道徳的価値について記述することが考えられる。

また、「ねらい」の具体化や明確化は評価との関連でとらえた場合に大切になってくる。つまり、「ねらい」が抽象的であいまいであれば評価がしにくくなる。逆に、具体的で明確になるほど評価もしやすくなる。この視点からも、具体化、明確化は重要である。

(5) 記述の仕方

「ねらい」の記述については、教材の内容を盛り込みながら、期待する生徒の姿をイメージし、より具体的に表すようにしたい。道徳科の目標には「人間としての生き方についての考えを深める学習を通して、道徳的な判断力、心情、実践意欲と態度を育てる」とあるように、道徳性を構成する諸様相である道徳的判断力、道徳的心情、道徳的実践意欲と態度を養うことが求められている。このことから、一般的に、「ねらい」の表現の文末は、道徳科の目標に示されている諸様相との関係から、「道徳的判断力を高める」「道徳的心情を養う」「道徳的実践意欲と態度を育てる」のように、道徳性の諸様相を明示して表現される場合が多い。

ただし、これらの諸様相は、それぞれ独立して存在する特性ではなく、相互に深く関連しながら全体を構成しているととらえられていることから、調和を保ちながら、指導することが重要である。

(富岡　栄)

◀参考文献▶

- 文部科学省『中学校学習指導要領解説 特別の教科 道徳編』2015年
- 田沼茂紀『人間力を育む道徳教育の理論と方法』北樹出版、2011年
- 貝塚茂樹『道徳教育の教科書』学術出版会、2009年

69 中学校　学習指導案の生徒観・教材観・方法観

1　学習指導案における生徒観、教材観、方法観の意義

　道徳科における指導は、**年間指導計画**に基づき、学級の生徒の実態を考慮し作成した**学習指導案**に沿い行うことになる。基本的に、同一学年であれば、年間指導計画に示されている内容は全学級共通である。しかし、学習指導案は、同一の教材を使用して同じ内容項目であったとしても、全学級で同一とはならず、異なることも考えられる。それは、学級ごとに生徒の実態が異なるし、指導者の教材に対する教材観や指導方法が異なるからである。

　学習指導案を作成するうえで、生徒の実態を適切に把握すること、教材のとらえ方や生かし方を検討すること、指導方法を明確にしておくことが大切である。この**生徒観**、教材観、方法観は、学習指導案作成や実際の指導での根幹をなす部分であると考えられるので、よく観察し吟味して自らの方針をもつことが重要である。

2　生徒観

　中学生の時期は、自分の人生について考え始め、人としてよりよく生きたいという願いが強まる時期である。しかし、その思いとは裏腹にときとして反社会的な行為に及んでしまうこともある。また、夢を抱く反面、自暴自棄に陥ることもあり、非社会的な態度を示すこともある。このように心の変化の激しいことが中学生の時期の特徴である。たとえ、表面上は反社会的、非社会的な行為に及んでも、根底ではよりよく生きたいという願いがある。常に、生徒はよりよく生きたいという願いを志向しているという生徒観をもち指導にあたりたい。

　学習指導案に生徒観や生徒の実態を記述する場合は、「ねらい」についての生徒の実態や課題を具体的にあげることが必要である。生徒の実態は、学習指導案に示されている「ねらい」に含まれる**道徳的価値**の観点から記述することになる。ときには学習指導案の生徒の実態の欄に「いつも明るい」「元気である」のような表現を見かけることがあるが、このような学級の雰囲気や行動の様子のみに終始するのではなく、「ねらい」とする道徳的価値についての記述が必要となる。例えば、「ねらい」が「思いやりの心を育てる」であったとすれば、思いやりの観点から生徒一人ひとりやクラス全体の実態を把握していくことになる。

　生徒の実態を把握するには、アンケートなどの調査から見取ることが考えられる。さらに、生徒の日頃の言動をしっかりと観察し、生徒の実態を理解しておくことが重要である。加えて、青年前期の一般的な道徳性の発達について理解しておくとよい。

3 教材観

　道徳科における教材は、生徒が道徳的諸価値の理解のもとにものごとを多面的・多角的に考え、人間としての生き方について考えを深めていく際の素材となるものである。それだけに、教材の内容が道徳科の授業の成否に大きく影響を及ぼすと言える。『中学校学習指導要領解説 特別の教科 道徳編』では、よりよい教材としての具備すべき条件として次の３点をあげている。

> ①生徒の発達の段階に即し、ねらいを達成するのにふさわしいものであること。
> ②人間尊重の精神にかなうものであって、悩みや葛藤等の心の揺れ、人間関係の理解等の課題を含め、生徒が深く考えることができ、人間としてよりよく生きる喜びや勇気を与えられるものであること。
> ③多様な見方や考え方のできる事柄を取り扱う場合には、特定の見方や考え方に偏った取扱いがなされていないものであること。

　教材にはどのような道徳的価値が含まれているのかをよく吟味して分析しておく必要がある。そして、指導者として「ねらい」に含まれる道徳的価値をどのようにとらえるのか、あるいは、その道徳的価値が生徒にとってなぜ必要なのか、どのように役立つかなどを明確にしておくことが望まれる。

4 方法観

　道徳科の指導効果を高め「ねらい」を達成するためには、生徒の実態を考慮しながら、さまざまな指導方法の工夫をすることが大切である。具体的な指導方法の工夫としては、教材の提示の工夫、発問構成の工夫、役割演技や体験的な活動を生かすこと、あるいは**問題解決的な学習**を取り入れることなどが考えられる。また、指導過程の段階では、動作化[1]、実物に触れる活動、視聴覚機器の利用、話合いを深める活動等を取り入れていくことが考えられる。

　道徳科で道徳的価値を考え深めていく方法の一つに話合いの方法がある。生徒は、話合うことを通して道徳的価値を自覚しやすくなる。それだけに、話合いでは、次のことに心がけたい。まず、生徒一人ひとりにしっかりとした自分の考えをもてるようにすることである。他の人の意見を聞くだけで自分の意見がもてなければ話合いは深まらない。そして、話合いにはルールがあることを生徒に理解させることである。他の発言にはしっかりと耳を傾け、内容を咀嚼し、自分との共通点、相違点を明らかにすることなどを共通認識させておくことが大切である。教師として、話合いに対する指導の方針をしっかりともち、それを生徒に理解させる授業を展開していきたい。

（富岡　栄）

1　**動作化**
教材中の登場人物等の動作を模倣する活動。動作化を行うことで、登場人物等を身近に感じたり、実感的な理解を深めたりする。

◀参考文献▶

- 文部科学省『中学校学習指導要領解説 特別の教科 道徳編』2015年
- 押谷由夫・柳沼良太編『道徳の時代がきた！』教育出版、2013年
- 金井肇編『明るく楽しい構造化方式の道徳授業 中学校編』明治図書、2000年

70 中学校 学習指導過程
―「導入」・「展開」・「終末」―

1 学習指導過程の意義と構成

　教師は、道徳科を指導するにあたって主題における「ねらい」を達成するために、生徒の実態を考慮しつつ、生徒が主体的に道徳的価値を理解し深められるよう、1時間の指導計画を立てることになる。この指導の手順が**学習指導過程**である。

　学習指導過程については、『中学校学習指導要領解説 特別の教科 道徳編』で、「一般的には学習指導過程を、導入、展開、終末の各段階に区分し、生徒の学習活動、主な発問と生徒の予想される反応、指導上の留意点などで構成されることが多い」と述べられている。このように、学習指導過程は一般的に三段階で構成されており、各段階の工夫をしていくことが求められている。

2 「導入」の工夫

　「導入」では、生徒の主題への興味・関心を高め、「ねらい」に含まれている**道徳的価値**に意識が向くようにすることが大切である。多くの道徳的価値のなかから、その1時間で考えさせたい道徳的価値へ生徒の意識を向かせることが重要である。もし、生徒の意識が他の道徳的価値に向いたとすれば、話合いの視点が定まらず、深まりもないまま、「ねらい」とした道徳的価値の把握ができなくなることも考えられる。

　まず、導入部分では、「ねらい」とする道徳的価値への意識づけを行いたい。そのための具体的な例としては、「ねらい」と関わって日常での生活経験を想起させることから、意識を高める方法が考えられる。また、アンケート調査を行い、その結果を提示したり、教材に関する絵や写真、DVDや小道具等を見せて視覚的に印象づけたり、音楽CDを使って聴覚的に印象づけたりすることも効果的である。

3 「展開」の工夫

　「展開」では、教師が教材を読んだり視聴覚教材を視聴したりした後、「ねらい」達成のために計画された発問に基づき、ともに考え話合うことになる。そして、生徒は、そのことにより、道徳的価値を理解し深めていく。この段階での工夫としては、次のようなことが考えられる。

(1) 教材提示の工夫

　読み物教材の場合には、教師が読み聞かせることが一般的であるが、教材を録音して聞かせたり、会話部分などでは他の教師と協力して読み聞かせをしたりす

ることなども効果的である。また、教材を通して読むことが基本ではあるが、途中で区切って分けて提示することも考えられるし、教材の一部を削除して提示することも考えられる。このような方法をとるのは、生徒の実態を考慮して、生徒の興味・関心が高まったり登場人物の感じ方、考え方に共感できたり、話合いの活性化が図れたりするなど、より効果が高まることが期待できるためである。

(2) 発問の工夫

　道徳科の指導は、教師の発問の適否で、その指導効果は大きく変わる。発問は、「ねらい」に含まれる道徳的価値を生徒自身のこととしてとらえることができるように生徒の発達段階や実態を考慮し、身近で考えやすいように構成していくことが大切である。発問の構成を考える場合は、まず、「ねらい」に含まれる道徳的価値に迫るための「**中心発問**」を設定することである。次に、それを生かすための前後の「**基本発問**」[1]や「**補助発問**」[2]を考える。このように、全体を一体的にとらえていこうとする手順で発問の構成をしていくことが有効である。

(3) 思考を深めるための工夫

　生徒が「ねらい」に含まれている道徳的価値を自己との関わりにおいてとらえ、そして、その価値に照らして自分自身を見つめていく主体的な学習となるようにすることが大切である。そのための具体的な方法としては、二人一組で行うペアトークや4人程度の小集団による話合い活動、あるいはノートなどを活用し、自分の考えを書く活動を取り入れることが考えられる。

　また、授業形態も話合いが中心となる道徳科では、お互いの表情が見えるような座席の工夫をしたい。例えば、机をコの字型に配置したり、場合によっては、椅子のみを使用して車座になったりすることも考えられる。

4 「終末」の工夫

　「終末」は1時間の学習の整理とまとめを行う段階である。一般的には、教師が説話や体験を語ったり、生徒が感想や学んだことを書く活動を取り入れたり、発表したりすることでまとめることが多い。この段階は、1時間のまとめなので落ち着いた雰囲気のなかで行い、道徳的価値の自覚が図れるようにしたい。ときには、展開の部分で話合いが白熱してしまい、「終末」に十分な時間の確保が難しい場合もある。このような場合は、まとめを家庭学習として課す方法も考えられる。さらに、他教科等との関連を図ることも大切であり、何より自分自身の道徳的成長を確認でき、これからの課題を実感でき確認できるよう工夫をすることが重要である。

（富岡　栄）

1・2　本書124-125頁の「発問の方法」を参照のこと。

◆参考文献▶

- 文部科学省『中学校学習指導要領解説 特別の教科 道徳編』2015年
- 横山利弘『道徳教育とは何だろうか』暁教育図書、2007年
- 柴原弘志編『研究授業中学校道徳』明治図書、2005年

第5部 道徳科授業論の展開

71 道徳科授業論の種類と特徴

1 「質の高い多様な指導方法」の必要性

「特別の教科　道徳」の教科目標を達成するためには、まず何よりも授業方法の改善と充実は喫緊の課題となっている。「道徳的諸価値についての理解を基に、自己を見つめ、物事を（広い視野から）多面的・多角的に考え、自己（人間として）の生き方についての考えを深める学習を通して、道徳的な判断力、心情、実践意欲と態度を育てる」(小学校学習指導要領 第1 目標、カッコ内は中学校)という教科の目標は、まさに道徳科の授業を通じてこそ実現されるべきだからである。

こうした課題に対して、道徳教育に係る評価等の在り方に関する専門家会議は、2016（平成28）年7月22日に「『特別の教科　道徳』の指導方法・評価等について（報告）」をまとめ、これまでの特設「道徳」の時代から蓄積されてきた優れた指導法の共有化とともに、さらなる授業改善の必要性を示した。すなわち、児童生徒の現状や実態を踏まえての効果的な指導を通じて、「自分ならどのように行動・実践するかを考え、自分とは異なる意見と向かい合い議論する中で、道徳的諸価値について多面的・多角的に学ぶ道徳教育への質的転換」を求めたのである。そして「質の高い多様な指導方法」として、以下の三つの学習を例示した[1]。

(1) 読み物教材の登場人物への自我関与が中心の学習

これは、教材の登場人物の判断や心情について自分との関わりを中心に多角的・多面的に考えさせ、そのことを通じて道徳的諸価値の理解を深めさせる学習である。教師は登場人物に自分を投影させて判断や心情を類推させ、自分との関わりのなかで道徳的価値について共感的に理解させていく指導を行う。例えば、「どうして主人公は○○する行動をとれたのか（またはできなかったのか）」「自分ならどう考えるか」「自分ならどう実践するのか」などの発問の活用が考えられる。また、振り返りによって道徳的価値を自分との関係でとらえさせたり、意見の交流によって自分の考えを深めさせたりする学習にもつなげることができる。

だが、一方でこの学習方法には、過度に登場人物の「気持ち」のみを問うことで心情理解の指導に偏ってしまうおそれもある。教師には明確な主題の設定や指導観に基づいた「発問」の工夫が強く求められる。

(2) 問題解決的な学習

道徳的な問題について多面的・多角的に考えさせることで、一人ひとりが生き

---

[1] 道徳教育に係る評価等の在り方に関する専門家会議「『特別の教科　道徳』の指導方法・評価等について（報告）」の別紙1、平成28年。（別紙1は、本書225頁参照）

るうえで出会うさまざまな道徳的価値に関わる問題や課題に対して主体的に解決していける資質や能力を養う学習である。教師は、教材や日常の生活の中から道徳的な問題を見つけさせ、これまでの道徳的価値のとらえ方を振り返らせながら本当の意味や意義への問いをもたせる指導を行う。例えば、「ここでは何が問題になっているのか」「なぜ○○（道徳的価値）は大切なのか」「よりよい解決には何があるか」などの発問が活用される。他者との対話や協働的な学びを通じて、多面的・多角的に考えて議論を深め、問題解決していくなかで新たな価値や考えを発見・創造し、道徳的価値を実現するための資質・能力を育成していく。

この学習では、多面的・多角的な思考を促すための教師の「問い」の設定や適切な教材の選択、そして議論し探究していくプロセスに対する入念な検討や準備が重要となってくる。それらが不十分だと、児童生徒の興味関心が誘発されないばかりか、単なる話合いに終始してしまいかねないからである。

(3) 道徳的行為に関する体験的な学習

役割演技（ロールプレイング）などの体験的活動を取り入れて問題場面について実感を伴って理解させ、さまざまな課題や問題に対して主体的に解決していくことができる資質・能力を養う学習である。例えば、教師は児童生徒に教材のなかの道徳的価値に関わる葛藤場面を把握させた後、ペアやグループをつくって問題場面を役割演技で再現させてみる。登場人物の心理的な葛藤状態や道徳的実践の困難さを理解させたり、多面的で多角的な視点から解決策を考えさせたりすることで、道徳的価値の意味や実現のために重要な点は何かを考えさせていく。

この学習では、児童生徒に心情と行為の葛藤を意識化させるとともに、多面的で多角的な思考を促すための問題場面の設定が重要である。そのために教師には教材への吟味と問題場面の選択に対する入念な検討や準備が求められることになる。それらが不十分だと単なる生徒・生活指導になりかねないからである。

これら三つの学習は、いずれも道徳上の問題を自分の問題としてとらえさせ、主体的・対話的で深い学びを通じて道徳的価値の理解に迫る学びとなっており、それを支える授業方法は今後も重視されなくてはならない。だが、一方で模範的な「型」が示されたというわけではなく、これらはあくまでも「質の高い多様な指導方法」の例示にすぎない点に注意したい。つまり、指導方法はこれらに限定されるべきではなく、場合によっては互いの要素を組み合わせながら複合的に実践することも必要で効果的なのである。学習指導要領の趣旨をしっかりと把握したうえで、各学校や児童生徒の実態を踏まえながら、授業の主題やねらいに応じた適切な指導方法を選択し、工夫していくことが肝要である。

2 代表的な道徳科授業論の種類

特設「道徳」の時代を振り返るならば、これまでは**読み物教材**の登場人物の

「気持ち」を共感的に理解させて道徳的自覚を促す、いわゆる**心情主義**的な授業が主流であった。国語科の物語学習に近いこの授業方法は教師にとっては教えやすく、他者の心情や行為を共感的に理解させるのにも優れており、定番としての授業方法の普及化と発展には一定の役割を果たしてきた。ただし、この方法は定型的な徳目主義の教育に陥りやすいばかりか、心情理解のための「読み取り型」の学習にもなりがちであり、しばしば「道徳」の授業方法の画一化と形骸化を招いたとの批判を受けてきた。

ところが、この状況は近年の海外からのさまざまな授業理論の受容と国内の実践的研究の蓄積が進展するなかで少しずつ改善されてきており、現在の道徳科ではさまざまな授業方法が開発され、実践されている。以下、ここでは近年の代表的な道徳科の授業論の種類とその特徴について概説する。

(1) 「読み物教材」を用いた授業

物語、伝記、エッセイ等の「読み物教材」をもとに、登場人物の心情や行為の変化に焦点を当てて、「なぜ、そうしたのか？」など、変容の根拠や理由を考えさせることで道徳的価値に迫る方法である。基本型となる授業方法である。

(2) 「偉人伝」を用いた授業

「読み物教材」として「偉人伝」を用いる授業である。「偉人」の気高い生き方や考え方、格言等に触れることであこがれや共感を抱かせ、それを自分自身の在り方や生き方の問題として主体的に考えさせていく。

(3) 視聴覚教材を用いた授業

視聴覚教材は、臨場感あふれる授業空間を瞬時に創出することが可能であり、読み物教材のような紙媒体にはない効果が期待できる。近年では市販のソフトだけでなく、地方公共団体制作のものや自作ビデオ等も活用されている。

(4) 問題解決を用いた授業

さまざまな道徳的課題に対して多角的に考えさせ、主体的に判断して実行し、よりよく生きるための資質・能力を育成していく方法である。「この時、主人公はどうしたらよいか」などと発問し、実際の生活経験に生かせるよう指導する。

(5) 構成的グループエンカウンターを用いた授業

意図的に心の交流の場を設定することで、心と人間関係を育む心理学的な手法を用いた授業方法である。エクササイズとシェアリングで構成され、①自己理解、②他者理解、③自己受容、④自己表現・自己主張、⑤感受性の促進、⑥信頼体験、が大きな目的とされている[2]。

(6) モラルジレンマ学習を用いた授業

コールバーグの道徳性発達理論を背景に、判断の根拠となる道徳性をより高い水準に上げることを目的とする方法である。教材を提示して、①モラルジレンマの共通理解、②自己の考えの明確化、③ディスカッション、④道徳判断の段階、

---

2 國分康孝ほか『構成的グループエンカウンター事典』図書文化、2004年、25頁

を踏まえていく[3]。

(7) モラルスキル学習を用いた授業

道徳的には正しい考えをもっているのに、実際には道徳的な行動ができない子どもたちに対し、具体的な行動の仕方をスキルとして教える方法である。①具体的な行動の指導であること、②道徳教育になっていること、を特徴とする[4]。

(8) 役割演技（ロールプレイング）を用いた授業

道徳的問題発生の場面を想定し、複数の者が即興的にそれぞれの役割を動作とせりふで演じて立場や心情を疑似体験させ、実際の発生場面でも適切に対応できるようにする指導方法である。ロールプレイ学習ともいう。

(9) 体験活動を用いた授業

豊かな人間性や社会性等の育成のため、体験的な活動を積極的に取り入れる授業である。自然体験活動やボランティアなどの社会体験活動がある。

(10) 「いじめ」を対象とした授業

「いじめ」の対策には発生を防ぐための予防教育と発生した場合の指導があるが、道徳科は主に前者の役割を担う。「いじめはなぜ悪いのか？」などを十分に議論させ、人間として許されない行為であることを考えさせていく。

(11) 「いのち」を対象とした授業

小学校低学年では生命のかけがえのなさについて理解させ、学年が上がるにつれて生命の連続性や有限性を理解させていく。社会的関係性や他の生命との関係性の側面から、多面的で多角的に生命を考えさせる授業が求められている。

(12) 情報モラルを対象とした授業

情報モラルは、情報社会で適正な活動をするもとになる考え方となる。情報社会の倫理、法の理解と遵守、安全対策、情報セキュリティーなどを中心に、インターネット上のルールや法、マナー等について考えさせる授業である。

(13) 地域教材を用いた授業

各地域に伝わる歴史的事象や伝承、偉人伝などの教材を扱った授業である。地域で生活する児童生徒にとって地域の教材は身近で親しみやすいだけでなく、郷土に対する理解を深め、愛情を高めるものとなる。

以上、これらの道徳科授業論や学習方法はいまだ発展途上の段階にあるものがほとんどであり、分類分けや学問的な追究は十分といえないものが少なくない。しかし、いずれも戦後のわが国の道徳授業の在り方を真摯に追究してきた歴史的成果の一部でもある。今後はこれらから何を学んで継承し、いかに創造的に授業を開発して教科目標に迫っていくのかが問われることになるだろう。このような授業論をいかに授業理論として発展させ、理論的・実践的に高めていくのかが我々に課せられた大きな課題の一つとなっているのである。

(関根明伸)

---

3 同上書、82-83頁

4 同上書、50-51頁

72 読み物教材を用いた授業

1 道徳授業で広く使用される読み物教材

道徳科の授業で使用される教材は、**読み物教材**（伝記、物語・小説・童話、新聞記事・コラム、詩、児童生徒作品等）と**視聴覚教材**等（VTR、絵、写真、音声、実物等）に大別される。

読み物教材には、児童・生徒に深い感銘を与え、道徳的な判断力を高めたり、道徳的な心情を豊かにしたり、人間としての生き方についての考えを深めることなどに適したものが多い。

そのため、道徳の時間が「特別の教科　道徳」となる前から、国、都道府県や市町村教育委員会、民間の教材会社、民間の道徳教育研究団体が開発・刊行した読み物教材が使用されていた。熱心な学校現場を中心に自作（学校作）の読み物教材も開発されていた。このように道徳授業で活用される教材の多くは読み物教材である。

2 読み物教材を活用した多様な授業

道徳科の授業で教科書が使用される場合でも、各学校の道徳教育の充実という観点から、校長の方針、地域や学校の実態等から、教育委員会・学校・民間等が作成する多様で魅力的な教材があわせて活用されることが重要である。

教科書の教材を主として使用する授業においても、補助教材として上記の読み物教材を活用することで、より心に響く授業が期待できる。また、事前事後の指導として上記の教材を活用することで、ものごとを広い視野から多面的・多角的に考える授業が期待できる。

同じ読み物教材には、詩、長文の物語や伝記、戯曲、実話、論説文など多様な形式のものがある。それらを効果的に生かすには、登場人物への共感を中心にした展開だけでなく、資料に対する感動を大事にする展開にしたり、迷いや葛藤を大切にした展開、知見や気づきを得ることを重視した展開、批判的な見方を含めた展開にしたりするなど、その教材の特質に応じて、教材の提示の仕方や取り扱いについて一層の工夫が必要である。

3 主な読み物教材の特徴とその活用

(1) 伝記・偉人伝

多様な生き方が織り込まれ、生きる勇気や喜び・知恵などを感じることができるとともに、人間としての弱さを吐露する姿などにも接し、生きることの魅力や意味の深さについて考えを深めることができる。

活用にあたっては、一部のエピソードだけでなく、その人物の生涯を概観させて、人物が生涯を通して追い求めていたものを自分の生き方にどう生かすかという視点を取り入れたい。

(2) 新聞

新聞記事を素材として開発された資料は、ノンフィクション資料であり、その内容が事実であるからこそ説得力も生まれる。

例えば、いじめに関する記事を読んだ子どもたちは、いじめに対して激しい怒りの感情をもち、子どもを本気にさせ、真剣に考える授業が期待できる。

(3) 詩

詩を作った人のものの見方、考え方、感じ方に触れながら、子ども一人ひとりが内面に目を向けたとき、子ども自身のものの見方、考え方、感じ方も育っていくことが期待できる。

指導にあたっては、短い言葉の中から感じ取ったことを、自分に向けさせる。自分自身の生き方を見つめる目を育てること、道徳的実践力を育てることにつなげていくことができる。

(4) 物語・小説

人間の善き心に感動したり悪しき心を憎んだり、人間の生き方にはいろいろな見方考え方があることを知り、自分の見方考え方を拡充することができる。

指導にあたっては、児童・生徒の発達に適しているかという質的条件と、時間内で取り扱えるかという量的条件も考慮する必要がある。

(5) 漫画

自分から読み始めるほど子どもにとって魅力ある教材であるとともに、視聴覚教材としての側面もある。

漫画を使った授業は、道徳的な論点を含む漫画（4コマ漫画等）を資料として行う授業と作文やコラム等の文章を漫画（イラスト）に表し、それを資料として行う授業が考えられる。

(6) 郷土資料

子どもの成長にとって、自分を生み育ててくれた郷土を愛し誇りをもつことは大切である。郷土を愛することは、自尊感情を高めるとともに、そこに生きる人々を愛し、国を愛し、世界の人々を愛することへとつながっていく。

郷土資料の多くは、先人、自然、文化、民話伝説などを資料化したものである。それらのどれからも子どもたちは共有感を味わい郷土への愛着を深めていくことが期待できる。

（前田哲雄）

◀参考文献▶

- 文部科学省『中学校学習指導要領解説 特別の教科 道徳編』2015年
- 文部科学省『中学校学習指導要領解説 道徳編』2008年9月
- 押谷由夫・宮川八岐編『道徳・特別活動 重要用語300の基礎知識』明治図書、2000年

73 読み物教材を用いた授業の展開例①（小学校）

1 **主題名**　本当の親切を見つけよう！　中学年B(6) 親切、思いやり
2 **教材名**　「心と心のあく手」（文部科学省『わたしたちの道徳　小学校3・4年』）
3 **ねらい**

　教材「心と心のあく手」を通して、困っている相手の状況を吟味して的確にとらえ、自分のとりうる行為を考えて判断することができるようにする。

4 **主題設定の理由**

①ねらいとする価値について

　人は、困っている人を見れば、何とかしないではおれないという心が働く。その思いやりの心の動きに基づいて行われる具体的な行為が親切である。しかし、人は時として、親切にしようとする際、親疎や利害損得などが阻害要因となり、親切な行為に移せないことがある。親切にする際、相手の状況を把握し、気持ちを推し量り、阻害要因を乗り越えて、自分のとりうる最善のことをしようとすることが必要である。

②児童の実態

　本学級の子どもたちは、低学年の子どもが転んで泣いていたら、「大丈夫。」と駆け寄り、優しくなぐさめ、保健室に連れて行くことができる。しかし、親切にしようとして断られると、その理由がわからずにショックを受け、落ち込むことがある。また、年長者や知らない人に対してはそれほど積極的にはなれない実態がある。

③主な手立て

　道徳的問題場面における自己の決定した行為と根拠を書く活動やそれをもとにした対話活動を通して、相手の状況や気持ちを推し量り、相手の本当に望むことを吟味して親切にする大切さをとらえることができるようにする。

5 **板書計画**

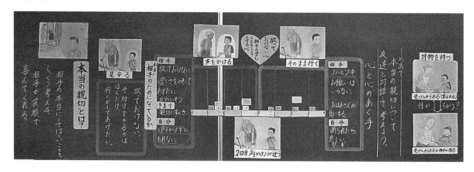

6 本時の展開

活動と内容	指導上の留意点
1　2枚の絵をもとに、自分の日常生活の中の親切について考え、本当の親切について話し合う。 　○親切、思いやりについての気がかりをもつこと 　――　めあて　―― 　本当の親切について、友達と対話して考えよう。	○2枚絵（親切にして断られる絵・受け入れられる絵）のペアを提示することで、親切や思いやりに関する気がかりをもつことができるようにする。
2　教材（資料）「心と心のあく手」を読み、親切、思いやりの大切さについて話し合う。 　(1) おばあさんに声をかけるか声をかけないか自己選択しその理由について話し合う。 　　○親切についての自分の傾向性を明確にし判断すること 	声をかけない　⇔　声をかける | 	・手助けは必要ない（リハビリ中） ・そのまま見守るのが一番親切（思いやり）	・放っておけない ・助けるのは、私しかいない（思いやり） | 　　　　　　大集団による対話活動 　　　　　　　　⇩ 　本当に相手のためになるのはどちらだろう？　主人公はどうしたのだろう。知りたい！ 　(2) 教材（資料）後半を読み、主人公の行為や考えから本当の親切をするために大切な心について話し合う。 　　○放っておけない心から見守る大切さに気付くこと 　　　・おばあさんが気になって仕方がなく、放っておけないから見守り続けた。 　　　・見守ることがこのぼくの本当の親切だと考えた。	○炎天下でおばあさんに再度出会った主人公のとった行為について想像し、声をかけるか声をかけないか自己選択し、その根拠について記述して、それをもとにペアで対話することで、多様な価値観を表出することができるようにする。 ○全体で交流することで対話活動で付加・修正された考えについて明らかにすることができるようにする。 ○おばあさんを心のなかで応援し続ける場面のはやとの気持ちを考え、全体交流することで道徳的価値をとらえることができるようにする。
3　本当の親切について自分の考えをまとめる。 　(1) 級友や自分の行動で、親切にできたことを紹介する。 　　○自分や友達に思いやりの心を見つけること 　　　・本当の親切は、相手の望むことを考えた親切 　(2) 教師の説話をもとに思いやりの心について話し合う。 　　○教師の説話をもとに感得した価値の実現をめざしていこうとする実践意欲を高めること	○実践できたことを紹介して自己評価することで、自分の心のなかに思いやりの心を発見することができるようにする。 ○児童の様子を紹介することで実践意欲を高める。

7　授業評価の観点

①道徳的価値（親切、思いやり）を自分との関わりでとらえているか。自分の体験と結んで具体的に発言したり、記述したりしているか。（自我関与）
②問題場面について他者と多様な見方・考え方で交流しているか。（多面的・多角的な考え）
③自己の生き方について考えを深めているか。（自己課題）

（木下美紀）

74 読み物教材を用いた授業の展開例②（小学校）

1 主題名　　誠実な心で　高学年A（2）正直、誠実
2 教材名　　『手品師』文部省資料
3 ねらい

　教材『手品師』を通して、自分の約束したことについて誠実に表現することが明るい生活につながることの大切さについてつかむことができる。

4 主題設定の理由

①ねらいとする価値について

　　誠実とは、自分自身の心を偽らず、まっすぐ表現することである。しかし、人は、自分の都合を優先したい（自己中心）等により、一度言葉に発したことを違えてしまうことがある。このような心の弱さを乗り越えて、自分の心に誠実に生きようとする姿は、自己の生活も明るくし、他者の心にも共感をもたらし、その結果ともによりよい生活を送ることを可能にするに違いない。

②児童の実態

　　本学級の子どもたちは、約束を守ることの大切さは知っている。また、努力して守ろうとしている。しかし、約束をしても、ほかの用事ができたら、それを優先してしまうことがある。これらは、約束によって他者へ及ぼす影響に気づいていないからだと考える。そこで、心の弱さを乗り越え、自分の心に誠実であることの爽快感から、誠実であるからこそ、自他の明るい生活ができることを感得させ、誠実に生活しようという態度を育てたい。

③主な手立て

　　本主題の指導にあたっては、道徳的問題場面における主人公の葛藤について共感して書く活動やそれをもとにした主人公の判断した要因を話し合う対話活動を通して、約束したときに生じる自己内や相手の状況や気持ちを考慮し、自分の心に誠実に行動する大切さをとらえ、実践しようとすることができるようにする。

5 板書計画

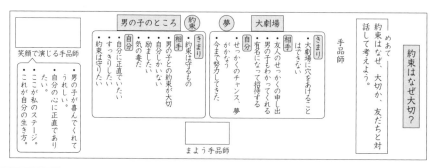

6　本時の展開

活動と内容	指導上の留意点
1　日常の生活を想起し、約束について話し合う。 　○正直誠実についての気がかりをもつこと 　**めあて** 　約束はなぜ大切か、友達と対話して考えよう。	○「約束」の言葉カードから正直誠実についての気がかりをもつことができるようにする。 ・約束はなぜ大切か？ ・約束より大切なことが出てきたらどうするか？
2　教材（資料）『手品師』を読み、正直、誠実の大切さについて話し合う。 　(1)　友達の申し出を受け入れるべきかどうか迷う手品師の心情について話し合う。 　　○迷う手品師の心情に共感する 　　| 受け入れる ⇔ 断る | 　　| ・チャンスをつかみたい ・自分の心がすっきりしない | 　　| ・男の子もわかってくれる ・約束は守るべき | 　　| ・男の子も招待できる ・男の子との約束を果たしたい | 　　| ・せっかくの友達の申し出 ・チャンスはまたくる | 　(2)　友達の申し出を断った手品師を支えた心について話し合う。 　　○自分の心に誠実に行動することの大切さに気づくこと 　　・男の子が喜んでくれてよかった（対相手） 　　・自分の気持ちがすっきりする（対自分） 　　・ここが私の劇場だ（生き方）	○手品師が友達の申し出を受けるか迷う場面で大劇場に行こうか、男の子との約束を守るか揺れ動く手品師の心情に共感することができるようにする。迷いを左右に板書して整理しておく（板書の構造化）。 ○手品師が一人の客（男の子）の前で演じている場面において、グループによる小集団における対話の後、クラス全体で交流する場を設定する。 ○手品師の心を「対自」「対他」「対規範」に分けて板書し、ふくらんだ心を考えることができるようにする。
3　誠実について自分の考えをまとめる。 　(1)　級友や自分の行動で、誠実にできたことを紹介する。 　　○自分や友達に思いやりの心を見つけること 　(2)　教師の説話をもとに思いやりの心について話し合う。 　　○価値の実現をめざそうとする実践意欲を高めること	○実践できたことを紹介して自己評価し、自分の心のなかに正直誠実の心を発見することができるようにする。

7　授業評価の観点

①道徳的価値（誠実）を自分との関わりでとらえているか。自分の体験と結んで具体的に発言したり、記述したりしているか。（自我関与）

②グループ内の対話活動において、自己の考えを根拠をもとに発言したり、友達の意見を取り入れたりして、友達の意見をつけ加えたりして交流しているか（多面的・多角的な考え）。

③自己の生き方について考えを深めているか（自己課題）。これからなりたい自己像。

（木下美紀）

75 コラム――もうひとつの「手品師」

1 児童の判断力から内容項目に迫る学習を

「手品師」という教材（小学校高学年向け）は、これまでの道徳の時間の学習において、名作資料という評価と同時に、「心情主義的ではないか」「教材と児童の生活とがかけ離れていて、実践が形骸化していないか」などさまざまな批判もあった。そこで、一般的な授業展開のパターンとは異なる実践事例を紹介する。

誠実について考えるのが学習の「ねらい」である。児童にとって、誠実という言葉は耳にしたことがあっても、「何をもって誠実というのか」について明確ではないので、導入では、辞書に書かれている言葉の意味から入った。資料範読後の感想交流では、主人公の手品師に対して肯定的な意見が出されたが、学級の3分の2くらいは、何か納得のいかないような雰囲気だった。そこで、「『手品師はすばらしい』と感じたみなさんを否定するものではないけれど、多くの人の『うーん』という感じはなぜなのかな」と、投げかけた。児童からは、「手品師の行動が間違っているというわけではないけれど、ほかの方法もあると思う」という意見が出された。そこで、「手品師は、どういう行動をとるのが一番だと思うか」と発問した。

この問い方は、「問題解決的な問い」のパターンである。これまでのセオリー[1]では、「直接の行動を問うような発問は、道徳の時間の学習では行うべきではない」とされてきた。しかし、ねらいに対する自らの判断を直接的に問う発問だから、「男の子の前で手品をするという行動がベストである」と考える児童たちも含めて、自らの考えと友達の考えを多様に交流することができる。実際に児童は、「大劇場に行ってから改めて男の子のところへ行く」や「男の子を連れて大劇場に行ってはどうか」「まず、男の子の親を一緒に探す」など、手品師がとるべき

[1] 一般に「資料の範読は教師がすべし」、「発問では、なぜと問うてはならない」など、道徳の時間の学習において「かくあるべし」とされ広まってきたものを指す。
過度に執着することで、指導方法の工夫の妨げになる場合がある。

授業での板書例

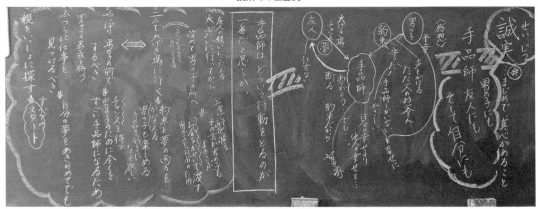

だと判断した行動について、それぞれの根拠を明確にして話し合うことができた。

　意見交流をしたうえで、「いろんな意見が出てきたけれど、一見反対の意見であっても、その根底に流れている共通するものってないかな？」と問うと、児童たちは、「どの意見も、男の子、友人、自分のことすべてに対して、よりよい方法はないかを考えようとしている」と気づいた。先ほどの発問で、「なぜ、そういう行動をとるのか？　それは何のためか？　誰のことを考えているのか？」について、繰り返し問い返したことが、効果的だったのだろう。児童は、「誠実というのは、相手のためってことだけでなく、自分のためってことも考えてこそなんだ」という考えにいたった。最後は、「自分にとって誠実に生きるとは？」について考えをまとめて終わった。

　手品師という教材を通して、学習のねらいである「誠実」について、それぞれの**道徳的判断**に基づいた意見を交流したが、そのなかで、互いの考えの違いを認め合いながらも、その違いの根底に流れる共通性について考えることができた。「誠実」のもつ意味について、(これまでの教材を用いても)授業の構成や発問の工夫によって**考え、議論する**道徳の実践は可能なのである。

2　学習指導過程（概略）

活動と内容	教師の支援
1．誠実とはどんなことかを考える。 2．「手品師」を読み、感想を交流する。 3．手品師はどのような行動をとるのが一番だと思うか。 ・大劇場に行ってから、改めて男の子の所へ行く。 ・男の子を連れて大劇場へ行く。 ・大劇場はあきらめて、男の子の所で手品を見せる。 ・大劇場はあきらめて、男の子の親を一緒に探す。 4．いろいろな意見に共通するのはどんなことだろう。 ・すべての考えが、男の子、友人、そして自分も大切にしようと考えること。それが誠実かもしれない。 5．自分にとって、「誠実に生きる」とはどういうことか、考えをまとめる。	○手品師の教材文を読んで感想を交流するなかで、手品師の行動や判断について、児童が考えを深められるようにする。 ○手品師の行動や生き方について、「誰のため」「何のため」の行動なのかについて補助発問をすることで、児童が根拠を明確にして意見を交流することができるようにする。 ○多様な意見の交流から、互いの立場の違いについて認めつつも、そこに共通するものを考えさせることで、「誠実に生きる」とはどういうことかについての考えを深めさせる。

（木原一彰）

76　「偉人伝」を用いた授業

1　偉人伝を活用することの意義

　道徳科の目標に示されている、「自己を見つめ、物事を（広い視野から）多面的・多角的に考え、自己（人間としての）の生き方についての考えを深める学習」を実現するためには、抽象的・観念的なものを通じてよりも、具体的な人間をモデルにする方がわかりやすい。

　例えば、「努力と強い意志」や「真理の探究」といってもイメージできにくいが、野口英世[1]や湯川秀樹[2]の学究生活を知ることによって、児童生徒は直覚的な方法でその意味を学ぶことができる。また、人間の在り方を正面から考える授業は、児童生徒が偉人の言葉を自らの言葉として使用するとともに、それを思考や活動に生かすようになる。

　このように考えると、偉人伝が道徳科の授業に与える効果として、①道徳的価値の大切さや意味を模範となる人物を通して学ぶことができる、②自分を見つめる鏡としての役割が期待できる、③道徳的な判断軸が得られる、④原初的な心的エネルギーが湧出される、の４点をあげることができる。

　ここで重要なことは、児童生徒の目を登場人物の内面に向け、それを追体験しながら自己内対話[3]へといざなう授業を提示することである。

2　人物教材を生かす主題構成

　主題構成にあたって最も大切なことは、人間のまことの姿を見抜く教師の洞察力である。一般に、私たちは、偉人たちの輝かしい成功ばかりに目を奪われるが、児童生徒の心を惹きつけるのは、彼らの無名時代の孤独や不安であり、信念を貫く覚悟を決めた瞬間である。例えば、南方熊楠[4]の研究内容について理解はできないかもしれない。しかし、苦学して学を成した博物学者ゲスネルを目標に、「吾れ欲は日本のゲスネルとならん」と自らを奮い立たせた南方熊楠の苦悩のプロセスには、児童生徒は十分に共感できる。逆にそれを推し量れなかったら、人物教材は人間不在の味気ないものになってしまう。

　そう考えれば、ある人物に関心をもってその事跡を調べる場合、授業に扱う道徳的価値ではなくて、「この人間の生涯を貫いたものは何であったのか」という、生き方の根本に迫る文献の読みや取材を意味することがポイントになる。

　また、対象人物の人となりを知ることは、作品の主題や授業展開を考えるうえで大いに役立つ。例えば、人物が残した手紙や日記を読むことで、その人物の人間性や素顔に触れられるし、好きな食べ物や趣味を調べることを通して人物との心理的な距離を縮めることができる。いずれにせよ、教師も授業で扱う人物の伝

---

[1]　野口英世(1876-1928)
　細菌学者。福島県生まれ。ロックフェラー医学研究所員。アフリカ西部のアクラで黄熱病原研究の際に感染して病没。

[2]　湯川秀樹(1907-1981)
　理論物理学者。東京生まれ。中間子の存在を予言し、素粒子論展開の契機をつくった。1949年、日本人初のノーベル賞（物理学賞）受賞。

[3]　道徳科の授業の特質は、児童生徒が自分の心と向き合うことにある。このことが教師に十分に理解されないと、「教える」ことに意識が向き、授業は児童生徒にとって退屈でつまらないものになってしまう。

[4]　南方熊楠(1867-1941)
　博物学者。和歌山県生まれ。粘菌を研究し、民俗学や考古学に精通。「知の巨人」や「歩く百科事典」などと称された。

記を読んでおくことが最低限必要になる。

3 偉人と対話する授業づくりの構想

　人物教材からの児童生徒の学びは、どうなるかわからない未来に向かって生きた偉人たちの営みを、自分が同時進行形に生きているかのように追体験することである。そのような児童生徒の心の求めに応える授業を構想するために、次のような指導過程を考えてみた。

	学　習　活　動
事前	・次回の授業に登場する偉人を知る。 ・偉人の人となりや事跡について調べる。
道徳授業	①各自が把握した人物像を発表する。 ②偉人の生き方を貫いたもの（信念）について意見を交わす。 ③友達と話し合いながら教材中の偉人の生き様を追体験し、自分自身との対話を深める。 ④偉人の「その後どうなったか」や「後世の人々に与えた影響」について知る。
事後	・教室に掲示された偉人の顔写真や言葉を見る。 ・伝記を読み、感想を交流する。

　授業では、事前に児童生徒自身が把握した学びを効果的に用いるとともに、偉人が生涯を通して貫いたものについて、本時の「ねらい」と対応させた教材の読みがポイントとなる。そこでは、「塙保己一の心に生まれたひとつの決意とは何だろう」や、「ファーブルの昆虫記がおもしろいのはなぜだろう」など、児童生徒の心のなかに生まれた課題を追求できる発問を提示したい。

　その際、「本当にやり抜けると思っていたのだろうか」とか、「心のどこかに有名になりたいという気持ちはなかったのだろうか」など、児童生徒が把握した人物像に揺さぶりをかける補助発問を用意しておくと、自らの課題意識を追求していくかたちで自分への問いかけをより深めることができる。

　また、教材のなかの世界に入り込むほど、人物に対する児童生徒の関心は「その後どうなったか」という点に及ぶことになる。登場人物の全生涯を知りたいということは、その人間を自分のなかにもっと取り込みたいという心の求めである。そう考えると、NHKで放映された「プロジェクトX」[5]のように、登場人物が残した言葉や後世の人々に与えた影響を番組のエンディングで紹介するテレビ制作の手法を授業の終末に用いるのも効果的である。

　「偉人伝」は理想を実現しようと懸命に生きた偉人たちの足跡である。どうなるかわからない未来と、真正面から向き合って生きた人間の苦悩や覚悟に満ちた営みが、児童生徒を自己内対話という思索の世界に、事実の重みをもって導くのである[6]。

（林　敦司）

5　2000年～2005年にNHKで放送された「プロジェクトX 挑戦者たち」。困難を乗り越え夢を実現させた「無名の日本人」たちの姿は、全国で感動を呼んだ。

6　唐澤富太郎は、伝記が人間形成に与える影響として、「小説が結局『作られたもの』であるのに対し、正しく書かれた『伝記』は、『事実』の重味を持ち、正しく書かれた『自叙伝』は、それに加えて『体験』の重味を持って読者に迫る」と述べている。

◀参考文献▶

・唐澤富太郎『道徳教育原論』協同出版、1978年
・林敦司『道徳教育と江戸の人物学』金子書房、2014年

「偉人伝」を用いた授業の展開例（小学校）

1 **主題名**　　主題名　人間として生きる喜び【5年：よりよく生きる喜び】
2 **教材名**　　ヘレン・ケラーを発奮させた日本人（林敦司『道徳教育と江戸の人物学』金子書房、2014年）
3 **ねらい**

　世の人のためにひたすら学問に打ち込んだ塙保己一[1]の気高い心を感じ取り、そうした生き方にあこがれながら、よりよく生きていこうとする心情を育てる。

4 **本教材の特徴と活用のポイント**

　ヘレン・ケラーの名前は多くの児童が知っているのに、塙保己一を知る児童はそう多くはない。その意味では、ヘレンが終生心の支えとし、生き方の手本とした人物が日本人だったということは、児童に新鮮な驚きと感動を与えると思われる。

　教材の活用にあたっては、保己一の決意や思いを深く想像しながら、周囲にいる人をも動かすものが何であったかに着目させ、よりよく生きることの意味を深めさせることがポイントになる。

①全体の人間像から迫る

　授業中の児童の思考は、本教材がもつ特徴として、「希望と勇気」や「努力と強い意志」の価値群に傾斜することが予測される。ただし、これを無理に修正しようとするとかえって教材のもつ魅力やおもしろさが損なわれるので、本授業ではあえてそうした考えも大切に扱うことにする。そして、複数の道徳的価値を含んだ塙保己一という人間の全体像から、人間として生きる喜びを感じ取らせるようにする。

②自分自身との対話を深める

　本授業は、課題意識を追求していくなかで、自分への問いかけをどう深めるかがポイントになる。そこで、発問①で「保己一はどんな覚悟で学問に打ち込んだのだろう」と問うことで、児童自身がまず自らの人物観察眼をもとに課題を明確にし、それを学級全体の課題へと広げていく展開を考える。また、発問②（中心発問）では、「保己一の心に生まれたひとつの決意とは何だろう」と問い、保己一の私心のない学問への姿勢を自分の生き方と比較しながら深めさせる。

③人物が生涯を貫いたものに目を向ける

　児童が塙保己一の生き方にひかれるのは、ただ単に目の不自由な人間が努力して学者になったとか、たくさんの本を出版したという事実だけでなく、そのような行動を内面から支えてきた「後世の人びとのために」の思いに胸を熱くするからである。この保己一の思いを、授業のなかで意識しつづけることが重要になる。

5 本時の展開

学習活動	主な発問と予想される反応	指導上の留意点
1 各自が把握した塙保己一像を発表する。	1 塙保己一とはどんな人物だろう。 ・熱心に勉強した。 ・くじけないでやり抜いた。 ・前向きに生きた。	1 心に残ったエピソードや逸話をもとに、保己一との出会いを自由に語らせる。
2 保己一の生き方を貫いたものについて意見を交わす。	2 保己一が生きるうえで大切にしたものとは何だったのだろう。 ・つらくても努力をすること。 ・世の人の役に立つこと。	2 そこまで勉強したかったのはなぜかという視点から、保己一の人生のテーマを考えさせる。
3 教材中の保己一の生き方について話し合い、自分との対話を深める。	3 教材を読んで話し合おう。 ○保己一の心に生まれたひとつの決意とは何だろう。 ・学問を世のため、人のために役立てたい。 ・後世のために必ず『群書類従』を完成させる。	3 多くの人々が保己一の学問を助けたことについても触れる。
4 保己一の「後世の人びとに残したもの」について、教師から話を聞く。	4 保己一の生き方は、後世の人びとにどんな影響を与えたのだろう。 ・日本最初の女医の誕生 ・温故学会に保存されている『群書類従』の版木	4 ICT機器を効果的に活用しながら、感動と余韻をもって終わる。

6 板書計画

塙 保己一（はなわ ほきいち；1746-1821）

江戸時代の盲目の大学者。努力して学を成した後は、和学講談所という学校をつくり、多くの人に学問を教えるとともに、41年の歳月をかけて『群書類従』という666冊の文献集を編纂した。
1937年に初来日したヘレン・ケラーが、塙保己一を目標に今日まで努力してきたことを明かしたことは有名である。

塙保己一総検校正装画像（住吉内記藤原広定画／温故学会所蔵）

◀**参考文献**▶
・林敦司『道徳教育と江戸の人物学』金子書房、2014年
・堺正一『奇跡の人 塙保己一 ヘレン・ケラーが心の支えとした日本人』埼玉新聞社、2001年

（林 敦司）

78 視聴覚教材を用いた授業

1 「定番」としての視聴覚教材

　道徳の授業実践において**視聴覚教材**、とりわけテレビ放送などの映像教材は大きな位置を占めてきたといえる。教職を志望する学生たちに小・中学校時代の「道徳授業の記憶」を尋ねると「テレビ番組やビデオ等の映像資料を見た」と答えるケースは一定数を占める[1]。だが、この場合の「記憶・印象に残っている」ということは、必ずしも学生たちがそのような授業を積極的に評価していることを意味しない。むしろ、「映像を見て、何か感想を述べる」という定型化された手法への批判的視点を多分に含んでいる。視聴覚教材には、それが教師にとって「手っ取り早く用意できる」ものであり、「読み物資料以上に子どもたちの関心を喚起できる」ために「定番」教材として多用されるというイメージ――児童生徒の側からすれば「映像を見せて、感想や意見を述べるだけ」という印象――がつきまとっている。そのようなイメージを払拭し、道徳授業における有効活用を図るには、視聴覚メディアの教材的意義と、それを媒介として行う児童生徒の学びの可能性について考察する視点が必要となる。

2 視聴覚メディアの教材的意義

　視聴覚教材とは、広義には印刷教材（読み物資料）以外の、実物、標本、模型、写真、絵、紙芝居、スライド、さらにラジオ、映画、テレビなどを介した教材を一括した呼称である。教育・学習活動におけるその活用意義は、主として教育における〈経験〉重視の観点から論じられてきた。すなわち、「単に理解や記憶を容易にするだけではなしに、学習者の感覚に訴え、豊かな経験を通して、学習を意味あるもの」[2]にする点に、視聴覚教材の意義は見いだされるということである。書物で抽象的・断片的理解に陥りがちな学校での知識獲得の過程に対して、視聴覚教材は具体的・直観的なかたちで情報を提示することにより、感情的作用と遊離しないかたちでの知識理解を促進する[3]。また、児童生徒に、現実には経験することが困難な行為を間接的に追体験させ、言語よりも具体的なイメージを与えて、知的好奇心や主体的な学びへの意欲を喚起する。そのような強みを視聴覚教材はもっている。

　したがって、道徳教育の面からも、視聴覚教材を活用する意義は十分に見いだされる。視覚・聴覚に訴える多くの情報を含んだ教材によって豊かな事実認識を保障し、ものごとを多面的かつ興味深く見せる工夫を凝らした授業実践は、読み物資料のみに頼った（ただ資料を読んで感想や意見を述べるだけの）言語主義一辺倒の教育を脱して、創意ある道徳（科）教育の可能性を開くことにつながるからであ

1　『過去の道徳授業の印象に関する調査――教職科目「道徳の指導法」の受講学生を対象として〈結果報告書〉』（東京学芸大学「総合的道徳教育プログラム」推進プロジェクト・企画ミーティング、2013年2月）などを参照されたい。

2　文部省編『視聴覚教材利用の手びき』教育弘報社、1952年。および、「第4章　教材・教育メディア研究」日本教育方法学会編『教育方法学研究ハンドブック』（学文社、2014年）を参照。

3　例えば、戦場や飢餓の光景を映した写真や映像を見て、その悲惨な状況を知るだけでなく、「ひどい」「状況を変えたい」といった感情を抱く、そのような筋道を想定できる。

る。学習指導要領では、「児童（生徒）の発達の段階や特性、地域の実情等を考慮し、多様な教材の活用に努めること。…児童（生徒）が問題意識をもって多面的・多角的に考えたり、感動を覚えたりするような充実した教材の開発や活用を行うこと」[4]と述べ、映像メディアを含む多様な教材を広く求める姿勢を教師に求めている。もちろん、視聴覚教材を用いることで直ちにこのような可能性が開けるわけではなく、従来の道徳授業と同様の問題——教師が期待する映像ストーリーの「読解」へと形式化してしまうか、単に感想を述べて終わるだけの「言いっぱなし」授業に帰結する可能性——は残されている。実践の質を根本的に左右するのは、他の教材の場合と同様、それを活用する教師の教材解釈と実践的指導力だということは自明であろう。

3 視聴覚教材のデジタル化とこれからの道徳授業

　PCやスマートフォンなどの普及でデジタルメディアが浸透しつつある現在、学校教材にも電子教科書をはじめとしてデジタル化の波が押し寄せている。映像教材の定番であったNHK学校放送もデジタル化が進展し、学習者はオンデマンドで放送番組を視聴することが可能となった。道徳関連では「道徳ドキュメント」など児童生徒の発達の段階に対応した番組が配信され、番組自体をネット上で閲覧できるのみならず、教師が指導計画を立てる際に役立つツール（指導用資料や指導案・ワークシートなど）も閲覧・ダウンロードできるようになっている[5]。子どもの授業外学習のみならず、教師の実践研究にも効果的な活用基盤が放送教育においては整備されている。「一回しか視聴できない」（一回性）や「定時以外には利用できない」（定時性）、「多数を画一的に制約する」（画一性）など視聴覚教育の弱点とされてきたこれらの指摘はもはや過去のものである。反転授業への高い注目が示すように、説明中心の一斉授業から能動的学習（アクティブ・ラーニング[6]）へと転換が求められている時代の趨勢からすれば、これからの教師には「（授業でいかに教えるかではなく、授業外学習も含めて）子どもの学びをどうデザインするか」という課題と関わって、デジタル教材を含むICT活用指導力の向上が一層求められるといえよう。

　「道徳ドキュメント」では、ごみの不法投棄やペットの殺処分など、我々の身近に存在する社会問題の提示を通して「キミならどうする？」との問いかけがなされる。これは単に個人の内面的葛藤を促すだけではなく、今まで知らなかった深刻な社会現実の一端を知ることを通して子どもの視野を社会へと開き、知的関心や問題意識を呼び起こすことも企図されている。事実の力がもつ学びの誘発可能性——家庭で親に尋ねたり、図書館に行って自分で本や新聞から情報を探したりするなど、校外での自主的な学びを促す——という点からも、道徳授業における視聴覚教材の意義が考察される必要がある。

（佐藤高樹）

4　小学校および中学校『学習指導要領』（2017年3月）、「第3章　特別の教科　道徳」の「第3　指導計画の作成と内容の取扱い」の3。

5　"NHK for School"ポータルサイト（2011年3月～）。http://www.nhk.or.jp/school/

6　大学教育で使われ始めた用語。教員による一方的な知識伝達型の講義ではなく、PBL（project / problem based learning）やディスカッションなど、学習者の能動的な学習参加を取り入れた授業形態の総称。

◀参考文献▶

・NHK道徳ドキュメント制作班『NHK道徳ドキュメント』（1〜5）汐文社、2008年
同DVD教材、NHKエンタープライズ、第1期（全3巻）2008年、第2期（全3巻）2012年

・土田雄一・山田真・林泰成編『NHK道徳ドキュメント モデル授業——感動・葛藤から学ぶ新しい道徳の実践』図書文化、2008年

79 視聴覚教材を用いた授業の展開例（中学校）

1　**主題名**　「より高い目標を実現するには？」（A　希望と勇気、克己と強い意志）

2　**ねらい**　より高い目標を設定し、困難や失敗を乗り越えて着実にやり遂げようとする態度を養う。

3　**主題設定の理由**

①ねらいとする価値

　誰しも自己の向上を願いながら、一度きりの自分の人生を豊かで充実したものにしたいはずである。そのためには常により高い理想や目標を掲げて自己実現に努力し、目標達成の喜びや充実感を感じながら自分自身を創り上げていくことが大切である。しかし、困難や失敗に直面すると往々にして挫折感や無力感に襲われ、当初の目標は見失いがちとなる。目標実現のためには自分に正対して夢や希望を再確認し、克己心をもつことの大切さを考えさせたい。

②生徒の実態

　中学生の時期は自分自身を客観的に見つめ始め、よりよい生き方や理想を求めて自分を変えたいと思う頃である。将来の進路の希望や夢を具体的に抱きながら、それをかなえるには確固たる目標を立てて努力することの大切さも十分理解している。しかし、想定外の失敗や困難によって自信を喪失し、目標を貫徹できずに充実感や達成感が得られない生徒は少なくない。弱い自分に向き合おうとせず、目標から安易に逃避してしまいがちな実態がある。

4　**DVD教材**　『ツッパリ生徒と泣き虫先生──伏見工業ラグビー部・日本一への挑戦』（NHKエンタープライズ『プロジェクトX　挑戦者たち』DVD-BOX第3期より。なお、初回放送は2000年1月）

5　**DVD教材の概要**

　1970年代、京都に「京都一荒れている」といわれた問題の多い高校があった。伏見工業高校である。1974（昭和49）年4月、この学校に元ラグビー日本代表の山口良治が体育科教師として赴任し、ラグビー部顧問となる。しかし、ツッパリ生徒たちは猛反発し、誰もついてこなかった。

　そんなある日、強豪校の花園高校と対戦する。結果は、112対0。その時、山口は「今まで俺は生徒たちに何をしてあげたのか…」と自らを振り返り、初めて自問する。試合後に部員たちにかけた言葉は、「お疲れさん。ケガはなかったか」だった。すると、それを聞いた部員が突然、「悔しい。先生、花園に勝たせてくれ」と叫び、その場に泣き崩れる。いつしか部員全員が泣いていた。「必ず勝たせてやる…。俺についてこい」。部員の目の色が変わった。そして長く厳しい練習が始まる…。

　1年後。伏見工業は地方大会決勝で花園と再び対戦。結果は18対12での勝利だった。そして5年後には、伏見工業ラグビー部はついに高校ラグビー日本一となるのである。さらに、その25年後。かつての問題生徒たちは、一人の立派な社会人として今日も世界のさまざまな分野で活躍し続けている…。

6　教材活用のポイント

本教材は43分なので、2時間（50分×2）続きの授業としたい。

基本発問で場面ごとの両者（山口とラグビー部員たち）の心情の変化を共感的に理解させ、中心発問では彼らを変革させたものは何だったのか考えさせる。目標実現のためには真摯な自己省察と希望や勇気をもつことの尊さに気づかせ、自分の目標の実現に向けて意欲をもてるよう支援したい。また、現在の元部員や山口の言葉にも注目させて、今の彼らを支えているものが何なのか、考えさせるようにしたい。

7　学習指導過程（2時間）

	学習活動	主な発問と予想される反応	指導上の留意点・評価（☆）
導入	1．目標について考える。	○目標は何のために立てるのか。 ・自分が成長するため。 ・充実するため。	○自己の生活や経験を振り返らせて目標の意義について考えさせる。
展開	2．DVDを視聴し、話し合う。	○部員はなぜ先生に反発していたのか。 ・めんどうくさい。 ・どうせ無理だ。 ◎たった一年で花園高校に勝てたのはなぜだったのか。 ・悔しかったから。 ・先生と生徒の気持ちがひとつになった。 ○元部員の、「あんな風には、もう二度となれない」という言葉は、どういう意味か。 ・あの時の経験が今に生きている。	・困難を避けがちな弱さは誰もがもつことを考えさせる。 ☆両者の気持ちの変化を考えて発言できたか。 ・自分の弱さに向き合い、変革する気持ちの大切さに気づかせる。
	3．ワークシートに記入し、発表する。	○目標を成し遂げるには何が必要なのか。 ・あきらめない心。 ・困難を克服しようとする気持ち。	☆自分の目標を確認し、その達成のためには何が大切なのか記入できているか。
終末	4．教師の説話や体験談を聞く。		・教師の体験や願い、考えを話す。

8　板書計画の例

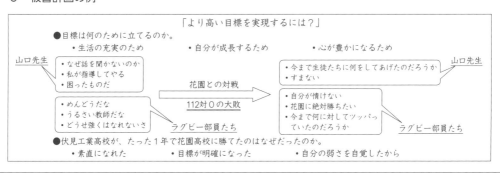

（関根明伸）

80 問題解決的な学習を用いた授業

　道徳科では、多様で効果的な学習方法として**問題解決的な学習**を積極的に導入することが求められている。問題解決的な学習を用いた道徳授業とは、生徒が自ら道徳的問題に取り組み、主体的に考え判断し議論しながら解決していく授業である。そこでは、生徒が道徳的問題から課題を見いだし、問題の原因を探るとともに、「何をすべきか」「なぜそうすべきか」「どう行動すればよいか」「何ができるか」などを具体的に考え判断し、議論し合うことができる。

　こうした授業で、生徒は自分の経験を振り返ったり、道徳に関する知識や技能、道徳的原理・原則を学んだりしたうえで、問題の因果関係や人間関係も考えて総合的に考え判断する。この道徳授業で学んだ内容や解決策の一部は、生徒の日常生活に生かされるため、実効性も高い傾向にある。

1　問題解決的な学習の目標

　道徳科の目標は、「よりよく生きるための基盤となる道徳性を養う」ことである。生徒一人ひとりが生きるうえで出会うさまざまな問題や課題について主体的に考え判断し、よりよく生きていくための資質・能力を培うことがめざされている。

　こうした道徳性を養うためには、生徒たちがさまざまな問題や課題を多面的・多角的に考え、「自己の生き方」や「人間としての生き方」と関連づけながら主体的に判断する学習が必要になる。問題解決的な学習を用いた道徳授業では、生徒がさまざまな道徳的問題に取り組み、問題状況を分析したり、当事者の心情に配慮したりしながら、望ましい解決策は何かを協働して探究することを通して、この目標を達成することができる。

2　問題解決的な学習が育成する資質・能力

　道徳科で育成すべき道徳性を構成する主な諸様相としては、道徳的判断力、道徳的心情、道徳的な実践意欲と態度がある。このほかに、道徳性は道徳的行動力や**道徳的習慣**とも関連している。

　まず、生徒がさまざまな問題状況においてどのように対処することが望ましいかを考え、主体的に判断することで、実践的な道徳的判断力が育成される。次に、問題状況に取り組み、さまざまな関係者の立場になって考え、他者の気持ちを共感的に理解することで、道徳的心情が養われる。第三に、道徳的問題においてどう行動・実践すべきかを考えることで、望ましいとされた行為や習慣を主体的に行おうとする意欲や態度が養われる。こうした道徳的判断力や道徳的心情に基づ

いて問題を解決する意欲や態度を身につけることで、道徳的行為を実行する能力が養われる。生徒は授業中に考えた解決策を実行し、よい経験を繰り返し積み重ねることで、道徳的習慣が形成される。このように問題解決的な学習を通して、道徳性の諸様相を有機的に関連づけながらバランスよく育成することができる。

3 問題解決的な学習の指導方法

「導入」では、道徳授業の主題について生徒の興味や関心を高める。授業の「ねらい」に関連した道徳的問題に取り組むよう動機づけるのである。展開前段では、まず教材を読んで解決すべき課題を見つける。「何が問題か」「どうすればよいか」などを個人またはグループで検討する。

展開後段では、問題解決をより深めて考える。一般的には、個人やグループで考えた内容を学級全体で再び話し合い、具体的に解決策を練り上げていく。特に、公共的な問題については、合意形成を図ることが大事になる。

展開後段では、「体験的な学習」を活用することも多い。例えば、①さまざまな解決策について役割演技をしながら再検討する。②資料と類似した課題を提示して、シミュレーションしてみる。③具体的な行動についてスキル的な学習をする。ここでは礼儀作法やマナーをスキルとして具体的に学ぶこともできる。授業の「終末」では、授業全体の学習を振り返り、日常生活につなげていく。

「終末」では、①生徒が「この授業でどんなことを学んだか、考えたか」を省察することが多い。②導入部において提示した根本的な問いかけを再び行って、道徳的価値の理解が深まったかを確認してもよい。例えば、「本当の自由とは何だっただろう」と問い返す。③今後の生徒の生活経験に結びつけるために、「授業で学んだことを今後どう生かせるか」を考えることも有意義である。

4 問題解決的な学習の評価方法

道徳科では、生徒の学びや努力の過程を記述式で肯定的に評価していくことが求められる。評価の観点は多様であるが、基本的には各教科と同様に、「関心・意欲・態度」「思考・判断・表現」「知識・理解」「技能」を評価することができる。特に、生徒が道徳的問題をパフォーマンス課題としてとらえ、それを解決する学習過程を**パフォーマンス評価**することが有効である。それをもとに道徳ノートやワークシートに書き込み、中長期的に**ポートフォリオ**で評価をすることもできる。

また、生徒が授業で考えた解決策や目標を実際に日常生活で実行してみて、その成果を自己評価することも有意義である。授業後の日常行動を道徳的価値と関連づけて「**行動の記録**」に記してもよい。

(柳沼良太)

◀参考文献▶

- 柳沼良太『問題解決型の道徳授業』明治図書、2006年
- 柳沼良太『「生きる力」を育む道徳教育』慶應義塾大学出版会、2012年

81 問題解決的な学習を用いた授業の展開例（中学校）

1 **教材名** 「二通の手紙」（『私たちの道徳　中学校』文部科学省）、「おくれてきた客」（NHK Eテレ『ココロ部！』）

2 **主題の設定**

　身近な弱者に思いやりをもつことは大事だが、それと同時に社会的規範を遵守することの大切さも深く認識し、責任ある価値判断ができるようにしたい。義務教育の最終段階として、社会の法やきまりの意義を考えさせることができる資料である。

3 **ねらい**

　学習指導要領に即したねらいは、法やきまりの意義を理解し、秩序と規律のある社会を実現しようとする態度を育てることである（C-10）。資料に即したねらいは、元さんの立場で法やきまりの問題を的確に判断する能力を養うことである。

4 **資料の内容**

　元さんが動物園を閉めようとしていると、幼い姉と弟が「入れてくれ」と頼んだ。元さんは「もう終わりだし、家の人が一緒じゃないと入れない」と断った。姉は「今日は弟の誕生日だから…」とお願いするので、元さんは特別に入れてあげた。その後、二人は行方不明になり、捜索をしてようやく発見された。後日、元さん宛てに姉弟の母親から感謝の手紙が届くが、その後、上司から解雇処分の通知を渡された。

5 **指導の工夫**

　問題解決的な学習では、元さんの立場で「何が問題になっているのか」「元さんはどうすれば解決するか」を考えることが大事になる。生徒からは「かわいそうだから入れてあげるべきだ」という意見が出る一方で、「入れたら職務違反だ」「解雇される」「他の客も入れることになる」という意見も出る。第三の解決策として「元さんが子どもたちと一緒について行く」などの意見も多様に出てくる。

　話合いで「姉弟に対する思いやりが大事だ」という意見に傾いたとき、「入園させたら、どんな結果になるか」を考える。そこで、「動物にかみつかれたり池に落ちたりして危険だ」「他の客から文句が出る」などの意見も考慮して、ルールが職員の都合だけでなく入園者の安心・安全も考えて作られていることに思いつく。

　この後、NHK Eテレの『ココロ部！』で放送された「おくれてきた客」を取り上げる。この資料は、入院中のおばあさんが亡くなったおじいさんとの思い出である名画を見たくて、病院からやってきたが、閉園時間を間違え、入園できなかったという話である。「二通の手紙」での話合いをもとに「遅れてきた客」に応用する。

6　学習指導の展開例

	主な発問と予想される反応	指導上の留意点
導入	1　本時のテーマについての価値観を確認する。 ○「規則」には何がありますか。 　・法律　・校則　・約束事 ○「規則」と聞いて何をイメージしますか。 　・守るべきもの　・安全　・息苦しいもの	・法やきまりの意義について、学習前段階での自分の価値観を押さえておく。
展開前段	2　資料を読んで、話し合う。 　(1)　元さんは何を悩んでいますか。 　　・姉弟を入園させたいが、違反になる。 　　・例外を作る優しさと規則を守る冷たさ。 　(2)　元さんはどうしたらよかっただろう。 　　・後日、保護者ときてもらう。 　　・安全を考えて、元さんが一緒に行く。 　　・自分の判断だけでなく上司に相談する。	(1)　問題を発見する。 　①愛情深い元さんの人柄 　②規則を知りながら情に流されて入園させた背景を押さえる。 (2)　問題を解決する ・根拠を明らかにしてから発表させる。
展開後段	3　「おくれてきた客」を視聴する。 ○あなたなら警備員ならどうしますか。 　・申し訳ありませんが、入れることはできません。絵の写真を撮るくらいならできます。 　・上司に相談して参ります。	（ペア→全体） ・皆が納得するような言い方を考えさせる。 ・学んだことを踏まえて、自分なりの判断をする。
終末	4　今日の授業を振り返る。 ○今日の授業で考えたことを書きましょう。 　・きまりを破ると、迷惑をかけることがある。 　・守ることでみんなの安全が守られている。	・きまりに関わる自分の体験を振り返らせる。 ・きまりを守ることの意義やその態度を評価する。

7　板書の例

展開前段で「二通の手紙」について考え、議論したことを黒板の右側に書いている。その後、展開後段で「おくれてきた客」について考えたことを黒板の左側に書いている。展開の前段と後段で議論した内容と比較検討できるように黒板を構造化してある。（写真は丹羽紀一教諭による板書）

◀参考文献▶
- 柳沼良太『問題解決型の道徳授業』明治図書、2006年
- 柳沼良太『「生きる力」を育む道徳教育』慶應義塾大学出版会、2012年

（柳沼良太）

82 構成的グループエンカウンターを用いた授業

1 構成的グループエンカウンター（SGE）とは

構成的グループエンカウンター（Structured Group Encounter、以下SGEと略す）は、ゲシュタルト療法[1]をはじめ、カウンセリングの主要理論を土台として、國分康孝・久子夫妻が開発したものである。「集中的なグループ体験」における「ふれあい」と「自他発見」を通しての参加者の「行動変容」を目標としており、國分康孝はその意義を「伝統的カウンセリングを超えるもの」という観点から主張している[2]。すなわち、従来一般的だった一対一の個室内での受動的な面接としてではなく、グループを活用した能動的なカウンセリングとしてエンカウンターを位置づける。"精神分析のプロフェッショナルによる治療行為"としてではなく、"人間関係構築を通しての自己発見や他者理解等の教育活動"としての側面を重視する点に、エンカウンター[3]の特色をみることができる。

なお、グループエンカウンターには二つの形態——計画された演習を避けてフリートーキングふうに展開するものと、あらかじめ「いまから○分間△△してください」式の「エクササイズ」を設定し、意図的に指定された枠内において課題を遂行していくもの——がある。「構成的」の語は、この後者の「枠を与える」ことを意味している。「枠を与える」ことでそれが手引きとなり、目標に向けたメンバーの思考や活動内容が明確に方向づけられ、参加への意欲を誘発することができる。「エクササイズ」という枠を介した参加者の「ふれあい」を通して各自が感情体験の幅を広げ、自他発見のかけがえのなさを確認し合い、その認識を共有し合う（「シェアリング」する）点に、SGEの独自の意味を見いだすことができる。

2 学校教育におけるSGE普及の背景

今日の学校現場にSGEが浸透している社会的背景として、一つには現代の青少年をめぐる「自己疎外」の状況があげられる。「空気を読む」という表現が象徴するように、自分の本音は出さずに、学級内での自分の「立ち位置」（「キャラ」）を注意深く分析し、その集団（居場所）のなかでの自分の役割や他者とのつき合い方を設定することに神経を削るなかで、自分が本当は何がしたいのか、どんな考え方をする人間なのかといったことかがわからなくなる——。そのような現代的な生きづらさをはらんだ不安定な人間関係のなかで生じるいじめや学級崩壊などへの危機意識が、実感を伴って教師たちの間に高まってきた現状がSGE浸透の大きな理由として指摘できよう[4]。

加えて、生徒どうしのみならず、教師間の同僚性構築の観点からもSGEは有

1　パールズ夫妻（Perls, F. S. & Perls, L.）とグッドマン（Goodman, P.）らによって創られた心理療法。人間は外部の世界をバラバラな寄せ集めとして認識するのではなく、意味のある一つのまとまった全体像（ゲシュタルト）として構成し、認識するというゲシュタルト心理学の視点を基本概念にしている。ゲシュタルト療法では、過去に何をしたか、なぜそうしたのかを問うのではなく、「いま—ここ」で何を話しているかを問題とし、そこから導き出される気づきと覚醒によって自分自身の自由を取り戻す経験を重視する。

2　國分康孝ほか『エンカウンターとは何か——教師が学校で生かすために』図書文化、2000年

3　「エンカウンター」（encounter）の語は、もともと「出会い、めぐり合い」を意味する。

4　テレビ放送で注目された鹿嶋真弓氏の実践もまた、生徒の変化や学級崩壊という深刻な問題にどう対処するかという課題意識が背景にあった（DVD『プロフェッショナル 仕事の流儀／中学教師 鹿嶋真弓の仕事—人の中で人は育つ—』NHKエンタープライズ、2007年）。

力視されてきた一面がある。SGE 導入をめぐる研修活動自体が SGE の実践体験になるということもあり、SGE の校内研修を通して「開かれた教師集団づくり」の風土を醸成し、さらに優れた「学校づくり」へと向かって成果を上げた事例は各地で報告されている[5]。

3　SGE を用いた道徳授業の意義と課題

SGE は授業を活性化するための手法の一つとしても広く認知されており、道徳授業に関してもすでに一定の実践蓄積がある。

伝統的な道徳授業──読み物資料をもとに子どもたちの感想や意見を発表させながら徳目の内面化を図ろうとする授業──に対して、SGE を用いた授業では「エクササイズ」（心理面の発達を促す課題）の存在が強みとなる。読み物資料や視聴覚教材を活用するという条件を変えることなく、「エクササイズ」による自己開示や他者理解を加えることにより、子どもたちは「他ならぬ自分たちの問題」という文脈で道徳的価値を受け止めることができる。

例えば、文部科学省が『心のノート』[6]を全面改訂するかたちで作成した『私たちの道徳（中学校）』には、「丸ごと自分を好きになる／自分の良い所を発見しろと言われても短所や欠点ばかりが気になってしまう。自分の良い所も変えたいところも、丸ごとひっくるめて好きになれたら自分をもっと輝かせることができるはず。」[7]という記述がある。この文面を読むだけでは、生徒がその可能性を実感することは難しいだろう。

そこで効果的とされるエクササイズの一例が、〈自分の短所を示す言葉を別の言葉に言いかえ、長所として見つめ直す〉というものである。例えば、「頑固」→「意志が強い」、「せっかち」→「頭の回転がはやい」、「でしゃばり」→「ムードメーカー」というように、短所としての自己イメージを表す否定的な言葉を、肯定的なものへと変換していく。二人一組などのグループでワークシートなどを活用しつつこれを行うことにより、「自己を見つめ個性を伸ばす」という「ねらいとする（道徳的）価値」を、他者との分かち合いのなかで体験的に理解する可能性を開くことができる。

SGE の導入にあたって注意しなければならないのは、授業のねらいを明確にせずにかたちだけまねしようとする形骸化（「エンカウンターもどき」「エクササイズ主義」）に陥る危険性についてである。諸富祥彦は、「ねらいとする価値」を育むという道徳授業の「目的」を達成するための、一つの効果的な手段（教育方法）としてエンカウンターを位置づけるべきだと述べ、授業で行う際には「そのエクササイズを行うことによって、どんな "ねらいとする価値" を達成しようとするのか」という点について「教師が明確に意識し、子どもたちにもはっきり伝えること」が重要だと、実践上の注意を促している[8]。

（佐藤高樹）

5　岡田弘ほか編『エンカウンターで学校を創る──心を育てる学校ぐるみ実践集』図書文化、2001年　を参照。

6　2002年春、文部科学省が全国小中学校の全児童生徒に無償配布した道徳の「補助教材」。小学校1・2年用、3・4年用、5・6年用、中学校用の4冊が作成された。

7　「(5)自己を見つめ個性を伸ばす」『私たちの道徳　中学校編』文部科学省、2014年2月、39頁

8　諸富祥彦編著『ほんもののエンカウンターで道徳授業』（小学校編・中学校編）明治図書、2014年　を参照。

────◀参考文献▶────
- 國分康孝・國分久子総編集『構成的グループエンカウンター事典』図書文化、2004年
- 片野智治『教師のためのエンカウンター入門』図書文化、2009年
- 諸富祥彦編著『ほんもののエンカウンターで道徳授業』（小学校編・中学校編）明治図書、2014年

83 構成的グループエンカウンターを用いた授業の展開例（中学校）

1 構成的グループエンカウンター（SGE）活用時の留意点

前項で述べたように、**構成的グループエンカウンター**（Structured Group Encounter、以下 SGE と略す）の「構成的」とは、「枠を与える」という意味であり、「グループサイズ」や「時間制限」、「エクササイズをする際の条件」（例「無言で〜してください」「仲間はずれを出さないようにしてください」）など、指定された枠内においてエクササイズを遂行する点に重点が置かれる。その理由の一つは、「自己開示の促進」にある。すなわち、「何でもよいから話してください」という漠然とした指示よりも「自分が好きなシーズンについて一分間話してください」という枠を与える方が、それが手引きとなって自由な言動を誘発することができる[1]。このような配慮は、**学習指導案**において発問や指示など授業者の働きかけの意図および内容について明確に記すという姿勢と重なるものである。単に「児童生徒たちが盛り上がるから」といった表層的な理由で SGE を用いるのは、授業の形骸化を招くことになる。

SGE の進め方をめぐっては、次の４つが欠かせないとされる[2]。

①インストラクション、②エクササイズ、③シェアリング、④介入

①インストラクションは、プログラムの推進者であるリーダー（授業ならば教師）がエクササイズのねらいや内容、注意点について説明することである。②エクササイズでは、リーダーの指示でメンバーは指定されたエクササイズに取り組む。③シェアリングは、エクササイズに取り組んだ後に感じたことや気づいたことを語り合い、「分かち合う」ことを指す。このシェアリングがないと自己洞察や他者を通した気づきが生まれず、SGE の本質から外れてしまう。そして、④介入は、リーダーの割り込み指導＝エクササイズやシェアリングの際に、メンバーの「自己盲点」に気づかせたり、ねらいから外れた行動が見られた場合などに軌道修正したりする一連の働きかけを指す。

この４つの原則からわかるように、SGE におけるリーダーの役割は重要なものであり、またその展開にあたって求められるこれらの原則は、学校における授業実践やその準備段階としての学習指導案作成の際に教師が想定する指導上の留意点と共通している。

2 学習指導案と学習指導過程

SGE を用いて授業をする際にとりわけ注意を要するのは、「何のために」授業に SGE を導入するのか、その目的を明確にすることである。ともすれば、「エクササイズをする」ことが自己目的化し、授業の「ねらい」が不明確となると、

---

[1] 國分康孝ほか著『エンカウンターとは何か──教師が学校で生かすために』図書文化、2000年、30-31頁

[2] 國分康孝・國分久子総編集『構成的グループエンカウンター事典』図書文化、2004年、24-25頁
（執筆：別所靖子）

SGEの手法を用いた学習指導案例

(1) エクササイズ名　簡便内観
(2) 内容項目　生命尊重3－(1)（関連項目　4－(6)家族愛）(*)
(3) ねらい　息子の脳死に直面した両親が、臓器提供をするのか、しないのかの葛藤を通して、いのちに対する自分の考え方を整理し、シェアリングから生命の尊厳のあり方を学びとり、他の声明を尊重する態度を育てる。
(4) 展開の大要

	学習活動	ねらいに迫る手立て	生徒の反応
導入	①前時のふり返り	・前時の第一次判断の確認。黒板に自分のネームカードを貼り、どの立場なのかを明らかにさせる。	・臓器移植を認める　認めない　0～100のスケールで表す。
	②簡便内観	・内観とは、他人から受けた愛情を確認すること。してもらったこと（赤）、して返したこと（黄）、迷惑をかけたこと（青）の三点について思い起こし、浮かんできたことを色別に付箋紙に記入しワークシートに貼りつける。	・どんなことをするのだろうか？ ・人から支えられて生きてきた自分に気づく。
展開	③資料「いのちの判断」の内容を確認する。 ④発問1 ⑤発問②【最終判断】	・決断する前までを、資料や映像で確認する。 ご両親はなぜ、移植をためらっていたのだろうか。 あなたが永吉さん夫婦だったら、洋介さんの臓器を提供しますか？　しませんか？	・ワークシート記入。
		・グループでシェアリングする。他の人の意見や資料から、自分の考えを深めさせる。	・0～100のスケールで表す。
	⑥資料範読または映像を見る	・両親がくだした決断を確認する。	・ワークシートに記入。自分の考えと比較する。
終末	⑦手紙の紹介	・移植を待つ側、提供する側の気持ちが書かれた資料を読む。	・双方の考え方のなかに生命尊重の心が存在することに気づく。
	⑧感想記入	・かけがえのないいのちを考える。	

〈注〉諸富祥彦編著『ほんもののエンカウンターで道徳授業 中学校編』（明治図書、2014年）、95頁から抜粋（竹内久美子筆）。なお、「(2)内容項目」(*)の部分は、「中学校学習指導要領（一部改正）」により、今後は記載のしかたが変更されることになる（→「生命の尊さ D－⑲」（関連項目　家族愛　C－⑭）」）。

到達目標を欠いた単なる活動主義に終わってしまう。

　教師が作成する道徳の学習指導案には、「ねらいとする価値について」明記し、なぜその**道徳的価値**について指導するのかを論じる欄や、授業で用いる「資料について」その概要や授業で取り上げる理由を述べる欄が設けられているケースが一般的である[3]。"この授業でSGEという方法を用いるメリットは何か""資料を通した道徳的価値の理解」と「エクササイズ」の間に関連性はあるか"といった問いかけを、授業者は学習指導案を作成する過程で自らに課す必要がある。

　また、授業がエクササイズを行っただけで終わらないように、「ねらい」の提示からシェアリングにおけるまとめまでの流れを板書計画のかたちであらかじめ想定しておくことも有効である。そのほか、エクササイズを通した児童生徒の自己発見・他者理解の確かな形跡を可視化するため、ワークシートの活用などを想定しておくことも、授業の評価とも関わって意味をもつ。

　上記の実践は、視聴覚教材「いのちの判断」[4]を活用しつつ、エクササイズとして内観法[5]を採用することで「生命の尊さ」というねらいに迫ろうとするものである。事実のもつ重みを前提としながら「自己を見つめ（中略）人間としての生き方についての考えを深める学習」（中学校道徳科の目標）の機会を保障する実践となっている。

（佐藤高樹）

3　道徳科の学習指導案の内容や作成手順については『中学校学習指導要領解説 特別の教科 道徳編』文部科学省、2017年7月、76-78頁を参照。

4　「道徳ドキュメント」（NHK for School ウェブサイト）より。

5　吉本伊信（よしもと・いしん、1916-1988）が「身調べ」という浄土真宗の一派に伝わる精神修養法をもとに考案した、自己の内面を観察する方法。身近な人に対する自分の行動を、具体的なエピソードを思い出しつつ、三つの観点（「してもらったこと」「して返したこと」「迷惑をかけたこと」）から見直していく。

◀参考文献▶

・國分康孝・國分久子総編集『構成的グループエンカウンター事典』図書文化、2004年
・諸富祥彦『ほんもののエンカウンターで道徳授業』（小学校編・中学校編）明治図書、2014年

84 モラルジレンマ学習を用いた授業

1 コールバーグの認知的道徳性発達理論

モラルジレンマを用いた授業は、アメリカの心理学者**コールバーグ**（Lawrence Kohlberg, 1927-1987）が提案した認知的道徳性発達理論に基づくものである。コールバーグは、病気の妻のために薬屋に泥棒に入ることは許されるかという「ハインツのジレンマ」の資料を用いて世界各国で道徳性の発達段階を検証した。検証の結果、彼は道徳性には世界共通して6段階に区分される発達段階があると結論づけた。六段階とは「前慣習的段階」とされる①「懲罰志向」、②「快楽志向」の段階、「慣習的段階」とされる、③「よい子志向」、④「法と秩序志向」の段階、「脱慣習的段階」とされる、⑤「社会契約志向」、⑥「普遍的な倫理的原理志向」の段階である。コールバーグにおいて人間の道徳性は、最終段階の「普遍的な倫理的原理志向」に向かいながら、倫理的な普遍性・一貫性に基づく主体的な判断力を獲得し、他律的な生き方から自律的な生き方へと発達を遂げるものとされる。

また、コールバーグの理論は普遍性や公平性といった「公正の倫理」を重視している点にも特徴をもつ。彼は社会を人間の外部にある環境構造としてとらえ、そこに含まれる法や宗教や道徳によって説明される「公正さ」を認知し、そこへの内的適合および均衡化を図ることによって道徳性の発達が促されるとした。そのためモラルジレンマによって心理的な不均衡を経験し、かつ他者の視点に立つという「役割取得」を経ることが道徳性の発達には必要とされる[1]。

晩年コールバーグは「ジャスト・コミュニティ」（正義の共同社会）と呼ばれる道徳教育を学校で実践している。同実践において重視されたのは、抽象的な価値に関する討論ではなく、多様な価値を含み込んだ現実の社会生活に根ざした諸問題についての討論であった。コールバーグは討論の場に生徒が参加することを通じて、学校の「道徳的雰囲気」自体の変革をめざした[2]。

2 コールバーグ理論の授業化

コールバーグの理論および実践は道徳教育の世界に多大な影響を与えており、日本では荒木紀幸らを中心として「兵庫教育大学方式」と呼ばれるモラルジレンマ学習の授業開発が進められている。荒木らは従来の日本の道徳授業の指導における問題点として、①児童生徒の知的水準、道徳的水準、発達的特性に十分対応していないこと、②教材が道徳的心情や態度に関わるものに偏っていること、③一つの価値を一つの時間に扱うという授業形式にとらわれ、議論においても柔軟性を欠いていること、をあげている[3]。

荒木らが開発したモラルジレンマ授業の特徴は、2時限で1つのジレンマ資料

---

1 フェミニズムの哲学者ギリガン（Carol Giligan、1937- ）らはコールバーグの理論が特定の社会的価値に重心が置かれすぎており、男性中心の発達理論である批判して「ケアの視点」に基づく道徳教育の実践を提案した。

2 荒木寿友『学校における対話とコミュニティの形成──コールバーグのジャスト・コミュニティ実践』三省堂、2013年

3 荒木紀幸「兵庫教育大学方式によるモラルジレンマ授業の研究──コールバーグ理論に基づくモラルジレンマ授業と道徳性の発達に及ぼす影響について」『道徳性発達研究』日本道徳性発達学会、第9巻、2015年、3頁

を主題とするところにある（「1主題2時間」）。初回と2回目の時間をあけることで、価値の葛藤状況に対して児童生徒が各自でじっくりと考えることができるよう配慮されている。未完了課題は完了課題よりもよく覚えているという「ゼイガルニク効果」[5]によって、教材の内容理解および各自の理由づけを深化させることがねらいだ。そのため初回の授業では資料の読み取りをじっくり丁寧に行い、学級内で資料の共通理解を図る。2回目の授業では、児童生徒が自分の考えとその理由を表現し、教師は学級内での意見交流をリードする。また、事前に資料を読ませてから授業に臨ませるという「1主題1時間」の授業モデルの開発も進められている（右図参照）。

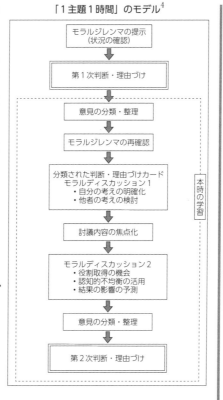

「1主題1時間」のモデル[4]

[4] 荒木紀幸監修『モラルジレンマ教材でする白熱討論の道徳授業＝小学校編』明治図書、2012年、180-186頁

[5] 旧ソビエト連邦の心理学者ブルーマ・ゼイガルニク（Bluma Zeigarnik、1901-1988）は「人間は達成された課題よりも達成されなかった課題や中断している課題の方が記憶に残ること」を実験から実証した。

3 モラルジレンマ授業の特色

　一般に授業は「説明・指示・発問」の三要素によって構成される。モラルジレンマ授業は多くの時間が話合い活動に充てられており、締めくくりにおいても教師が正答をまとめるようなことはしない（**オープンエンド方式**[6]）。したがって教師には資料を説明する力量よりも、児童生徒の積極的な発言を引き出すための発問や進行の工夫が求められる。加えて、授業内において児童生徒が登場人物や他者の視点に立って考える「役割取得の機会」を与えて、考えを深めさせながら、他人の意見を聞く姿勢を身につけさせることが重要となる。

　また、コールバーグは多様な価値観をもつ人どうしが話し合うことの教育的効果について「プラス1方略」と呼ばれる学習理論を示した。プラス1方略とは、道徳性の発達段階において、より一段高い段階の考えに触れると、一段低いあるいは二段階高い考えに触れるときよりも、学習者の道徳性が引き上げられやすいという理論である。通常の授業では、授業者が自ら想定した指導上のねらいを児童生徒に浸透させようとするため、学習者どうしの話合いによる学習効果は見落とされがちとなる。モラルジレンマ授業の特徴は、教師と児童生徒の間だけでなく、児童生徒の間にも学習のダイナミクスをもたらし、集団討議を通して個人の思考力や判断力を育てる点にも認められる。

（藤井基貴）

[6] 答が幾通りも可能になるように条件づけた学習課題を設定し、学習者の多様性を生かした教育アプローチのこと。

85 モラルジレンマ学習を用いた授業の展開例（小学校）

1 モラルジレンマ授業の授業過程と発問

モラルジレンマ授業にはさまざまな形態があるが、ここでは先駆的なモデルである「兵庫教育大学方式」の基本形を紹介しておこう。同授業では四つの過程がある。第一は資料の共通理解の形成、第二は児童生徒の意見の表明と明確化、第三はモラルディスカッション（集団討議）、第四は道徳的判断の深化である。コールバーグは道徳性発達の条件として、①認知発達と役割取得能力の発達の促進、②意見表明とその欠点や不足への気づき、③より高い道徳的思考との接触、をあげた。これに従って授業者は集団討議のためにさまざまな発問を事前に準備する[1]。

[1] 荒木紀幸編著『道徳教育はこうすればおもしろい』北大路書房、1998年、34頁。モラルディスカッションにおける発問の計画は右の表を参照。

モラルディスカッションにおける発問の型と例

発問の型	発問の例
① 理解を確認する発問 他の子どもが発言者のことばを理解しているかを確かめる。	Aさん、Bさんの言葉をあなたの言葉でもう一度言ってみてください。Aさん、Bさんの言ったことがわかりますか。
② 議論に参加させる発問 その時点で問題になっている論点について他の生徒に意見を求める。	Aさん、Bさんの言っていることについてどう思いますか。Aさん「○○」についてどう思いますか。
③ 定義の発問 よく考えずに言ったり、他の子どもが理解できていない場合、解釈が異なる場合に確かめる。	責任とはどういうことか説明してみてください。あなたの言ったことを例をあげてわかりやすく言ってください。
④ より高い段階の反応を引き出したり、その反応に焦点を合わせる発問 その段階の考えの課題や限界を考えさせる。	もしみんなが同じ考えだったら、どんなことが起こると思いますか（一つの考え方の限界を考える）。どんなときでも決まりは守らなければいけないと思いますか。
⑤ 役割取得を促す発問 児童生徒に資料の葛藤場面における登場人物の立場に立って考えさせる。	あなたが友達だったら主人公にどんな言葉をかけるでしょうか。悩み続ける主人公を町の人はどう思うでしょうか。
⑥ 一般的な結果に対する発問 もしそうすれば結果はどうなるかを考えさせ、道徳的理由づけを求める。	もし決まりを守らなかったら、主人公はどうなるでしょうか。主人公は自分の決断を後からどう考えるでしょうか。
⑦ 道徳的価値の重要性の根拠を求める発問 道徳的判断の背景にある理由を問う。	主人公はどうすべきだったでしょうか。決まりはなぜ守らなければならないものなのでしょうか。

（荒木紀幸編著『道徳教育はこうすればおもしろい』より）

2 資料「門番のマルコ」と板書計画・授業案

モラルジレンマ教材「門番のマルコ」[2]の板書計画と授業を紹介する。同資料は学習指導要領における内容項目「規則の尊重」と「生命尊重」の価値間の葛藤が主題となっている。また、この場面設定における「きまり」が何のためにあり、また誰のためにあるのかを話し合うことを通して、きまりの意義や重要性についての理解を深めることもねらいとする。集団討議においては、「門を開けなかったら王様はどんな気持ちになるか」（発問型⑤）、「もし敵がなだれこんできたらどうなるか」（発問型⑥）、「きまりは何のためにあるのか」（発問型⑦）といった発問パターンが想定される。また、教室環境については、児童生徒が意見を言いやすいように向き合って、円座に座る。

[2] 堀田泰永「門番のマルコ」『モラルジレンマ教材でする白熱討論の道徳授業＝小学校編』明治図書、2012年、93-98頁

門番のマルコ

　昔ある国に、マルコという門番がいました。門番は、王様のお城を守ることが仕事です。ある日、マルコのお父さんが言いました。「いいかい、マルコ。王様がいるから、この国の人は平和にくらせるんだよ。王様の言うことをよく聞いて、立派に働いておくれ。」マルコの門番の仕事が始まる日、先輩の門番が言いました。「この門は、戦いに行くとき以外は、決して開けてはならないという決まりがある。ずっと前、敵にだまされてこの門を開けてしまい、隣の国にせめられたことがある。それで王様がこの決まりを作られたのだ。だから絶対、この門を開けてはならないよ」。

　ある日、マルコが門を守っていると「門を開けろ」という馬車を引き連れた家来の声が聞こえました。王様に熱があって一刻も早くお城に戻らなければならないというのです。マルコは、言いました。「それはできません。この門は、戦いに出るための門なのです。それ以外は開けてはならないという決まりになっています。これは王様が作られた決まりです。」と答えました。さて、マルコは門を開けるべきでしょうか。開けるべきではないでしょうか。　（原作：堀田泰永、小学校中学年向け）

教材「門番のマルコ」の板書計画[3]

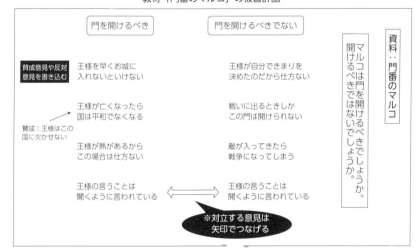

[3] 堀田泰永の同上書、182頁

教材「門番のマルコ」の授業案

	学習活動	教師の働きかけと児童の反応	指導上の留意点
導入	道徳的ジレンマの提示	資料の読み取り。賛成・反対意見をワークシートに書かせる。	場面絵を活用するなどして資料の理解を促進する。
展開	ディスカッション	(1) 賛成・反対意見を自由に言わせる。 (2) 論点をしぼる。 「王様だからきまりを破ってもよいのだろうか」 「もし王様ではなく、敵だったらどうなるだろうか」	事前に用意した発問を繰り出しながら、児童の思考を深める。 ※役割演技等を取り入れることもできる。
終末	判断・理由づけの再考	考えをワークシートにまとめさせる。	

（藤井基貴）

86 モラルスキル学習を用いた授業

1 スキルトレーニングとは

スキルとは技能を意味する。技能は、言葉の成り立ちからいえば、技術的な能力を意味する。そうしたことを訓練によって身につけようとするのが、スキルトレーニングと呼ばれるものである。

世界的に広まっているものとしては、ソーシャルスキルトレーニングとライフスキル教育がある。

前者は、カリフォルニア大学医学部精神科のロバート・リバーマンが、精神疾患を患った人が社会復帰する際のトレーニング法として考案したものである。現在では、学校教育や企業研修などさまざまな場面で用いられている。

後者は、WHO（世界保健機構）が提案しているもので、ライフスキルとは、「日常のさまざまな問題や要求に対し、より建設的かつ効果的に対処するために必要な能力」[1]のことである。

いずれも、適切な行為を身につけるための訓練として有効だと考えられているが、単にスキルを身につけるだけでなく、自尊感情[2]を育む点でも効果があると主張する論者もいる。

2 モラルスキル学習

これまでは、こうしたスキル学習を道徳の授業に実践し公開すると、「道徳の時間にやるべきことではない。学級活動で行うべきだ」と参観者から批判されることが多かった。道徳の授業は具体的な行動の仕方を学ぶ時間ではないと考えられていたからである。

小学校および中学校の学習指導要領によれば、道徳科では、「児童（生徒）の発達の段階や特性等を考慮し、指導のねらいに即して、問題解決的な学習、道徳的行為に関する体験的な学習等を適切に取り入れるなど、指導方法を工夫すること」になっている。「児童（生徒）の発達の段階や特性等を考慮し、指導のねらいに即して」という条件はつけられているものの、具体的な行為に関しても意図的に指導することが望まれているのである。

こうした点に配慮しながら、道徳科のねらいに即して行為に関する指導を試みようとするのが**モラルスキル学習**[3]である。したがって、ソーシャルスキルやライフスキルのトレーニングとは違って、モラルスキル学習では、つねに道徳場面を想定して学習を行う。モラルスキル学習は、行為に関するスキルを学びながらも、同時に、道徳的価値を学び、道徳性を育む活動なのである。

---

1 WHOから、ライフスキルとして、以下の10個のスキルが提案されている。すなわち、自己認識、共感性、効果的コミュニケーションスキル、対人関係スキル、意志決定スキル、問題解決スキル、創造的思考、批判的思考、感情対処スキル、ストレス対処スキル、である。

2 自尊感情は、self-esteemの日本語訳である。それは、他者との比較によって培われた、自分は優れているのだという自尊心ではなくて、だめな部分も含めてありのままの自分を受け入れることができるという気持ちを意味する。ただし、論者によっては、そのself-esteemを自尊心と訳す場合もあるので、注意が必要である。

3 モラルスキルという言葉は和製英語である。モラルスキル学習は、モラルスキルトレーニングともいわれているが、ソーシャルスキルトレーニングを模して、日本で提案されたものである。提唱者は林泰成である。

3 授業プロセスと考え方

　いずれのスキルトレーニングにおいても、スキルは、分解して教えることが可能だと考えられている。例えば、挨拶というスキルは、笑顔で、相手の顔を見ながら、大きな明るい声で、お辞儀をしながら、挨拶の言葉を言う、という具合に分解できる。声が小さければ、「今の挨拶はよかったね。でも、もう少し大きな声だと相手の人も、私に挨拶してくれたんだってはっきりわかるよね」というように、うまくできていない部分に修正をかけていく。まずほめることで、すでに身につけているスキルを強化し、そのうえで、悪かった点を修正するのである。

　教科書の教材のなかから具体的行動場面が描かれているものを選び、上記の流れで、行動を学びつつ道徳的な学びをも行うなら、それは、すでにモラルスキル学習となる。モラルスキル学習の要件は、スキル学習であると同時に道徳教育であるということである。

　しかし、ソーシャルスキルトレーニングのステップ[4]をそのまま援用するだけでは、スキルを学ぶという点が強調されすぎていて、道徳的な学びが成立しにくい。そこで、道徳科の授業として成立させるには、授業展開のなかで、道徳的価値を含む道徳教材とのつながりをうまく仕組まなければならない。モラルスキル学習の典型的な例として、次のような授業の流れが提案されている。

---

①資料の提示：道徳教材を提示する。
②ペアインタビュー：二人一組で、登場人物になってインタビューし合う。
③ロールプレイング１：教材の一場面を演じる。
④シェアリング：感じたことを話し合う。
⑤メンタルリハーサル：教材から離れ、教師が類似した場面を提示して、イメージさせる。
⑥ロールプレイング２：その場面を実際に演じてみる。
⑦シェアリング：感じたことを話し合う。
⑧課題の提示：課題を提示して、別な場面でも使用できるようにする。

　ソーシャルスキルトレーニングと比べると、大きな違いは、道徳的な資料や教材とのつながりを想定しているという点である。また、ステップが多くなっている。しかし、小中学校の通常の授業時間45分〜50分では、盛りだくさんになっており、教師も児童生徒のこのスタイルに慣れていないと時間内に収めるのは難しい。そこで、最初のシェアリングで終わるような簡略化したスタイルも提案されている。

（林　泰成）

4　ソーシャルスキルトレーニングでは、次のような手順で、スキルを学ぶ。①インストラクション：教師が言葉によって説明する。②モデリング：教師が手本を示す。③ロールプレイ：児童生徒たちが実際に演じてみる。④フィードバックと強化：よかった点をほめ、悪かった点を修正する。⑤一般化：ほかの場面でも使えるように、例えば「毎日だれか一人に必ず挨拶するようにしようね」というような課題を出す。ここでは、ロールプレイという表記を用いたが、ソーシャルスキルトレーニングの書物では、アクションと表記されたり、リハーサルと表記されたりすることもある。ロールプレイは、心理療法の一つである心理劇から派生したものであり、心の状態を変容させる技法である。役割演技と訳されることもある。

◀参考文献▶

・林泰成『モラルスキルトレーニングスタートブック──子どもの行動が変わる「道徳授業」をさぁ！はじめよう』明治図書、2013年

モラルスキル学習を用いた授業の展開例（小学校）

朝の登校時の挨拶を描いた資料（教師が自作）をもとにして、簡略化したスタイルで授業をする場合の展開例を示す。小学校の低学年を想定した展開例である。

1　**主題名**　朝の挨拶

2　**ねらい**　気持ちのよい挨拶、言葉遣い、動作などに心掛けて、明るく接することの大切さに気づく。

3　**内容項目**　B「礼儀」

4　**展開**

	学習活動	主な発問と予想される反応	指導上の留意点
導入	教師の話を聞く。	T「みなさんは、毎朝挨拶していますか」 C「しています」 T「誰にどんな挨拶をしていますか」 C「先生に挨拶してるよ」 T「ちゃんとできているかな。では、今日は挨拶のお勉強をします」	
展開	教材提示 　教材の範読を聞いて、内容を理解する。	T「短いお話を読みますので、聞いてください」 資料を読み上げる。	簡単に登場人物やお話の筋の確認をする。
	ペアインタビュー 　二人一組でインタビューし合う。	T「では、二人一組で、太郎君と花子さんになって、インタビューをしてもらいます」 T「花子さんは太郎君に〈私が太郎君に挨拶したときどんな気持ちがしましたか〉と聞いてください」 T「太郎君は花子さんに〈僕がすぐに挨拶を返さなかったときどんな気持ちがしましたか〉と聞いてください」	質問内容を記した紙を用意し、必要な子どもに配布する。
	ロールプレイ 　実際に演じる。	T「では、この場面を劇にしてやってみましょう」 T「やってみたい人、手をあげてください」 演じた後、よかった点をほめ、悪かった点は修正する。	ここでは、代表者に前でやらせる。
	シェアリング	T「花子さんの挨拶はどんなところがよかったですか」 C「大きな声だった」	まずペアに尋ねる。次いで、見ている児童たちに尋ねる。児童たちの意見をもとに挨

	挨拶のポイントを確認する。	C「笑顔がよかったです」 T「太郎くんの挨拶はどんなところがよかったですか」 （二組目も同様に展開する） T「ではもう一度確認しましょう。挨拶するときに大事なことはなんでしょうか」 C「相手の顔を見る」 C「笑顔で」 C「大きな声で挨拶する」	挨のポイントをまとめる。 まとめた挨拶のポイントを確認する。
終末	課題の提示 まとめ	T「今日学んだ挨拶は、明日から毎朝できますか。ぜひ、毎朝、お友達にも先生にも挨拶してくださいね」 T「今日の授業で楽しかったこと、学んだことを書きましょう」	学んだスキルを日常場面で使用するように促す。 ワークシートに記入させ、回収する。

5 評価の視点

- 子どもたちは挨拶しようという気持ちが高まったか。
- 日常生活のなかで子どもたちに挨拶の行動が見られるようになったか。

　この展開例は、道徳的価値「礼儀」を取り上げているという点でモラルスキル学習であるが、ソーシャルスキルトレーニングに近いかたちのものとなっている。既に児童たちが挨拶のしかたを十分に身につけているなら、自由に演じさせる場面を増やして、挨拶の意味を考えさせるような取り組みも可能である。

◀参考文献▶
- 林泰成編『小学校　道徳授業で仲間づくり・クラスづくり　モラルスキルトレーニングプログラム』明治図書、2008年
- 林泰成編『中学校　道徳授業で仲間づくり・クラスづくり　モラルスキルトレーニングプログラム』明治図書、2011年

（林　泰成）

88 役割演技（ロールプレイ）を用いた授業

1 本書130-131頁「役割演技（ロールプレイ）」も参照。

1 役割演技について[1]

役割演技は、児童生徒が「やっぱり思いやりって大切だ！」「〇〇さんを見ていたら、私にも同じような心があったよ」などと実感を伴って道徳的価値を追求する有効な手法である。

即興性を重視し、場面を設定したら、児童生徒に自由に演じさせる。演者だけではなく、観衆も巻き込んでいくことが必要である。演者は、演じてみてどんな気持ちになったのか、観衆は見ていてどう思ったのかをインタビューする。そうすることで、道徳的価値への見方・考え方・感じ方を拡充することが可能になる。

2 具体例

① 小学校第2学年

② 主題名：公園のベンチはだれのもの？

③ 教材：『黄色いベンチ』（『わたしたちの道徳　小学校1・2年』）

④ 本時の目標：低学年C-(10)規則の尊重）

> 1 主題名　公園のベンチだれのもの？
> 2 教材名「黄色いベンチ」（『わたしたちの道徳　小学校1・2年』）
> 3 本時の目標
>   (1) 教材『黄色いベンチ』を通して、自分だけではなく、他の人のことも考えて、皆が気持ちよく使えるようにするという公共物を使うとき大切なことについてつかむことができる。
>   (2) 役割演技や吹き出し、表情図を操作する活動を通して、「少しくらいよい」「自分くらいよい」などという自己中心的な心を乗り越え、生活していく大切さに気づくことができる。

この主題は、規則尊重の内容をねらうものである。役割演技を展開段階に3つ（以下の(1)～(3)）位置づけた。

> 教材の概要：「黄色いベンチ」は、次のような話である。
> 　飛行機飛ばしに夢中になった主人公が、泥のついた靴で公園のベンチに土足で上がり、それを知らずに座った女の子のスカートが汚れてしまい、はっとする、という内容である。

(1) 状況把握→ウォーミングアップ的に活用

ベンチに土足で上がり、思いきり紙飛行機を飛ばす主人公たかしの心情・主人公の弱さへの共感（主人公に投影させて自己を語る）させることをねらいとする。

教材に忠実に動作をさせるというその場面を再現させることで、状況把握を十分させることができる（写真1）。

ベンチ、紙飛行機など状況に浸ることができる場の工夫が大切である。

写真1　黄色いベンチから紙飛行機を飛ばす

ベンチの上から飛ばすと、もっと長く飛んで楽しいよ。さあ飛ばそう。

雨もやんだよ。思い切り飛ばそう。楽しいなあ。今誰もいないから。

(2) 道徳的価値への気づき→弱さを乗り越えた心の追求

教材（資料）のキーワードは、「はっとした」という言葉である。

教師「汚れたベンチに腰を下ろした女の子のスカートがこんなに真っ黒」（ベンチに泥のついた紙をかぶせる）（→臨場感あふれる小道具）

「それを見てはっとしたたかしくん、どんな顔をしてる？ その時の顔を表情図で表してみましょう」（表情図）

写真2　女の子に迷惑がかかってはっとする主人公

「その時の気持ちを吹き出しに書いてみよう」（自分の気持ちの表出）

→「この時の様子を役割演技してください」（写真2）

というように順序立てて、子どもの意識をつないでいくことが大切である。

表情図やお面、名札など、その役になりきって心情を追求すると効果的である。そして、「どうしてそう思ったの？」などという根拠を問う発問もよい。

「だって、私も〇〇」というように、この時に、子どもなりの根拠のなかに自己の道徳的体験が含まれることになる。それを引き出すのが、教師の大切な役割となってくる。

> 教師「この後、たかしくんたち、どうしたと思う？」
> 児童生徒「女の子に謝った」「その後、掃除した」
> 教師「なぜ？ 2人しかベンチを汚したことを知らないよ」
> 児童生徒「また、女の子みたいに困る子が出てくるといけないから」「迷惑になったらいけないから」
> 　子どもたちは、謝って、ベンチをきれいにふくという役割演技をした。周りの子ども（観衆）も主人公の気持ちになって役割演技に参加する。
> 教師「今、顔がにこにこしているね。たかしくん、今どんな気持ち？」
> たかし「ぼくが汚してしまったベンチがきれいになってうれしいです」
> てつお「もう大丈夫」
> 教師「大丈夫って？」
> たかし「誰が座っても大丈夫。みんなのベンチだから」
> 周りの子ども「みんなで使うベンチは、みんなが気持ちよく使えるようにしないといけません」
> 「これからは、今のたかしくんみたいにみんなのものを大切に使います」

(3) 即興的にその場を創り上げる→道徳的行為へとつながる可能性（判断力を問う！）

その後の様子を即興的に表現する場を設定した。教材にはない部分を児童と創り上げる。

このように、「ああ、そうか」と視覚的に、そして体得的に価値の追求ができるのが役割演技である。そしてそれはやがて、道徳的実践へとつながる可能性を含んでいる。

写真3　黄色いベンチを掃除する主人公

（木下美紀）

◀参考文献▶

- 日本道徳教育学会編『道徳授業の基礎事典』光文書院、1990年
- 江橋照雄編著『役割演技ハンドブック』明治図書、1996年

役割演技を用いた授業の展開例（小学校）

1　主題名　「公園はだれのもの？」低学年Ｃ(1)規則の尊重
2　教材名　「黄色いベンチ」（文部科学省『わたしたちの道徳　小学校1・2年』）
3　ねらい

　公共物を使うとき、自分だけではなく、他の人のことも考えて、皆が気持ちよく使えるようにすることの大切さについてつかむことができる。

4　主題設定の理由
　①ねらいとする価値について

　　公徳とは、社会の一員として考え行動しようとする道徳、また、周りの人々に迷惑をかけず、公共の利益を図ろうとする道徳である。そのため、自分の思いのままに破ることは許されない。社会や集団の一員として、みんなのことを考えようとする意識が、約束やきまりを守ろうとする態度を支える。

　②児童の実態

　　本学級の子どもたちは、自分の学用品や、友達の物は大切に使おうとする。しかし、みんなで使うボールをそのまま運動場に置いてきたり、自分の使っている机に落書きをしたりするときがある。これらは、物への愛着心が薄かったり、遊びに夢中になり、「自分さえよければ」という自己中心的な考えが働いているからだと考える。

　③主な手立て

　　本主題の指導にあたっては、役割演技や吹き出しを通して、「自分だけならよい」とか、「おもしろいからよい」などという自己中心的な気持ちを乗り越えて、みんなの物を大切に使うことができるようにする。役割演技については、物語の続きを考える創造的な役割演技をさせ、実践につなぐ支援を行う。

5　板書計画

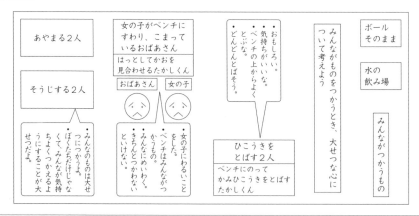

6　本時の展開

活　動　と　内　容	指導上の留意点
1　1枚の絵をもとに、自分の日常生活のなかの公共物の使い方について考え、公共心について話し合う。 　○公共心について気がかりをもつこと 　――　めあて　―― 　　みんなの物を使うとき、たいせつな心について考えよう。	○1枚の絵を提示することで公共物にはどんなものがあるか、大切に使ったこと、大切に使えなかったことから、公共心についての気がかりをもつことができるようにする。
2　教材（資料）「黄色いベンチ」を読み、公共心の大切さについて話し合う。 （1）紙飛行機を夢中で飛ばすたかしの気持ちについて話し合う。 　○「少しくらいならよい」「自分くらいよい」というたかしの心の弱さに共感すること （2）ベンチに座った女の子のスカートが汚れたのを知ってはっとしたたかしの気持ちについて話し合う。 　○公共物は、自分だけではなく、他の人も気持ちよく使うものであることに気づくこと 　・きちんと使わないといけない。（マナー） 　・みんなに迷惑がかかるよ。（視点の広がり） 　・女の子に悪いことをした。（後悔） 　・公園のベンチは、ぼくたちだけじゃなくて、みんなが使うものなんだ。（再確認） （3）女の子に謝り、ベンチをきれいにしようとしたたかしの気持ちについて話し合う。 　○公共物を大切にしようとするたかしの気持ちに共感すること。	○ベンチに乗って夢中で紙飛行機を飛ばすたかしとてつおの役割演技を通して話し合うように助言する。 ○はっとしたたかしの心情について、表情図（喜怒哀楽がつくれるもの）を操作し、お面につけて心内表現して、共感することができるようにする。 ○その後の行為を考え、役割演技をするなかで、その心情を追求することができるようにする。
3　公共心について自分の考えをまとめる。 （1）級友や自分の行動で、公共物を大切にしたことを紹介する。 　○自分や友達に公共心を見つけること。 （2）教師の説話をもとに公共心について話し合う。 　○教師の説話をもとに感得した価値の実現をめざしていこうとする実践意欲を高めること。	○実践できたことを紹介して自己評価し、自分の心のなかに公共物を大切にしようとする心を発見できるようにする。 ○実践意欲を高めるために、児童の様子を紹介する。

7　授業評価の観点

①道徳的価値（規則尊重：公共心）を自分との関わりでとらえているか。自分の体験に結びつけて具体的に発言したり、記述したりしているか。（自我関与）
②役割演技において、演技したり、友達の意見をつけ加えたりして交流しているか。（多面的・多角的な考え）
③自己の生き方について考えを深めているか。（自己課題）（これからのなりたい自己像）

（木下美紀）

90 体験活動を用いた授業

1 経験と体験

ジョン・デューイ[1]は、『民主主義と教育』[2]において「1オンスの経験は1トンの理論に勝る」と述べている。言葉を通して理論を学んでも、それが実践的な力として機能するためには、やはり経験による裏打ちが必要である。とりわけ、道徳教育のような、人間の行為や人間どうしの関係に関わる領域では、経験を通してしか学ぶことのできない暗黙知はたくさんある。

ここで「経験」と訳したデューイの言葉は、experienceであるが、この言葉は、体験とも訳される。日本語では、経験と体験は、同じ意味で用いられることもあるが、個々の体験を通しての学びが豊かな経験につながる、といった用いられ方もする。こうした言葉使いでいえば、体験のさせっぱなしではいけない。それだけでは、児童生徒たちにとっては、「今日も楽しかった」で終わってしまうかもしれない。その体験から児童生徒たちに何かを学び取らせるしかけが、学校教育における体験活動では求められるといえる。

2 体験活動とは

体験活動[3]とは、身体を使って実際に体験する活動のことである。特に学校においては、教科書や副読本以外のものを用いた方法で、児童生徒たちが対象に対して五感を通して関わっていく活動のことである。体験活動には、直接的に対象に関わる「直接体験」のほかに、インターネット等を通して感覚的に学び取る「間接体験」や、役割演技等を通して模擬的に学ぶ「疑似体験」などもある。

近年、インターネットやさまざまな情報機器、ゲーム機等の普及によって、児童生徒たちは学校以外の場所でも「間接体験」や「疑似体験」をする機会が増えているが、そのマイナスの影響も心配されている。今、教育現場で必要性が強く主張されているのは、人や事や物に直接的に触れ合う「直接体験」の活動である。

直接体験には、楽しいことばかりではなくつらい面もある。町に出て人と会えば、家庭や学校のように、温かく見守ってくれる人ばかりではない。職場体験活動では、叱られることもあるだろう。しかし、こうしたつらい体験を乗り越えることによって、レジリエンス（resilience 精神的回復力）が鍛えられるし、そうしたことは、道徳的な学びの下支えともなる。

3 道徳科の授業と体験活動

2017（平成29）年3月に改訂された小学校および中学校の学習指導要領の第三章「特別の教科 道徳」には、「道徳的行為に関する体験的な学習等を適切に取り

---

[1] ジョン・デューイ（John Dewey、1859年〜1952年）は、アメリカ合衆国の哲学者、教育哲学者、社会思想家。プラグマティズムの立場に立つ。

[2] ジョン・デューイ（松野安男訳）『民主主義と教育』（上・下）岩波文庫、1975年

[3] 体験活動の定義については、文部科学省『体験活動事例集──体験のススメ［平成17、18年度豊かな体験活動推進事業より］』2008（平成20）年、を参照。

入れる」というような表現がある。これは一見したところ、道徳科の授業において、街に出てインタビューするような体験活動を仕組んでよいというようなことを述べているようにとらえられるかもしれないが、そうしたことが主張されているわけではない。この文言の前には、「児童の発達の段階や特性等を考慮し、指導のねらいに即して」という条件がつけられているし、さらに、学習指導要領に示された内容については、教科書を通して教材も提供されているわけであるから、それを使用せずに体験活動が自由に許されるということではない。授業のなかで実践可能だと考えられるのは、教えるべき**道徳的価値**の理解に関して有用であると想定される場合に、また、教科書に掲載された教材の理解にも資すると認められる場合に、**役割演技**やスキルトレーニングなどを用いて模擬的に実践してみるということである。

　しかしまた、学習指導要領には「特別活動等における多様な実践活動や体験活動も道徳科の授業に生かすようにすること」という文言もある。道徳科の授業が、直接体験を中心とした体験活動の場ではないとしても、特別活動等における多様な実践活動や体験活動と連携した道徳科授業は、むしろ積極的に行うべきである。

　学習指導要領においては、各教科、総合的な学習や特別活動の「指導計画の作成と内容の取扱い」で、道徳について「適切な指導をすること」と記されている。「特別活動」から引用すると、「第1章総則の第1の2に示す道徳教育の目標に基づき、道徳科などとの関連を考慮しながら、第3章特別の教科道徳の第2に示す内容について、特別活動の特質に応じて適切な指導をすること」と記されている。現在の学習指導要領では、教育活動のすべてが道徳教育とつながるように設計されているのである。それらを個々のものとしてとらえるのではなく、積極的につながりを考えて取り組まなければならない。

　そのためには、各教科や領域を横断するカリキュラム・マネジメント[4]が求められる。学校全体のカリキュラム・マネジメントではなくても、道徳科の授業を中心に考えれば、複数時間でユニット化した授業が考えられる。例えば、最初に道徳科の授業で郷土愛について学び、次に、総合的な学習の時間等を活用して、地域の人たちを招いて地域の伝統行事である「芋煮会」（一例である）を実施する。その後、道徳科の授業で、感謝に関する教材を使いながら授業を行い、授業後半で、「芋煮会」での出来事を振り返らせつつ地域の人たちに感謝の気持ちを伝えるにはどうしたらよいかを考えさせる。この場合は、子どもたちは郷土愛と感謝を学ぶことになるが、こうした取り組みは、相乗効果を生み出すと考えられる。

（林　泰成）

[4] カリキュラム・マネジメントとは、教育目標の実現に向けてカリキュラム（教育課程）を編成し、実施し、評価し、改善を図る一連のサイクル（いわゆるPDCAサイクル）を組織的に運用していくことである。

◀参考文献▶

- 諸富祥彦『「問題解決学習」と心理学的「体験学習」による新しい道徳授業』図書文化社、2015年

91 体験活動を用いた授業の展開例（中学校）

1 ユニット化

体験活動に関わる取り組みと道徳科の授業をユニット化[1]した一例を示す。対象は中学校である。職場体験の実施に関しては、受け入れ事業所の開拓や連絡等、さまざまな業務が付随するので、全校体制で取り組むことが多い。

文部科学省のHPで公開されている『中学校職場体験ガイド』では、学内の推進委員会とは別に「学校外における職場体験連絡協議会の設置なども効果的である」と記されている。

ここでは、そうした取り組みから、道徳に焦点化して、ユニットを切り出すとすれば、どのようなかたちになるかをシミュレートしたものである。

ユニットのテーマは、「郷土に生きる」である。

第1次活動	【道徳科】 テーマ：働く意義
第2次活動	【総合的な学習の時間】 テーマ：職場体験学習
第3次活動	【特別活動】 テーマ：職場体験学習発表会
第4次活動	【道徳科】 テーマ：郷土愛

第2次～第3次の活動に、郷土の産業を調査するなどの活動をはさみ込むことも考えられる。ユニット化したプログラムは、あまり長い期間にわたると連携の意味が薄れるので、1つの学期の間に実施したい。以下では、第4次活動の略案を示す。

2 第4次活動

①主題名　　　郷土愛

②ねらい　　　自己の生き方を探りながら、地域社会の一員としての自覚をもって郷土を愛し、進んで郷土の発展に努める態度を育む。

③内容項目　　C「郷土の伝統と文化の尊重、郷土を愛する態度」

④教　　材　　「米百俵」（『私たちの道徳　小学校5・6年』）（一例として、「米百俵」を取り上げるが、郷土のことを取り上げることになるので、地元で作られた郷土資料[2]を使用したい。）

⑤教材の概要　北越戦争（戊辰戦争の一つ）で敗れた長岡藩は、財政がひっ迫し、藩士たちはその日の食にも窮するありさまであった。この状況を見た長岡藩の支藩三根山藩から百俵の米が贈られることとなった。しかし、藩の大参事小林虎三郎は、その米を藩士には分け与えず、

---

[1] ユニット化とは、複数時間を関連づけて行う授業プログラムである。道徳授業のユニット化に関しては、「単元的道徳学習」とも呼ばれている。毛内嘉威『道徳性をより高める単元的道徳学習』学事出版、2008年を参照。

[2] 教科書には、法的な使用義務がある。教科書の教材をどこまで代替できるかは、現時点では、文部科学省から明確な指示は出ていない。しかし、郷土資料については、作成することが文部科学省によって勧められているので、郷土資料の使用は可能になるものと推測される。

売却して学校設立の費用とすることに決定する。藩士たちはこの決定に驚き、虎三郎に抗議するも、虎三郎は決定を押しきった。

⑥展　開

	学習活動	教師の働きかけと生徒の反応	指導上の留意点
導入	・教師の話を聞く。 ・職場体験学習発表会で出された感想を振り返る。	T「今日はまず、職場体験の発表会のことを振り返ってもらいます」 T「この地域ならではの話もたくさん出ました。今日は郷土の先人について学びます」	楽しかった体験、つらかった体験の両方を発言させる。郷土ならではの話題をピックアップする。
展開前段	・資料を読む。 ・資料の登場人物や、流れを確認する。 ・藩士たちの気持ちを考える。 ・小林虎三郎の思いを考える。	T「米百俵を贈られたときに藩士はどんな気持ちだったでしょうか」 S「やっとコメが食べられると思った」 T「小林虎三郎は、どんな思いで提案したのでしょうか」 S「将来のことを考えないといけない」	簡単に登場人物や話の筋の確認をする。
展開後段	・自分たちが郷土のためにできることを考え、話し合う。 ・それを感想カードに記入する。	T「私たちの郷土には、こうした先人がいるわけですが、皆さんは、郷土のためにどんなことをしたいと思いますか。あるいは、郷土のために何ができますか」 「グループで話し合ってみましょう」	自分たちの職場体験も振り返るように言葉かけする。
終末	教師の説話を聞く。 感想を書く。	・まとめの話をする。 ・最後に感想を書かせる。	

3　複数価値をつなぐユニット化

　ユニット化は、一つの道徳的価値を定めて行うのがわかりやすい。しかし、新しい学習指導要領では「道徳的諸価値についての理解」という言葉も使われており、複数の価値の関連や対立などを扱う必要もある。そこで、ここでは「働く意義」から「郷土愛」へとつなぐかたちのユニット化を示した。

（林　泰成）

92 「いじめ」を対象とした授業

1 道徳授業に何ができるか

「いじめ防止対策推進法」[1]は、道徳教育におけるいじめへの対応について、「学校の設置者及びその設置する学校は、児童等の豊かな情操と道徳心を培い、心の通う対人交流の能力の素地を養うことがいじめの防止に資することを踏まえ、全ての教育活動を通じた道徳教育及び体験活動等の充実を図らなければならない」(第15条)として、いじめ防止を道徳教育の責務と位置づけている[2]。

「いじめ」を対象とした授業を考えるうえで、まず確認すべきことは、いじめ防止は学校の道徳教育全体で取り組む課題だということである。一回の授業でいじめが防げるわけではない。いじめ防止を道徳教育の全体計画に位置づけて学校全体で共有し、体験活動を含む多様な活動を関連づけて実践、さらにそれらの成果を検証して計画を見直していくカリキュラム・マネジメントの充実が求められているのである。では、そのなかで、道徳科にできることは何だろうか。

従来の道徳授業におけるいじめ問題への対応は、規範意識や思いやり、正義、生命尊重などいじめ防止に関わる諸価値について内面的自覚を高める取り組みが多かった。しかし、こうした授業の実効性には検証が必要である。例えば、森田洋司は、「意識調査の結果では、ほとんどの子どもたちが、いじめは良くないことだと認識している」(森田、2010、p.123)と分析する。森田の調査によれば、「持ち物かくし」や「友達をからかう」ことについて、90％以上が「悪い」ことだと認識しているにもかかわらず、こうした行為がほとんどの学級で発生していたという(森田、2010)。このような認識と行動の不一致は、内面的自覚を促す授業だけでは現実の行為選択につながっていかない可能性を示唆している。

道徳的心情や価値の内面的自覚をねらいとする授業の限界は、「いじめる側にも理由がある」「いじめる側といじめられる側、両方の気持ちがわかる」などといじめる側にも共感してしまうと、問題が解決できなくなってしまうことである。いじめ問題を解決するには、価値の理解や他者への共感・想像力に加え、具体的な状況において何が正しいかを判断し、実践する力が育てられねばならない。

もちろん、実践する力を育てるといっても、よく懸念されてきたように、「いじめをしない」と決意表明させて行動化を迫る授業では、現実のいじめを解決する力は育たない。授業に求められるのは、「今、自分はどうすべきか」を主体的に考え、判断し、選択した行為を実行できる力の育成である。

学校の教育活動全体で取り組む道徳教育では、いじめを許さない学校文化を築くことが求められる。その取組を充実しつつ、道徳科の授業では、いじめをめぐるさまざまな問いに正面から向き合って考えさせたい。「なぜいじめはよくない

---

1 **いじめ防止対策推進法**
いじめ防止対策推進法(2013〈平成25〉年6月28日公布・同年9月28日施行)は、いじめの防止に向け、基本的な理念と体制の整備に関する事項を定めた法律である。いじめの定義を示してこれを禁止し、いじめ対策に関して国や地方公共団体等の責務を明らかにするとともに、学校に対してもいじめ防止に関する基本的な方針を策定するよう定めている。また、学校が講ずべきいじめの防止等に関する措置や、重大事態への対処等についても具体的に規定している。法律の全文は文部科学省のサイトで確認できる。
http://www.mext.go.jp/a_menu/shotou/seitoshidou/1337278.htm (アクセス日：2016年1月5日)

2 いじめ防止の取組の充実に向け、文部科学省は、「いじめに正面から向き合う『考え、議論する道徳』への転換に向けて」とする文部科学大臣メッセージを発信、道徳科において、いじめに関して考え、議論する授業を積極的に展開するよう求めた(2016〈平成28〉年11月18日)。
http://www.mext.go.jp/b_menu/houdou/28/11/1379623.htm (アクセス日：2016年12月15日)

のか」、「なぜよくないとわかっていてもとめられないのか」「自分は何ができるか」。こうした問いに答えを出すことなく、多様な見方に出会い悩みながら議論し、自分が納得できる答えをともに探究するプロセスを経ることで、現実の「いじめ」を自分の問題として考え、議論し、解決していく力を育てることが道徳授業の役割である。

2 いじめを対象とした道徳授業の構想

これまでの道徳授業では、「ねらい」とする一つの価値を学習する授業づくりが中心であったため、いじめ防止に直接関わるねらいを盛り込みにくく、間接的な学習にとどまっていた。道徳科の学習指導要領では、内容項目間の関連を密にした指導や身近な社会的課題を取り上げる学習が重視されており、いじめ問題の解決そのものをテーマに掲げた授業を構想できる。

ここで注意すべきなのは、「いじめ問題では、学級に似たような体験があると児童生徒が意見を出しにくい」という指摘がなされることである。学級に深刻な「いじめ」が発生している場合には、予防的なアプローチは有効ではなく、学校として問題への直接的な介入が必要となる。そこまで深刻でなくても、「いじめ」につながる芽が潜在している場合や学級内の権力関係が抑圧的に働いてしまうと、身近なことを話しづらい雰囲気になることは十分想定される。

こうした学級では、道徳的問題を話し合う力が育っていない。まず、答えが一つでないテーマを取り上げながら話合いのルールを指導するとともに、道徳科における話合いが、異なる意見と出会いながら相互理解を深め、ともに探究して解決をめざすものであることを体験的に学習させていくことが必要である。

そのうえで、授業の題材には、客観的なデータを活用したり、読み物教材を「ケーススタディ」[3]として扱ったりして多面的・多角的にいじめ問題をとらえ、自分の体験や利害にとらわれた見方や立場を超えて議論を深める学習活動を実現し、自分の生活を道徳的な視点から振り返って考える力を育てたい。

さらに、いじめ問題を扱う授業では、正しいと判断したことを実践できる力の育成が求められる。とりわけいじめ問題の解決には、集団の問題を自ら発見し、集団で解決していく協働が鍵となる。授業のなかで問題を友人と話し合って解決してみる体験はその協働実現へのプロセスである。その体験は問題を解決できるという自己有用感も育むだろう。このように実践的に問題解決のできる対話的な共同体を育成することがいじめを対象とした授業の目標であるといえよう。

「いじめ」の原因には複雑な要因が絡んでおり、未然防止を目的とした授業にも多様なアプローチが必要である。直接いじめ問題を取り上げるだけでなく、弱者への共感や差異への寛容、他者の受容や人間関係づくりなど、さまざまなテーマを多様な手法で学習する授業を開発し、いじめ防止に取り組みたい。（西野真由美）

3 ケーススタディ
ケーススタディ（case study）は、「事例研究」である。教育分野では、事例を取り上げた指導方法を指す。現実に起こった出来事やそれに基づく事例を取り上げ、問題を分析して解決方法を話し合ったり、ロールプレイを用いて考えたりする手法である。本来は、さまざまな現実社会の問題を自分事として考えて意志決定することを求める手法であるが、「いじめ」のように児童生徒にとって身近な問題の場合、いじめられる側に立って自分事として共感的に考えさせるだけでなく、いじめる側や傍観者になってしまう自分を第三者の視点で見つめ直すために活用することも有効である。

◀参考文献▶
- 森田洋司『いじめとは何か』中央公論新社、2010年

93 「いじめ」を対象とした授業の展開例(中学校)

1 主題名　「いじめを解決しよう」

2 ねらい

　なぜ「いじめ」は防げないのかについて問題意識をもって多面的・多角的に考え、「いじめ」を解決する方法を話し合って提案する活動を通して、相互理解を深め、協力して「いじめ」を解決していくことのできる実践力を育てる。

3 教材　　「正義感」・「いじめをなくそう」(出典:文部科学省『私たちの道徳 中学校』162-163頁)
　　　　　「いつも一緒に」(出典:文部省『中学校 読み物資料とその利用──「主として他の人とのかかわりに関すること」』)

①ねらいとする価値

　「相互理解、寛容」、「友情、信頼」

　関連する価値:自律、集団生活の充実、よりよく生きる喜び

②教材の概要

　『私たちの道徳』　1.「友だちが悪いことをしていたら、やめさせる」に関する小学校4年生から高校2年生までの回答の集計
　　　　　　　　　2.「中学校におけるいじめの形態」に関する統計

　『いつも一緒に』親友だった真理子(主人公)とみゆきのちょっとした仲違いが、級友を巻き込んだ「いじめ」に発展してしまうプロセスと、そのなかで友人としてどう行為すべきかに悩む真理子の思いが描かれている。

③教材活用のポイント

　導入で中学生の意識に関する統計資料を活用することで、身近な問題を客観的視点で分析できるようにする。読み物は、「ケーススタディ」として活用するため、問題状況が理解できればよい(事前に読んでおくよう指示してもよい)。本時で読み物を使う理由は、身近な問題を第三者の視点で多面的・多角的に考えられるようにするためであり、「いじめ」を題材とした他の読み物や視聴覚教材を活用してもよい。

4 展開(学習指導過程)

	学習活動(主な発問)	指導上の留意点
導入	1　統計資料から気づいたことや疑問を出し合って、本時で考えたい問題を共有する。 ・なぜ悪いことを注意できないのだろう。 ・中学生の割合が低いのはなぜだろう。 　　「いじめ」をなくすにはどうすればよいか考えよう。	○感想ではなく、問いや疑問を表現するよう促し、本時の問いとしてまとめていくようにする。

展開	2　資料「いつも一緒に」を読み、問題状況を確認し、解決方法をグループで話し合って提案する。 ①全体討議１ 　●みゆきの置かれた状況は「いじめ」にあたるか。 （補助発問）「いじめとからかいやけんかとの違いは何だろう」 ・必要なら「いじめ」の定義を紹介し、「集団による無視」が「いじめ」にあたることを確認し、なぜそうなのかを考えさせる。 　●なぜ「いじめ」が起こったのだろう。本当の原因を考えてみよう。 ②グループワーク ５人グループでA～Cのいずれかの方法で解決方法を考えよう。 　A　ロールプレイ（登場人物＋級友A）でAが登場人物にインタビューしてアドバイスしていく。 　B　資料の先のストーリーを創作する。 　C　付箋を使用しKJ法※で解決策を提案する。 ③全体討議２ 各グループの解決策を紹介し合って共有し、さまざまな解決策について、よい点や気づいたことをあげて交流する。	○友人を皆で無視することが「いじめ」にあたることを全体で確認する。意見が分かれた場合は「いじめ」の定義を紹介して考えさせる。 ○いじめられる側にも原因があるとの意見が出た場合は、登場人物（級友）の言動に注目させ、誰でも「いじめ」の対象になりうることに気づかせる。 ○A～Cを各グループで選択して、多様なアプローチが展開できるようにし、互いの解決策を紹介し合って学び合えるようにする。ただし、KJ法やロールプレイに慣れていない場合は、どれか一つの方法を実施してもよい。
振り返り	本時の学習を踏まえ、もう一度冒頭の資料に戻って、いけないとわかっていても注意できない生徒が多い理由を考え、「いじめ」を防ぐために、何が大切か、どうすべきかを考える。	○個人ワーク、グループワーク、全体討議のいずれで実施してもよい。

5　評価の視点

①いじめがなぜ起こるのかをさまざまな視点や立場から考え、誰でもいじめの対象になりうることに気づき、いじめの問題を自分自身の問題としてとらえている。

②どうすればいじめを防ぐことや解決することができるのかを考え、具体的に提案している。

※KJ法：川喜多二郎氏（東京工業大学名誉教授）が考案したデータ分析・問題解決の手法（KJは川喜多氏のイニシャルに由来）。現在は、研修や学校教育で広く活用されている。グループワークで行う場合、最初に付箋紙等に参加者が自由に意見を書き、次にそれらを一枚の紙に配置し、関連づけながら全体を集約していく。全員の意見を取り上げることができ、思考を図解化・構造化しながら問題解決を図ることができる点に特徴がある。

（西野真由美）

94 コラム ――「いじめ」

1 「いじめ防止対策推進法」の成立と意義

「学校はなぜいじめを防げないのか」。「いじめ」を苦にした小・中学生の自殺が繰り返される現実を前に、学校には厳しい声が寄せられてきた。

「いじめ防止対策推進法」（2013〈平成13〉年９月施行）は、これまで個々の学校の判断にゆだねられてきたいじめ問題への対応について、学校全体で取り組むための基本的な理念や方針を示す目的で整備された。同法で特に注目したいのは、「いじめ」を明確に定義していること、そして、「いじめ」について犯罪行為とそうでないものを区別し、それぞれに異なる対策を明示していることである。

同法によれば、「いじめ」とは「児童生徒に対して、当該児童生徒が在籍する学校（小学校、中学校、高等学校、中等教育学校及び特別支援学校）に在籍している等当該児童生徒と一定の人的関係にある他の児童生徒が行う心理的又は物理的な影響を与える行為（インターネットを通じて行われるものを含む。）であって、当該行為の対象となった児童生徒が心身の苦痛を感じているもの」である。

この定義は、いじめ問題では、一貫して「いじめられる側」に立った対応が必要であることを示している。深刻ないじめ問題でしばしばみられるのは、加害者側に「からかっているだけ」という意識しかなかったり、教師や級友が遊び仲間どうしとしか認識していなかったりして、「いじめ」の認知が遅れ、事態を悪化させたケースである。同法の定義は、「いじめ」の判断には第三者の目ではなく、被害者への事実確認が必要であることを明示している。その際忘れてはならないのは、児童生徒には「いじめられていることを知られたくない」という思いもありうることを理解し、相談できる環境や体制の整備に配慮することである。

次に、「いじめ」への対策について、同法では、暴力や金銭に関わる「いじめ」と「暴力を伴わないいじめ」では対処法が異なることが明示されている。つまり、両者はともに児童生徒の心身に深刻な苦痛を与えるが、前者については、早期に発見し外部機関とも連携して速やかに解決を図ることが必要であるとし、犯罪行為と認めうるときの所轄警察署との連携についても定めている。他方、後者は「ネットいじめ」[1]も含め、実態がとらえにくいだけでなく、対症療法がさらに陰湿な「いじめ」を助長しうるため、一律的な対応が難しいとして、「未然防止」に力を注ぐ必要があるとしている。このように両者を区別することによって、各学校が現状に応じた速やかで柔軟な対応を進めるよう期待されている。道徳教育では、この未然防止や早期発見に向けた取り組みの充実が求められている。

---

1 ネットいじめは、インターネット上におけるいじめ。世界的に発生しており、英語圏ではCyberbullyingと呼ばれている。情報ネットワークを介して相手に直接嫌がらせをする行為だけでなく、インターネット上に誹謗中傷や噂を流したり個人情報を公開したりするケースもある。文部科学省が毎年実施している「児童生徒の問題行動等生徒指導上の諸問題に関する調査」では、2006年以降、「いじめ」の様態に関する質問項目に「パソコンや携帯電話等で、誹謗中傷や嫌なことをされる」を加え、ネットいじめに関する実態を調査している。2008年には、同省に設置された「子どもを守り育てる体制づくりのための有識者会議」が「ネット上のいじめ問題」を中心に検討し、議論の取りまとめを公開した。このなかで、ネット上の「いじめ」の特徴として、①被害が短期間できわめて深刻になること、②子どもが簡単に被害者にも加害者にもなってしまうこと、③子どもたちの個人情報や画像がネット上に流出し、それらが悪用されていること、④実態を把握し効果的な対策を講じることが困難であること、の４点があげられている。
（「『ネット上のいじめ』から子どもたちを守るために－見直そう！ ケータイ・ネットの利用のあり方を－子どもを守り育てる体制づくりのための有識者会議ま

2 いじめはどの学校にも起こりうる

「いじめ」の認知件数[2]（図1参照）を学年別に見ると、最も多いのは中学校1年生であるが、小学校1年生から高校まで全学年で発生している。特に小学校は全学年で多い。いじめ防止の取り組みは小学校低学年から充実させていく必要がある。

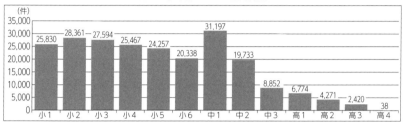

図1　学年別いじめの認知件数

出典：文部科学省「平成27年度『児童生徒の問題行動等生徒指導上の諸問題に関する調査』（確定値）について」2017年2月28日
http://www.mext.go.jp/b_menu/houdou/29/02/__icsFiles/afieldfile/2017/02/28/1382696_001_1.pdf

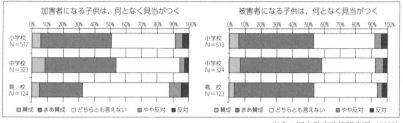

図2　教師調査「加害者・被害者になる子どもは、何となく見当がつく」

出典：国立教育政策研究所（2002）

なお、この認知件数調査についても問題が指摘されている。すなわち、学校が「いじめ」を見過ごしてしまうと報告件数が減り、逆に早期発見に努めるほど増えてしまうのである。そこで、「いじめ」に関する長期的な追跡調査を実施してきた国立教育政策研究所では、「いじめ」はどの児童生徒にもどの学校にも起こりうるものであり、しかも、大半の児童生徒が巻き込まれる可能性がある、と指摘してきた。

同研究所による教師調査では、「いじめの加害者になる子供は、何となく見当がつく」「いじめの被害者になる子供は、何となく見当がつく」という意見に対して、「賛成」または「まあ賛成」と回答した教師が、小・中学校ともに5割強であった。しかし追跡調査で確認してみると、小・中学生ともに、3年間の調査期間に7〜8割の児童生徒が被害や加害の経験があったと回答している。思い込みで判断してしまうと、「いじめ」を見逃してしまう危険がある。

「いじめ」の未然防止に取り組むには、まず「いじめ」がどの学校でも誰にでも起こりうるという意識が必要である。「いじめ」が深刻な事態につながる事例も逆に解決につながる事例においても、周りの児童生徒の意識や行動が大きな影響力をもっていることが示唆されている。児童生徒が主体的協働的に「いじめ」を防ぐ取り組みを学校における恒常的な教育活動として充実させ、集団の問題を自ら解決する実践力を育成したい。

（西野真由美）

とめ【第2次】」http://www.mext.go.jp/b_menu/houdou/20/06/08061612/002.htm）（アクセス日：2016年1月5日）

[2] 文部科学省が毎年実施している「児童生徒の問題行動等生徒指導上の諸問題に関する調査平成」では、2006（平成18）年度調査から、「いじめ」の件数の呼称を「発生件数」から「認知件数」に改めた。その理由について、国立教育政策研究所では、「いじめという行為は、そもそも大人（第三者）の目には見えにくく、完全に発見することは不可能です。つまり、教職員が認知できた件数は、あくまでも真の発生件数（それを特定することは不可能ですが）の一部にすぎないのです」と説明している（国立教育政策研究所「生徒指導リーフ11　いじめの『認知件数』」2013年）。同リーフでは、「『認知件数』が少ない場合、教職員がいじめを見逃していたり、見過ごしていたりするのではないか、と考えるべき」「（教育委員会等が）『解消率』等を考慮しないで『認知件数』だけを減らすよう求めるのは誤ったいじめ施策、と考えるべき」と指摘している。

◀参考文献▶

- 国立教育政策研究所「生徒指導リーフ4　いじめアンケート」、2002年　最新版は、http://www.nier.go.jp/shido/leaf/leaf04.pdfからダウンロードできる。

95 「いのち」を対象とした授業

1 「いのち」のとらえ方

「いのち」にはさまざまなとらえ方がある。まず誕生し、終焉を迎えるまでの「生命」としての「いのち」があり、人間が自然や社会のなかで役割を与えられ、過ごす日常の「生活」としての「いのち」があり、そうした日々の積み重ねとしての「人生」もまた「いのち」といえる。学校教育においては理科や保健体育の時間に生物の生態や人間の生理現象など「生命」そのものについて詳しく学ぶこともあるし、社会科では生命の尊厳や人間の社会的役割について「生活」や「人生」の視点から考えることができる。キャリア教育、市民性教育、法教育、食育、国際理解教育といった実践においても「いのち」をテーマとして取り上げることがある。また、交通安全、災害安全、生活安全といった学校における安全教育は「いのち」と直接的に関わる領域といえる。

「いのち」を対象とする教育が注目される背景には、①いじめや暴力行為を防止するとともに、青少年による凶悪犯罪や問題行動（自殺、薬物乱用等）を抑止すること、②価値が多元化し、多様な生き方を尊重する共生社会のなかで、その基礎となる豊かな人生観・世界観の形成を図ること、③自然災害、環境破壊、貧困問題、国際紛争等の人類的課題と真摯に向き合い、よりよく生きようとする人間を育てること[1]、といった教育への社会的期待がある。

2 「いのち」と道徳教育

道徳教育において「いのち」を対象とする授業は重点項目の一つであり、学習指導要領におけるAからDの4つの視点では「D 主として生命や自然、崇高なものとの関わりに関すること」に含まれる。その内容は、児童生徒の発達段階に応じて、以下のように示されている。

学習指導要領における内容項目D−1「生命尊重」（平成27年）

〔第1学年及び第2学年〕
　生きることのすばらしさを知り、生命を大切にすること。
〔第3学年及び第4学年〕
　生命の尊さを知り、生命あるものを大切にすること。
〔第5学年及び第6学年〕
　生命が多くの生命のつながりの中にあるかけがえのないものであることを理解し、生命を尊重すること。
（中学校）〔生命の尊さ〕
　生命の尊重について、その連続性や有限性なども含めて理解し、かけがえのない生命を尊重すること。

---

1 ストレスや困難に負けることなく、それを乗り越える力を「レジリエンス」と呼ぶ。心理学者を中心にレジリエンスを育てるワークや授業実践にも注目が集まっている。

また、文部科学省が道徳教育教材として配布している『私たちの道徳 中学校』では「自分がここに生きていることの偶然性」、「誰もがいつか必ず死を迎えるという有限性」、「先祖から受け継ぎ、子孫へ受け渡していく連続性」という3つの観点から、自他の生命を尊重する重要性が説明されている。

3 「いのち」を対象とした教育実践

1990年代半ばに相次いだ青少年の凶悪犯罪を受けて、学校では「いのち」を対象とする教育活動が推進されてきた。例えば、兵庫県では1998年より中学2年生を対象とした職場体験実習「トライやる・ウィーク」[2]を導入し、体験を通して「いのち」の在り方を考えさせる取り組みが重ねられている。また、学校で動物を飼育するだけにとどまらず、教育活動のなかに動物を積極的に活用する「動物介在教育」も導入が進められており、注目を集めている[3]。

東日本大震災によって東北各県では「いのち」に重点を置いた授業開発が進められてきた。岩手県では「いきる・かかわる・そなえる」を柱とする「『いわての復興教育』プログラム」[4]を作成し、独自の教材・カリキュラムの普及を進めている。また、福島県では震災後の社会状況をもとに『ふくしま道徳教育資料集』[5]が作成され、「いきぬく・いのち」、「敬愛・つながる思い」、「郷土愛・ふくしまの未来」の全三部を作成・公開した。

また、対話を取り入れた新たな試みとして哲学者リップマン（Matthew Lipman、1923-2010）が提唱した「子どもの哲学」（Philosophy for Children / Philosophy with Children）の理念に基づく「哲学対話」の実践も学校教育のなかで広がりを見せている。同実践では「批判的思考」「創造的思考」「ケア的思考」等の能力形成を図りながら、学級内で「生きること」や「いのち」をテーマとした根源的な問題について児童生徒による協同的探求が行われている[6]。

「哲学対話」について学ぶ大学の授業[7]

（藤井基貴）

---

[2] 1995年の阪神・淡路大震災、1997年の神戸連続児童殺傷事件を機に始まった中学生による職場体験活動。同活動を通じて学校・家庭・地域社会の連携も深められている。

[3] 吉田太郎『ありがとう バディ 学校犬、その一生の物語』セブン＆アイ出版、2015年

[4] 「『いわての復興教育』プログラム」の詳細については次のウェブサイトを参照のこと。
http://www.pref.iwate.jp/dbps_data/_material_/_files/000/000/003/262/all.pdf
（アクセス日：2017年11月30日）

[5] 『ふくしま道徳教育資料集』は福島県教育庁義務教育課のウェブサイトにおいて公開されている。
http://www.gimu.fks.ed.jp/htdocs/?page_id=24
（アクセス日：2017年11月30日）

[6] 土屋陽介「子どもの哲学における反省的思考とメタ認知 - 反省的思考力を伸ばす子どもの哲学カリキュラム作成のための予備的考察」『千葉大学人文社会科学研究科研究プロジェクト報告書』255、2013年、69-84頁。宇佐美公生ほか「子どものための哲学教育を介した道徳教育プログラムの開発プロジェクト」『教育実践研究論文集』第2巻、2015年、1-6頁。

[7] 哲学対話では参加者は輪になって座り、毛糸でつくられたコミュニティボールを持った人だけが発言する。対話を急がず、沈黙も大切な時間と考えられている。

96 「いのち」を対象とした授業の展開例（小学校）

1 「いのち」を考える道徳教育

わが国では自然災害によって多くのかけがえのない「いのち」が失われてきた。人々はそのたびに災害の教訓を引き継ぎ、次の災害に備えながら、いのちの尊さとともに助け合うことへの思いを新たにしている。また、日本社会が自然災害を通して向き合ってきたことは、自然の猛威を人間の力でいかに抑圧するかということよりも、自然との共生を図りながら、被害をできるだけ低減するにはどうすればよいかという課題であった。東日本大震災以降、道徳の授業のなかでも自然災害を取り上げた実践が取り組まれている。そこでは災害時の心情や美談を扱ったものだけでなく、道徳的な判断力や行動力の向上をねらいとした実践も含まれる。静岡大学では「**モラルジレンマ授業**」を参考にして、災害時の葛藤場面を教材化し、児童生徒に適切な判断力を身につけさせる「**防災道徳**」授業の開発を進めている[1]。

2 「防災道徳」授業の授業構想

「防災道徳」授業は、判断に迷う状況について考えさせる「モラルジレンマ授業」と、そうしたジレンマをあらかじめ回避するための知恵について考える「ジレンマくだき授業」の二段階で構成されている。授業展開において重視されるのは、防災科学の基本的な知見を児童生徒に「教えること」と、災害時における葛藤場面について話し合いを通して主体的に「考えさせること」である。優れた防災科学の知見も、最善解をとるための判断力も、他律的・伝達的な指導だけでは習得・形成されえない。困難な現実や想定に向き合ったときに、自分なりに応答を繰り返した経験こそが非常時においても「生きる力」となる（＝当事者意識の形成）。同授業では、児童生徒の判断に対して「揺さぶり」発問を投げかけながら、感情面へのアプローチを繰り返し、最終的に葛藤を克服・回避するために必要となる日常の備えや心構えを伝えるとともに、話し合いを通して合意形成の資質を育てることもめざしている。また、近年の防災教育では「防災についての教育」から、より持続可能な「防災を通した教育・学習」への転換が進められている。「防災道徳」授業を導入することは、防災をテーマとして児童生徒の判断力や行動力を育てるだけでなく、避難訓練の事前学習としての役割も期待できる。

3 「大切な人の安否を確認しに行く？　避難する？」

「防災道徳」授業が取り上げるのは災害時に実際に起きた葛藤であり、教材作成にあたっては学生たちが被災地に足を運んで資料収集や聞き取り調査を重ねて

1　藤井基貴「『防災道徳』授業の取り組み(1)」『道徳教育』658号、明治図書、2013年3月、84-85頁 同「『防災道徳』授業の取り組み(2)」『道徳教育』659号、明治図書、2013年4月、84-85頁

いる。これによって授業者の授業に臨む責任感および迫力は大きく変わる。2014（平成26）年12月、静岡市内で実施された「大切な人の安否を確認しにいく？　避難する？」の授業では役割演技の場面を取り入れた授業が試みられた[2]。

①使用教材（資料）

> 　　ここは海の近くの小学校です。6年生のみやこちゃんは、午後4時、帰りの会を終えて学校を出ました。「みんなまた明日ね」。友達に手を振って通学路を帰っていきます。
>
> 　　しばらく歩くと、通学路の途中にある公園が見えてきました。公園では、1年生のまなみちゃんが遊んでいます。「あ、みやこちゃんだ。バイバーイ」。「バイバーイ。気をつけて帰るんだよ」。みやこちゃんは手をふり返しました。まなみちゃんが遊んでいるのを横目で見ながら、公園を後にしました。
>
> 　　「お腹すいたなぁ。早く家に帰ろう」。家に向かって少し歩いていると、急に地面から「ゴー」と低い音が響き渡りました。それと同時に、経験したことのないような激しい揺れがおそってきました。電柱や家のかべは倒れ、割れた窓ガラスが一面に降りそそぐ中、助けを求める声や悲鳴が聞こえてきます。震度7、東海地震の発生です。みやこちゃんは立っていられなくなり、その場にしゃがみこみました。
>
> 　　2分後、ようやく揺れが収まったと思ったら、今度は外に設置されたスピーカーから津波警報のサイレンがなりひびきます。「大津波警報が発令されています。直ちに高いところに避難してください」。みやこちゃんは、ここにいたら危ないと思い、安全なところへ逃げようとしました。「あっ、公園には1年生のまなみちゃんがいた。助けにいかないと。でも、どうしよう」。
>
> 　　みやこちゃんは、すぐに津波避難ビルなどへ避難するか、まなみちゃんを助けに行くか迷っています。あなたがみやこちゃんなら、どうしますか。
>
> （作：静岡大学藤井基貴研究室）

②学習計画

	学習活動	教師の働きかけと児童の反応	指導上の留意点
導入	防災クイズ 資料の説明	避難地や津波避難タワーのマークなどをクイズ形式で紹介するなど。	スクリーンを使って説明する。
展開	ディスカッション	役割演技を行う ○あなたは、まなみちゃんを助けますか。それとも津波避難ビルなどに避難しますか。 ○揺さぶり発問：「その公園は弟や妹がよく遊んでいる公園です」。「この地域の津波は5分でくるといわれています。最初の2分は揺れのため動くことができません」。 ○二人とも助かるにはどうすればよかったでしょうか。	ワークシートを配布 意見をワークシートに書き込む。 少人数で話し合う。 「避難する」と「助ける」に分かれ、向かい合って全体で話し合う。
終末	持ち帰り課題の説明	事前の備えの重要性について気づかせる。家族での話し合いを促す。	ハザードマップの解説をする。

（藤井基貴）

---

[2] 授業の様子はNHKのドキュメンタリー番組「Tomorrow：命を考える防災教室」として放送された。詳細については以下を参照されたい。
http://www.nhk.or.jp/japan311/tmrw3-teach.html
（アクセス日：2017年11月30日）

97 情報モラルを対象とした授業

1 情報活用能力と情報モラル

2017（平成29）年告示学習指導要領では学習の基盤となる資質・能力として「言語能力」、「情報活用能力（情報モラルを含む。）」、「問題発見・解決能力」を掲げて、教科等横断的な視点からこれらを育む教育課程の編成を求めている。情報活用能力とは「世の中の様々な事象を情報とその結び付きとして捉え、情報及び情報技術を適切かつ効果的に活用して、問題を発見・解決したり自分の考えを形成したりしていくために必要な資質・能力」（「平成29年告示小学校学習指導要領解説　総則編」）を意味しており、さらに資質・能力の３つの柱に即して以下のように整理されている。

（知識・技能）情報と情報技術を活用した問題の発見・解決等の方法や、情報化の進展が社会の中で果たす役割や影響、情報に関する法・制度やマナー、個人が果たす役割や責任等について、情報の科学的な理解に裏打ちされた形で理解し、情報と情報技術を適切に活用するために必要な技能を身に付けていること。

（思考力・判断力・表現力等）様々な事象を情報とその結びつきの視点から捉え、複数の情報を結びつけて新たな意味を見出す力や、問題の発見・解決等に向けて情報技術を適切かつ効果的に活用する力を身に付けていること。

（学びに向かう力・人間性等）情報や情報技術を適切かつ効果的に活用して情報社会に主体的に参画し、その発展に寄与しようとする態度等を身に付けていること[1]。

2 情報モラルを育むための道徳教育の在り方

情報モラルとは「情報社会で適正な活動を行うための基になる考え方と態度」を意味し、具体的な内容としては、情報社会の倫理、法の理解と遵守、安全への知恵、情報セキュリティ、公共的なネットワークがあり、道徳科では特に情報社会の倫理、法の理解と遵守といった内容を中心に取り扱うことが考えられるが[2]、情報活用能力が教科等横断的に育まれる必要があること、また、道徳的な問題だけでなく、知識・技能、思考力・判断力・表現力等にも及ぶ資質・能力であることを踏まえれば、学校の教育活動全体を通じた道徳教育という観点が重要である。

例えば、インターネットを利用して情報を集める活動を行う際に、インターネット上のルールや著作権などの法やきまりなどに触れ、遵法精神や公徳心を高める指導を行うなどが考えられる。

---

[1] 中央教育審議会「幼稚園、小学校、中学校、高等学校及び特別支援学校の学習指導要領の改善及び必要な方策等について（答申）」（2016年）別紙、参照。

[2] 文部科学省『平成29年告示小学校学習指導要領解説　特別の教科　道徳編』（2017年）第４章第３節「(1) 情報モラルに関する指導」参照。

もちろん、学校の教育活動全体を通じた道徳教育という観点ばかりでなく、情報モラルに関する指導については、道徳科において充実を図ることが重要である。道徳科の特質や内容に照らした場合、情報社会の倫理や法の理解と遵守を中心的に扱うことが考えられるだろう。例えば、情報モラルが問われる具体的な場面を設定して扱うことも考えられるし、思いやりや感謝や礼儀に関する指導内容において、子どもたちの生活場面の一つとしてメールでのやり取りのすれ違いに触れることなども考えられる。

3 情報モラルを対象とした道徳科の授業構想

　先に指摘したように、情報モラルを対象とした道徳科においては、何よりも道徳科の特質に即した授業を組み立てることが求められる。そのため、情報機器の操作やインターネットの利用などを道徳科で行うことがあってもよいが、それだけにとどめず、道徳的諸価値の理解をもとに自己を見つめる時間となる配慮が必要である。このことは道徳科で情報機器を用いてはならないということではない。情報モラルは確かに情報社会に参画する態度の中核に位置づけられるものであるが、同時に情報活用能力という包括的な能力の一部を構成するものでもあった。それゆえ、子どもたちが現に／将来に遭遇するであろう具体的な場面において、情報モラルに基づいた行動ができるような基盤を形成することをめざすような多様な指導方法の工夫が必要である。

　具体的には、次のような授業が考えられる。

- 他教科でのインターネット活用の際に体験的に身につけてきたような、ネットワーク上のルールや安全な活用方法などを振り返りつつ、道徳的諸価値に照らして、どうしてそのような行動が求められるのかについて考えを深める授業
- 実際に生じるであろう場面を扱った資料を用いながら、遵法精神を高めていく授業
- みんなが知った方がよいと思われる情報を拡散させるのがよいか否かという、判断に迷うような場面について自分の考えを深めさせる授業

　こうした授業はあくまでも例にすぎないので、道徳科の特質に即しつつ、創意工夫を生かして情報モラルを扱う授業を組み立てることが求められる[4]。

（走井洋一）

◀参考文献▶
- 中央教育審議会「幼稚園、小学校、中学校、高等学校及び特別支援学校の学習指導要領の改善及び必要な方策等について（答申）」2016年
- 文部科学省『平成29年告示小学校学習指導要領解説　総則編』2017年
- 文部科学省『平成29年告示中学校学習指導要領解説　総則編』2017年
- 文部科学省『平成29年告示小学校学習指導要領解説　特別の教科　道徳編』2017年
- 文部科学省『平成29年告示中学校学習指導要領解説　特別の教科　道徳編』2017年

情報モラルを対象とした授業の展開例（中学校）

1　主題名　「自分自身のコミュニケーションのルールを作ろう」

2　ねらい

　「礼儀の意義を理解し、時と場に応じた言動をとること」

3　主題設定の理由

①ねらいとする価値

　　人とコミュニケーションをとるためにはさまざまな方法があり、携帯電話もその一つである。ただ、コミュニケーションは一人で行うものではなく、相手があって初めて成立するものである。情報通信機器が多様化したために、多様な相手と多様な手段を用いてコミュニケーションをとることが求められるようになっている。こうした状況を踏まえて、相手に応じてどのようなコミュニケーション手段を用いるのが適切かを自分自身で選択できるようになるために本主題を設定した。

②生徒の実態

　　ベネッセ総合教育研究所「子どものICT利用実態調査」(2008年)によれば、中学生のうち、自分専用の携帯電話を持っているとした割合は、中学校1年生：33.5%、中学校2年生：42.4%、中学校3年生：46.7%であるが、本校の生徒は60%を超えていて、全国平均よりも高い状態である[1]。生徒間での必要な連絡にとどまらず、日常の他愛ない会話も携帯電話のSNSアプリを用いたり、クラスごとにグループを複数つくり、そのなかで複数の人間関係を使い分けている生徒も見られる。このように携帯電話への依存度が高いぶん、コミュニケーション相手に応じた手段の多様性に気づかないことが懸念される。

4　教材　「自分自身のコミュニケーションのルールを作ろう（導入編）」[2]

※文部科学省委託事業「情報化の進展に伴う新たな課題に対応した指導の充実に関する調査研究」として作成されたものを利用（1分27秒）

5　教材の概要

　　高校1年生のとおると父の会話。父が「仕事関係のつきあいのある人から無料通話アプリで『この前のプレゼンの資料をください』と軽く頼まれて驚いたよ」と話したところ、とおるが「それって何が問題なの？」と問い返すところで終わっているものである。主人公は高校1年生であるが、中学生でも十分に起こりうる場面である。なお、教材としては解説編が続いているが、この部分は本時のねらいとは合致しないので割愛する。

6 本時の展開

	学習活動・主な発問	予想される反応・活動	指導上の留意点
導入	○自分のいいたいことがうまく伝わらなかったことはありますか。それはなぜでしょうか。	・自分の話し方がよくなかったから。 ・相手のことを考えずに話してしまったから。	○コミュニケーションの難しさを自覚させ、本時への動機づけとする。
展開	○「自分自身のコミュニケーションのルールを作ろう(導入編)」を視聴する。 ○とおると父の会話を聞いてどのように思いましたか。 ○とおると父の違いの原因はどこにあるのでしょうか。 ○相手に何かを伝えるときに気をつけることは何でしょうか。	 ・無料通話アプリを用いるのはどうかと思う。 ・とおるの言うとおり、無料通話アプリでいいんじゃない。 ・年が違うから。 ・考え方が違うから。 →さらにどのように考え方が違うのでしょうか。 ・相手の気持ち。 ・時と場合。	 ・さまざまな感想を出させることで、次の発問の焦点となるとおると父の違いの部分に注目させる。 ・相手によってコミュニケーション手段を使い分ける必要性に気づかせる。 ・コミュニケーションには相手が必要であることに気づかせる。
まとめ	○ワークシートに取り組ませる。		・単にコミュニケーション手段を選ばせるだけでなく、理由を考えさせることで、相手の立場や状況を考慮できるようになることをめざす。

7 ワークシート

ワークシート

2年 組 氏名 _____

あなたにとってそれぞれの相手に用いたい方法は何ですか。理由も書いてください。

相手	方法・理由
親	
先生	
先輩	
親友	
後輩	

1　2014(平成26)年度全国学力学習状況調査における生徒質問紙調査では「普段(月〜金曜日)、1日あたりどれくらいの時間、携帯電話やスマートフォンで通話やメール、インターネットをしますか(携帯電話やスマートフォンを使ってゲームをする時間は除く)」に対する回答として「まったくしない」と答えた割合が23.1%であり、2008(平成20)年度の同調査において「携帯電話で通話やメールをしていますか」に対する回答として「まったくしない」と答えた割合が37.3%であったことから類推すると、現在ではさらに保持率が高くなっていると考えられる。

2　教材の所在は、http://jouhouka.mext.go.jp/school/information_moral_manual/ (2016〈平成28〉年12月15日現在)である。なお、「情報化社会の新たな問題を考えるための教材〜安全なインターネットの使い方を考える〜指導の手引き」には、この教材の使い方を含め、他の教材についても記載されているので、参考にしてほしい。

◀参考文献▶

・株式会社情報通信総合研究所「文部科学省委託事業『情報化の進展に伴う新たな課題に対応した指導の充実に関する調査研究』情報化社会の新たな問題を考えるための教材〜安全なインターネットの使い方を考える〜指導の手引き」2014年
(http://jouhouka.mext.go.jp/school/pdf/information_moral_manual_mono.pdf
アクセス日:2015年10月15日)

(走井洋一)

99 コラム —— 情報モラル

情報モラルという場合のモラルをさしあたって道徳と同義ととらえると、情報モラルとは情報についての道徳ということになる[1]。ただ、道徳は私たちの生活全体に求められるものである。それにもかかわらず、なぜ情報についてはあえて情報モラルという言葉を用いるのだろうか。それは、情報の特殊性に由来すると考えられる。

情報とは、客観的に計測可能な、あるいは記号に置換できる（＝記号置換性を有する）ものを意味するが、そのことから、偏在性（＝非対称性）、離散性、複製性、伝播性、残存性、などの情報に特殊な性質が導かれる。以下ではそれらについて考えることで情報モラルが求められる背景を探りたい。

情報はそれ自体では無価値だが、それをもっている人にとって価値があったり、なかったりすることが生じる。それゆえ、ある種類の情報を価値あると考える人のところにその種の情報が集まる（＝偏在する、ないしは非対称性をもつ）ことになる。しかし、そうした情報は場合によっては社会的な地位を左右したり、利益／不利益をもたらしたりすることにもなりうるため、その偏在性を解消するためにデジタルデバイド（＝情報機器操作の格差や情報そのものの非対称性）を是正したり、情報を占有しない、などの道徳的な配慮が求められることになる。

また、記号置換性があるということは、記号に置換される際、置換できない部分が生じるという意味で、置換される以前よりも離散性（＝跳び跳びである性質）を有していることになる。

例えば、ある人についての情報（その人が作った文章やいわゆる個人情報など）は、その人の思い、苦労など記号化しがたいものがノイズとして扱われ、欠落することになる。このことは、情報が私たち自身から切り離されたものとして流通するようになることも意味している。つまり、私たちの思いなどがノイズとして切り離され、整然とした記号に置換されることによって、モノの扱いと同じように、情報を伝達できるようになるのである。そのうえ、記号置換性があるという特性によって、情報は、直接に伝達するよりもむしろ、ICT（Information and Communication Technology：情報通信技術）を用いた方が効率的に伝達できるようになった。

そのため、ICTで私たちが接することができる情報の多くは、本来は付随していたはずの思いなどの部分（＝情報に変換される前にもともと含まれていた文脈性）が欠落していることを踏まえたうえで行動することが求められるのである。例えば、メールの文章は記号に置換されているためにその背後にある思いや感情が欠落していることを踏まえておかなければならない。気持ちのすれ違いなどが生じるの

---

[1] 「平成29年小学校学習指導要領解説 特別の教科 道徳編」では、情報モラルを「情報社会で適正な活動を行うための基になる考え方と態度」と定義している。本書206-207頁「情報モラルを対象とした授業」も参照。

はこのことに由来している。

　さらに、記号置換性があるということは、記号化された状態で保存されることになるため、それが保存されている媒体が更新されていくかぎり、劣化することなく、残存し続ける性質（＝残存性）があることを意味している。また、記号に置換されることができるので、その記号を使うことで複製が容易になる性質（＝複製性）をもつことも指摘できる。そして、複製が容易になるということは、その情報が他の人に簡単に伝えられるようになるだけでなく、意図していなくとも簡単に拡散してしまうという伝播性があるということにほかならない。

　こうした特徴のゆえに、何らかの情報がインターネットなどを介して、容易には消えることなく、そしてもとの状態を保ちながら爆発的に伝播することになる。先に示したように、自分だけに利益するような振る舞い（＝情報を占有すること）は問題だと考えて善意から何らかの情報を発信することもあるだろう。

　しかし、その情報の正しさや文脈性に配慮しておかなければ、善意に基づいていたとしても、デマなどを発信してしまい、それを容易には取り消すことができないという事態に陥ることになる。あるいは、ある情報が発信された際にそれが誤っている（＝道徳的に正しくない）という善意のもとに、その情報の発信者を批判することで「炎上」（＝非常に多くの人たちの注目を集めるような状態）することも、情報のこうした特性から生じることにほかならない。このように情報はその特殊性のゆえに私たちのその他の生活の場面とは異なる配慮が求められる部分があることを留意しておく必要があるだろう。

　ここまで、情報の特殊性とそこから求められる道徳的な配慮を簡単に確認してきたが、情報そのものが問題なのではなく、それを扱う私たちがどう振る舞うかが問題であることを確認することができた。確かに、情報の特殊性に応じた配慮が求められていることを理解しておくことは不可欠であるとしても、そこでの振る舞い方は何も特別なことが求められているのではなく、その都度の行動を、自分や他者、社会などにどういう影響が生じるのかを考慮しつつ判断しなければならないという点では、他の生活の場面との違いはない。

　それゆえ、道徳教育における情報モラルの扱いは、上述のような情報の特殊性を扱う情報教育と連携しつつ、その情報に対してどう向き合うのかという点において道徳性を高める教育を行っていくことが求められているといえるのである。

（走井洋一）

◀参考文献▶

- 実教出版編集部編『最新事例でわかる情報モラル 改訂版』実教出版、2014年
- 情報教育学研究会・情報倫理教育研究グループ『インターネット社会を生きるための情報倫理』実教出版、2013年
- 春木良且『情報って何だろう』岩波書店、2004年

100 郷土資料(地域教材)を用いた道徳科授業

1 地域における教師の教育研究体制と道徳教育

「道徳授業をめぐる記憶」として語られることはあまり多くないが、実際には各地の道徳教育施策に広く浸透し、実践上の定位置を確保している教材の一つとして、各自治体で発行する副教材等の道徳教育用資料（「郷土資料」「地域教材」などと呼ばれる。本項では「郷土資料」で統一する）の存在をあげることができる。すべての都道府県には道徳授業用教材や教師向け指導資料作成の歴史的蓄積があり、平成20年度以降に時期限定してみても、83.6%の都道府県・政令指定都市の教育委員会が「教師向け指導資料や児童生徒向け資料の作成・配布」に独自に取り組んでいる状況にある[1]。また、近年の地域版教材については、その多くを我々はウェブ上で閲覧することが可能である[2]。

それらの資料の発行主体は、教育委員会か、もしくはその所管する教育センターや教育研究所である場合がほとんどである。教員の現職研修としてすぐに想起されるのは、教育委員会が計画的に実施する研修事業であるが、それ以外にも、各都道府県や政令指定都市等一部の自治体には、各校種の教員を構成員とする（小教研、中教研などの略称で知られる）「教育研究会」が活動を展開しており、教員の職能成長の機会を保障している。その地域の学校に勤務する教職員は複数の研究部会からなる教育研究体制に参加し、自ら研究対象として選んだ教科や学級経営、生徒指導等の実践研究に取り組んでいくことになる[3]。

道徳教育用の郷土資料作成やそれを活用する実践の考察についても、このような各地域における教員の教育研究体制を基盤として展開しており、その成果は教育センター・教育研究所に蓄積されることになる。

2 地域(郷土)を扱った資料・教材

道徳の郷土資料といった場合、その地域（郷土）を舞台とした創作ストーリーや、実際に起きた地域の出来事をめぐるドキュメンタリー、その地域に古くから伝わる民話を現代語訳で再編集したものなど、多様な内容が盛り込まれた読み物資料として作成されているケースが多い。そのなかで特に定番として古くから採用されているのは、その地域と深い関係のある人物を扱った読み物である。「郷土の偉人」の功績を編集した人物伝的要素が強い。民間の出版社（教科書会社など）が発行する副読本でも、「〇〇県版」と称してその地域の文脈に応じた補足資料が挿入されて発行されるケースがあるが、その場合も主に盛り込まれるのはその地域の出身者で功績をあげた人物のエピソードであることが多い。例えば、岩手県教育委員会では小学校道徳資料集『自分の生き方を見つめて〜郷土の先人の生

---

1 文部科学省「道徳教育実施状況調査結果の概要」2012年、18頁（ウェブで閲覧可能）。

2 国立国会図書館「リサーチ・ナビ」における「道徳の教科書・副読本・教師用指導書」のページを参照。「各自治体において作成した道徳に関する教材・指導資料等の例」が閲覧できる。

3 このような教師の教育研究活動の地域的展開については、戦前の教育会組織にその歴史的端緒を見いだすことができる。代表例としてあげられるのが、長野県の信濃教育会である。1886(明治19)年の創立から今日にいたるまで、機関誌『信濃教育』（国内で最も長寿の月刊誌）の発刊や教科書編集・道徳資料集、さらに教育研究所の運営など、教師の職能成長に資する数々の事業を展開している。

き方に学ぶ〜』（平成22年度）、中学校道徳資料集『郷土の明日を見据えて〜先人の生き方に学ぶ〜』（平成24年度）を作成しており、旧制盛岡中学校で石川啄木らを育てた冨田小一郎（「日本一の先生」）や、関東大震災時に大胆な計画によって東京を復興に導いた後藤新平（「復旧にあらず　復興なり」）など、岩手県出身の人物を取り上げ、その逸話を教材化している[4]。

一方、東京都教育委員会が発表している『小・中学校　東京都道徳教育資料集』（第１〜４集、平成18〜22年度）は、主に伝承（昔話、郷土の民話・伝説）や都内を舞台とした小・中学生らの物語（フィクション）の形式をとって編集されている。そのストーリーを通して都内の自然や伝統文化、歴史上の出来事（郷土史）、そして身近に起きている社会問題の存在などを知り、郷土への愛情や地域貢献への実践意欲を耕す内容となっている[5]。郷土偉人の功績にとどまらず、郷土の多様性をすくい上げている点に特色がある。

なお、昨今の注目すべき傾向として見受けられるのは、2011年３月11日の東日本大震災に関わるエピソードを盛り込むケースである。被災地である福島県では、小・中・高校の児童生徒向け読み物資料とその活用例、実践事例集を盛り込んだ『ふくしま道徳教育資料集』（第Ⅰ集「生きぬく・いのち」2013年、第Ⅱ集「敬愛・つながる思い」2014年、第Ⅲ集「郷土愛・ふくしまの未来へ」2015年）三部作を作成した[6]。震災時の実際の出来事や児童生徒の実感などの震災の記録としての性格を兼ねつつ、前向きに生きる県民の姿や復興支援への感謝の思いなどが教材化されている。また千葉県教育委員会でも、震災とどのように向き合うべきかを児童生徒の発達の段階に応じて考えさせるための「教材及び活用事例」を作成し、公開している[7]。

3　郷土資料の意義と課題

身近な地域に存在するさまざまな素材の教材化は、より具体的・実践的な文脈で児童生徒の考えを深める機会を演出してくれる。『学習指導要領（一部改正）』では、児童生徒の「発達の段階や特性、地域の実情等を考慮し、多様な教材の活用に努めること」（第３章の第３の３）、また「授業の実施や地域教材の開発や活用などに家庭や地域の人々、各分野の専門家等の積極的な参加や協力を得たりする」（第３章の第３の２）と述べ、郷土資料を含む補助的教材の開発・活用を求めている。同解説書でも「道徳においても、主たる教材として教科用図書を使用しなければならないことはいうまでもないが、道徳教育の特性に鑑みれば、各地域に根ざした郷土資料など、多様な教材を併せて活用することが重要である」[8]と述べている。教科化によって使用義務を伴う教科書の活用法をどうするかという課題が浮上する一方、他教科の教材研究と同様に、児童生徒の道徳学習を促進するための多様な教材の開発・活用に向けた積極的な研究姿勢が教師には求められる。

（佐藤高樹）

4　岩手県のウェブサイトで公開されている。小学校版・中学校版とも、児童・生徒用に加えて教師用資料も作成されており、各資料に対応した「ねらい」や「指導展開例」が示されている。なお、冨田小一郎、後藤新平の逸話はいずれも中学校版に集録されている。

5　東京都教育委員会のウェブサイトで公開されている。

6　福島県教育庁義務教育課のウェブサイトで公開されている。本書203頁参照。

7　「『東日本大震災に学ぶ道徳教育』で活用する教材」としてウェブ上で公開されている。教材は「自作」のほか、副読本や図書、新聞記事などからの「素材文引用」により選択されている。なお、千葉県の公立高校では道徳が必修化されており、高等学校の「道徳学習指導案」も作成されている。

8　小学校および中学校『学習指導要領解説　特別の教科　道徳編』（文部科学省、2017年）の「第４章　指導計画の作成と内容の取扱い」の「第４節　道徳科の教材に求められる内容の観点」を参照。

● 資 料 編

> **教育基本法**
> （平成18年12月22日法律第120号）

教育基本法（昭和22年法律第25号）の全部を改正する。

我々日本国民は、たゆまぬ努力によって築いてきた民主的で文化的な国家を更に発展させるとともに、世界の平和と人類の福祉の向上に貢献することを願うものである。

我々は、この理想を実現するため、個人の尊厳を重んじ、真理と正義を希求し、公共の精神を尊び、豊かな人間性と創造性を備えた人間の育成を期するとともに、伝統を継承し、新しい文化の創造を目指す教育を推進する。

ここに、我々は、日本国憲法の精神にのっとり、我が国の未来を切り拓く教育の基本を確立し、その振興を図るため、この法律を制定する。

第1章　教育の目的及び理念

（教育の目的）

第1条　教育は、人格の完成を目指し、平和で民主的な国家及び社会の形成者として必要な資質を備えた心身ともに健康な国民の育成を期して行われなければならない。

（教育の目標）

第2条　教育は、その目的を実現するため、学問の自由を尊重しつつ、次に掲げる目標を達成するよう行われるものとする。

一　幅広い知識と教養を身に付け、真理を求める態度を養い、豊かな情操と道徳心を培うとともに、健やかな身体を養うこと。

二　個人の価値を尊重して、その能力を伸ばし、創造性を培い、自主及び自律の精神を養うとともに、職業及び生活との関連を重視し、勤労を重んずる態度を養うこと。

三　正義と責任、男女の平等、自他の敬愛と協力を重んずるとともに、公共の精神に基づき、主体的に社会の形成に参画し、その発展に寄与する態度を養うこと。

四　生命を尊び、自然を大切にし、環境の保全に寄与する態度を養うこと。

五　伝統と文化を尊重し、それらをはぐくんできた我が国と郷土を愛するとともに、他国を尊重し、国際社会の平和と発展に寄与する態度を養うこと。

（生涯学習の理念）

第3条　国民一人一人が、自己の人格を磨き、豊かな人生を送ることができるよう、その生涯にわたって、あらゆる機会に、あらゆる場所において学習することができ、その成果を適切に生かすことのできる社会の実現が図られなければならない。

（教育の機会均等）

第4条　すべて国民は、ひとしく、その能力に応じた教育を受ける機会を与えられなければならず、人種、信条、性別、社会的身分、経済的地位又は門地によって、教育上差別されない。

2　国及び地方公共団体は、障害のある者が、その障害の状態に応じ、十分な教育を受けられるよう、教育上必要な支援を講じなければならない。

3　国及び地方公共団体は、能力があるにもかかわらず、経済的理由によって修学が困難な者に対して、奨学の措置を講じなければならない。

第2章　教育の実施に関する基本

（義務教育）

第5条　国民は、その保護する子に、別に法律で定めるところにより、普通教育を受けさせる義務を負う。

2　義務教育として行われる普通教育は、各個人の有する能力を伸ばしつつ社会において自立的に生きる基礎を培い、また、国家及び社会の形成者として必要とされる基本的な資質を養うことを目的として行われるものとする。

3　国及び地方公共団体は、義務教育の機会を保障し、その水準を確保するため、適切な役割分担及び相互の協力の下、その実施に責任を負う。

4　国又は地方公共団体の設置する学校における義務教育については、授業料を徴収しない。

（学校教育）

第6条　法律に定める学校は、公の性質を有するものであって、国、地方公共団体及び法律に定める法人のみが、これを設置することができる。

2　前項の学校においては、教育の目標が達成されるよう、教育を受ける者の心身の発達に応じて、体系的な教育が組織的に行われなければならない。この場合に

おいて、教育を受ける者が、学校生活を営む上で必要な規律を重んずるとともに、自ら進んで学習に取り組む意欲を高めることを重視して行われなければならない。

（大学）
第7条　大学は、学術の中心として、高い教養と専門的能力を培うとともに、深く真理を探究して新たな知見を創造し、これらの成果を広く社会に提供することにより、社会の発展に寄与するものとする。

2　大学については、自主性、自律性その他の大学における教育及び研究の特性が尊重されなければならない。

（私立学校）
第8条　私立学校の有する公の性質及び学校教育において果たす重要な役割にかんがみ、国及び地方公共団体は、その自主性を尊重しつつ、助成その他の適当な方法によって私立学校教育の振興に努めなければならない。

（教員）
第9条　法律に定める学校の教員は、自己の崇高な使命を深く自覚し、絶えず研究と修養に励み、その職責の遂行に努めなければならない。

2　前項の教員については、その使命と職責の重要性にかんがみ、その身分は尊重され、待遇の適正が期せられるとともに、養成と研修の充実が図られなければならない。

（家庭教育）
第10条　父母その他の保護者は、子の教育について第一義的責任を有するものであって、生活のために必要な習慣を身に付けさせるとともに、自立心を育成し、心身の調和のとれた発達を図るよう努めるものとする。

2　国及び地方公共団体は、家庭教育の自主性を尊重しつつ、保護者に対する学習の機会及び情報の提供その他の家庭教育を支援するために必要な施策を講ずるよう努めなければならない。

（幼児期の教育）
第11条　幼児期の教育は、生涯にわたる人格形成の基礎を培う重要なものであることにかんがみ、国及び地方公共団体は、幼児の健やかな成長に資する良好な環境の整備その他適当な方法によって、その振興に努めなければならない。

（社会教育）
第12条　個人の要望や社会の要請にこたえ、社会において行われる教育は、国及び地方公共団体によって奨励されなければならない。

2　国及び地方公共団体は、図書館、博物館、公民館その他の社会教育施設の設置、学校の施設の利用、学習の機会及び情報の提供その他の適当な方法によって社会教育の振興に努めなければならない。

（学校、家庭及び地域住民等の相互の連携協力）
第13条　学校、家庭及び地域住民その他の関係者は、教育におけるそれぞれの役割と責任を自覚するとともに、相互の連携及び協力に努めるものとする。

（政治教育）
第14条　良識ある公民として必要な政治的教養は、教育上尊重されなければならない。

2　法律に定める学校は、特定の政党を支持し、又はこれに反対するための政治教育その他政治的活動をしてはならない。

（宗教教育）
第15条　宗教に関する寛容の態度、宗教に関する一般的な教養及び宗教の社会生活における地位は、教育上尊重されなければならない。

2　国及び地方公共団体が設置する学校は、特定の宗教のための宗教教育その他宗教的活動をしてはならない。

第3章　教育行政

（教育行政）
第16条　教育は、不当な支配に服することなく、この法律及び他の法律の定めるところにより行われるべきものであり、教育行政は、国と地方公共団体との適切な役割分担及び相互の協力の下、公正かつ適正に行われなければならない。

2　国は、全国的な教育の機会均等と教育水準の維持向上を図るため、教育に関する施策を総合的に策定し、実施しなければならない。

3　地方公共団体は、その地域における教育の振興を図るため、その実情に応じた教育に関する施策を策定し、実施しなければならない。

4　国及び地方公共団体は、教育が円滑かつ継続的に実施されるよう、必要な財政上の措置を講じなければな

らない。
(教育振興基本計画)
第17条 政府は、教育の振興に関する施策の総合的かつ計画的な推進を図るため、教育の振興に関する施策についての基本的な方針及び講ずべき施策その他必要な事項について、基本的な計画を定め、これを国会に報告するとともに、公表しなければならない。
2 地方公共団体は、前項の計画を参酌し、その地域の実情に応じ、当該地方公共団体における教育の振興のための施策に関する基本的な計画を定めるよう努めなければならない。

第4章 法令の制定
第18条 この法律に規定する諸条項を実施するため、必要な法令が制定されなければならない。

附則抄
(施行期日)
1 この法律は、公布の日から施行する。

小学校学習指導要領（第1章 総則）〈抄〉
（平成29年3月31日告示）

第1 小学校教育の基本と教育課程の役割
1 各学校においては、教育基本法及び学校教育法その他の法令並びにこの章以下に示すところに従い、児童の人間として調和のとれた育成を目指し、児童の心身の発達の段階や特性及び学校や地域の実態を十分考慮して、適切な教育課程を編成するものとし、これらに掲げる目標を達成するよう教育を行うものとする。
2 学校の教育活動を進めるに当たっては、各学校において、第3の1に示す主体的・対話的で深い学びの実現に向けた授業改善を通して、創意工夫を生かした特色ある教育活動を展開する中で、次の(1)から(3)までに掲げる事項の実現を図り、児童に生きる力を育むことを目指すものとする。
(1)（略）
(2) 道徳教育や体験活動、多様な表現や鑑賞の活動等を通して、豊かな心や創造性の涵養を目指した教育の充実に努めること。

学校における道徳教育は、特別の教科である道徳（以下「道徳科」という。）を要として学校の教育活動全体を通じて行うものであり、道徳科はもとより、各教科、外国語活動、総合的な学習の時間及び特別活動のそれぞれの特質に応じて、児童の発達の段階を考慮して、適切な指導を行うこと。

道徳教育は、教育基本法及び学校教育法に定められた教育の根本精神に基づき、自己の生き方を考え、主体的な判断の下に行動し、自立した人間として他者と共によりよく生きるための基盤となる道徳性を養うことを目標とすること。

道徳教育を進めるに当たっては、人間尊重の精神と生命に対する畏敬の念を家庭、学校、その他社会における具体的な生活の中に生かし、豊かな心をもち、伝統と文化を尊重し、それらを育んできた我が国と郷土を愛し、個性豊かな文化の創造を図るとともに、平和で民主的な国家及び社会の形成者として、公共の精神を尊び、社会及び国家の発展に努め、他国を尊重し、国際社会の平和と発展や環境の保全に貢献し未来を拓く主体性のある日本人の育成に資することとなるよう特に留意すること。
(3)（略）
3 （略）
4 （略）
第2 教育課程の編成（略）
第3 教育課程の実施と学習評価（略）
第4 児童の発達の支援（略）
第5 学校運営上の留意事項（略）
第6 道徳教育に関する配慮事項
道徳教育を進めるに当たっては、道徳教育の特質を踏まえ、前項までに示す事項に加え、次の事項に配慮するものとする。
1 各学校においては、第1の2の(2)に示す道徳教育の目標を踏まえ、道徳教育の全体計画を作成し、校長の方針の下に、道徳教育の推進を主に担当する教師（以下「道徳教育推進教師」という。）を中心に、全教師が協力して道徳教育を展開すること。なお、道徳教育の全体計画の作成に当たっては、児童や学校、地域の実態を考慮して、学校の道徳教育の

重点目標を設定するとともに、道徳科の指導方針、第3章特別の教科道徳の第2に示す内容との関連を踏まえた各教科、外国語活動、総合的な学習の時間及び特別活動における指導の内容及び時期並びに家庭や地域社会との連携の方法を示すこと。

2　各学校においては、児童の発達の段階や特性等を踏まえ、指導内容の重点化を図ること。その際、各学年を通じて、自立心や自律性、生命を尊重する心や他者を思いやる心を育てることに留意すること。また、各学年段階においては、次の事項に留意すること。
　（1）第1学年及び第2学年においては、挨拶などの基本的な生活習慣を身に付けること、善悪を判断し、してはならないことをしないこと、社会生活上のきまりを守ること。
　（2）第3学年及び第4学年においては、善悪を判断し、正しいと判断したことを行うこと、身近な人々と協力し助け合うこと、集団や社会のきまりを守ること。
　（3）第5学年及び第6学年においては、相手の考え方や立場を理解して支え合うこと、法やきまりの意義を理解して進んで守ること、集団生活の充実に努めること、伝統と文化を尊重し、それらを育んできた我が国と郷土を愛するとともに、他国を尊重すること。

3　学校や学級内の人間関係や環境を整えるとともに、集団宿泊活動やボランティア活動、自然体験活動、地域の行事への参加などの豊かな体験を充実すること。また、道徳教育の指導内容が、児童の日常生活に生かされるようにすること。その際、いじめの防止や安全の確保等にも資することとなるよう留意すること。

4　学校の道徳教育の全体計画や道徳教育に関する諸活動などの情報を積極的に公表したり、道徳教育の充実のために家庭や地域の人々の積極的な参加や協力を得たりするなど、家庭や地域社会との共通理解を深め、相互の連携を図ること。

小学校学習指導要領（第3章　特別の教科　道徳）

（平成29年3月31日告示）

第1　目　標

　第1章総則の第1の2の(2)に示す道徳教育の目標に基づき、よりよく生きるための基盤となる道徳性を養うため、道徳的諸価値についての理解を基に、自己を見つめ、物事を多面的・多角的に考え、自己の生き方についての考えを深める学習を通して、道徳的な判断力、心情、実践意欲と態度を育てる。

第2　内　容　（略）

第3　指導計画の作成と内容の取扱い

1　各学校においては、道徳教育の全体計画に基づき、各教科、外国語活動、総合的な学習の時間及び特別活動との関連を考慮しながら、道徳科の年間指導計画を作成するものとする。なお、作成に当たっては、第2に示す各学年段階の内容項目について、相当する各学年において全て取り上げることとする。その際、児童や学校の実態に応じ、2学年間を見通した重点的な指導や内容項目間の関連を密にした指導、一つの内容項目を複数の時間で扱う指導を取り入れるなどの工夫を行うものとする。

2　第2の内容の指導に当たっては、次の事項に配慮するものとする。
　（1）校長や教頭などの参加、他の教師との協力的な指導などについて工夫し、道徳教育推進教師を中心とした指導体制を充実すること。
　（2）道徳科が学校の教育活動全体を通じて行う道徳教育の要としての役割を果たすことができるよう、計画的・発展的な指導を行うこと。特に、各教科、外国語活動、総合的な学習の時間及び特別活動における道徳教育としては取り扱う機会が十分でない内容項目に関わる指導を補うことや、児童や学校の実態等を踏まえて指導をより一層深めること、内容項目の相互の関連を捉え直したり発展させたりすることに留意すること。
　（3）児童が自ら道徳性を養う中で、自らを振り返って成長を実感したり、これからの課題や目標を見付けたりすることができるよう工夫すること。その際、道徳性を養うことの意義について、児童自

● 資料編

らが考え、理解し、主体的に学習に取り組むことができるようにすること。

(4) 児童が多様な感じ方や考え方に接する中で、考えを深め、判断し、表現する力などを育むことができるよう、自分の考えを基に話し合ったり書いたりするなどの言語活動を充実すること。

(5) 児童の発達の段階や特性等を考慮し、指導のねらいに即して、問題解決的な学習、道徳的行為に関する体験的な学習等を適切に取り入れるなど、指導方法を工夫すること。その際、それらの活動を通じて学んだ内容の意義などについて考えることができるようにすること。また、特別活動等における多様な実践活動や体験活動も道徳科の授業に生かすようにすること。

(6) 児童の発達の段階や特性等を考慮し、第2に示す内容との関連を踏まえつつ、情報モラルに関する指導を充実すること。また、児童の発達の段階や特性等を考慮し、例えば、社会の持続可能な発展などの現代的な課題の取扱いにも留意し、身近な社会的課題を自分との関係において考え、それらの解決に寄与しようとする意欲や態度を育てるよう努めること。なお、多様な見方や考え方のできる事柄について、特定の見方や考え方に偏った指導を行うことのないようにすること。

(7) 道徳科の授業を公開したり、授業の実施や地域教材の開発や活用などに家庭や地域の人々、各分野の専門家等の積極的な参加や協力を得たりするなど、家庭や地域社会との共通理解を深め、相互の連携を図ること。

3 教材については、次の事項に留意するものとする。

(1) 児童の発達の段階や特性、地域の実情等を考慮し、多様な教材の活用に努めること。特に、生命の尊厳、自然、伝統と文化、先人の伝記、スポーツ、情報化への対応等の現代的な課題などを題材とし、児童が問題意識をもって多面的・多角的に考えたり、感動を覚えたりするような充実した教材の開発や活用を行うこと。

(2) 教材については、教育基本法や学校教育法その他の法令に従い、次の観点に照らし適切と判断されるものであること。

ア 児童の発達の段階に即し、ねらいを達成するのにふさわしいものであること。

イ 人間尊重の精神にかなうものであって、悩みや葛藤等の心の揺れ、人間関係の理解等の課題も含め、児童が深く考えることができ、人間としてよりよく生きる喜びや勇気を与えられるものであること。

ウ 多様な見方や考え方のできる事柄を取り扱う場合には、特定の見方や考え方に偏った取扱いがなされていないものであること。

4 児童の学習状況や道徳性に係る成長の様子を継続的に把握し、指導に生かすよう努める必要がある。ただし、数値などによる評価は行わないものとする。

中学校学習指導要領（第1章 総則）〈抄〉

（平成29年3月31日告示）

第1 中学校教育の基本と教育課程の役割

1 各学校においては、教育基本法及び学校教育法その他の法令並びにこの章以下に示すところに従い、生徒の人間として調和のとれた育成を目指し、生徒の心身の発達の段階や特性及び学校や地域の実態を十分考慮して、適切な教育課程を編成するものとし、これらに掲げる目標を達成するよう教育を行うものとする。

2 学校の教育活動を進めるに当たっては、各学校において、第3の1に示す主体的・対話的で深い学びの実現に向けた授業改善を通して、創意工夫を生かした特色ある教育活動を展開する中で、次の(1)から(3)までに掲げる事項の実現を図り、生徒に生きる力を育むことを目指すものとする。

(1) （略）

(2) 道徳教育や体験活動、多様な表現や鑑賞の活動等を通して、豊かな心や創造性の涵養を目指した教育の充実に努めること。

　学校における道徳教育は、特別の教科である道徳（以下「道徳科」という。）を要として学校の教育活動全体を通じて行うものであり、道徳科はもとより、各教科、総合的な学習の時間及び特別活動のそれぞれの特質に応じて、生徒の発達の段階を考慮して、適切な指導を行うこと。

道徳教育は、教育基本法及び学校教育法に定められた教育の根本精神に基づき、自己の生き方を考え、主体的な判断の下に行動し、自立した人間として他者と共によりよく生きるための基盤となる道徳性を養うことを目標とすること。

道徳教育を進めるに当たっては、人間尊重の精神と生命に対する畏敬の念を家庭、学校、その他社会における具体的な生活の中に生かし、豊かな心をもち、伝統と文化を尊重し、それらを育んできた我が国と郷土を愛し、個性豊かな文化の創造を図るとともに、平和で民主的な国家及び社会の形成者として、公共の精神を尊び、社会及び国家の発展に努め、国を尊重し、国際社会の平和と発展や環境の保全に貢献し未来を拓く主体性のある日本人の育成に資することとなるよう特に留意すること。

(3) (略)

3 (略)

4 (略)

第2 教育課程の編成 (略)

第3 教育課程の実施と学習評価 (略)

第4 生徒の発達の支援 (略)

第5 学校運営上の留意事項 (略)

第6 道徳教育に関する配慮事項

道徳教育を進めるに当たっては、道徳教育の特質を踏まえ、前項までに示す事項に加え、次の事項に配慮するものとする。

1 各学校においては、第1の2の(2)に示す道徳教育の目標を踏まえ、道徳教育の全体計画を作成し、校長の方針の下に、道徳教育の推進を主に担当する教師(以下「道徳教育推進教師」という。)を中心に、全教師が協力して道徳教育を展開すること。なお、道徳教育の全体計画の作成に当たっては、生徒や学校、地域の実態を考慮して、学校の道徳教育の重点目標を設定するとともに、道徳科の指導方針、第3章特別の教科道徳の第2に示す内容との関連を踏まえた各教科、総合的な学習の時間及び特別活動における指導の内容及び時期並びに家庭や地域社会との連携の方法を示すこと。

2 各学校においては、生徒の発達の段階や特性等を踏まえ、指導内容の重点化を図ること。その際、小学校における道徳教育の指導内容を更に発展させ、自立心や自律性を高め、規律ある生活をすること、生命を尊重する心や自らの弱さを克服して気高く生きようとする心を育てること、法やきまりの意義に関する理解を深めること、自らの将来の生き方を考え主体的に社会の形成に参画する意欲と態度を養うこと、伝統と文化を尊重し、それらを育んできた我が国と郷土を愛するとともに、他国を尊重すること、国際社会に生きる日本人としての自覚を身に付けることに留意すること。

3 学校や学級内の人間関係や環境を整えるとともに、職場体験活動やボランティア活動、自然体験活動、地域の行事への参加などの豊かな体験を充実すること。また、道徳教育の指導内容が、生徒の日常生活に生かされるようにすること。その際、いじめの防止や安全の確保等にも資することとなるよう留意すること。

4 学校の道徳教育の全体計画や道徳教育に関する諸活動などの情報を積極的に公表したり、道徳教育の充実のために家庭や地域の人々の積極的な参加や協力を得たりするなど、家庭や地域社会との共通理解を深め、相互の連携を図ること。

中学校学習指導要領（第3章 特別の教科 道徳）
（平成29年3月31日告示）

第1 目 標

第1章総則の第1の2の(2)に示す道徳教育の目標に基づき、よりよく生きるための基盤となる道徳性を養うため、道徳的諸価値についての理解を基に、自己を見つめ、物事を広い視野から多面的・多角的に考え、人間としての生き方についての考えを深める学習を通して、道徳的な判断力、心情、実践意欲と態度を育てる。

第2 内 容 （略）

第3 指導計画の作成と内容の取扱い

1 各学校においては、道徳教育の全体計画に基づき、各教科、総合的な学習の時間及び特別活動との関連を考慮しながら、道徳科の年間指導計画を作成するものとする。なお、作成に当たっては、第2に示す内容項目について、各学年において全て取り上げる

● 資料編

こととする。その際、生徒や学校の実態に応じ、3学年間を見通した重点的な指導や内容項目間の関連を密にした指導、一つの内容項目を複数の時間で扱う指導を取り入れるなどの工夫を行うものとする。

2 第2の内容の指導に当たっては、次の事項に配慮するものとする。

(1) 学級担任の教師が行うことを原則とするが、校長や教頭などの参加、他の教師との協力的な指導などについて工夫し、道徳教育推進教師を中心とした指導体制を充実すること。

(2) 道徳科が学校の教育活動全体を通じて行う道徳教育の要としての役割を果たすことができるよう、計画的・発展的な指導を行うこと。特に、各教科、総合的な学習の時間及び特別活動における道徳教育としては取り扱う機会が十分でない内容項目に関わる指導を補うことや、生徒や学校の実態等を踏まえて指導をより一層深めること、内容項目の相互の関連を捉え直したり発展させたりすることに留意すること。

(3) 生徒が自ら道徳性を養う中で、自らを振り返って成長を実感したり、これからの課題や目標を見付けたりすることができるよう工夫すること。その際、道徳性を養うことの意義について、生徒自らが考え、理解し、主体的に学習に取り組むことができるようにすること。また、発達の段階を考慮し、人間としての弱さを認めながら、それを乗り越えてよりよく生きようとすることのよさについて、教師が生徒と共に考える姿勢を大切にすること。

(4) 生徒が多様な感じ方や考え方に接する中で、考えを深め、判断し、表現する力などを育むことができるよう、自分の考えを基に討論したり書いたりするなどの言語活動を充実すること。その際、様々な価値観について多面的・多角的な視点から振り返って考える機会を設けるとともに、生徒が多様な見方や考え方に接しながら、更に新しい見方や考え方を生み出していくことができるよう留意すること。

(5) 生徒の発達の段階や特性等を考慮し、指導のねらいに即して、問題解決的な学習、道徳的な行為に関する体験的な学習等を適切に取り入れるなど、指導方法を工夫すること。その際、それらの活動を通じて学んだ内容の意義などについて考えることができるようにすること。また、特別活動等における多様な実践活動や体験活動も道徳科の授業に生かすようにすること。

(6) 生徒の発達の段階や特性等を考慮し、第2に示す内容との関連を踏まえつつ、情報モラルに関する指導を充実すること。また、例えば、科学技術の発展と生命倫理との関係や社会の持続可能な発展などの現代的な課題の取扱いにも留意し、身近な社会的課題を自分との関係において考え、その解決に向けて取り組もうとする意欲や態度を育てるよう努めること。なお、多様な見方や考え方のできる事柄について、特定の見方や考え方に偏った指導を行うことのないようにすること。

(7) 道徳科の授業を公開したり、授業の実施や地域教材の開発や活用などに家庭や地域の人々、各分野の専門家等の積極的な参加や協力を得たりするなど、家庭や地域社会との共通理解を深め、相互の連携を図ること。

3 教材については、次の事項に留意するものとする。

(1) 生徒の発達の段階や特性、地域の実情等を考慮し、多様な教材の活用に努めること。特に、生命の尊厳、社会参画、自然、伝統と文化、先人の伝記、スポーツ、情報化への対応等の現代的な課題などを題材とし、生徒が問題意識をもって多面的・多角的に考えたり、感動を覚えたりするような充実した教材の開発や活用を行うこと。

(2) 教材については、教育基本法や学校教育法その他の法令に従い、次の観点に照らし適切と判断されるものであること。

　ア　生徒の発達の段階に即し、ねらいを達成するのにふさわしいものであること。

　イ　人間尊重の精神にかなうものであって、悩みや葛藤等の心の揺れ、人間関係の理解等の課題も含め、生徒が深く考えることができ、人間としてよりよく生きる喜びや勇気を与えられるものであること。

　ウ　多様な見方や考え方のできる事柄を取り扱う

資料編

場合には、特定の見方や考え方に偏った取扱いがなされていないものであること。
4 生徒の学習状況や道徳性に係る成長の様子を継続的に把握し、指導に生かすよう努める必要がある。
ただし、数値などによる評価は行わないものとする。

道徳科における質の高い多様な指導方法について（イメージ）
（道徳教育に係る評価等の在り方に関する専門家会議『「特別の教科 道徳」の指導方法・評価等について（報告）」別紙1 平成28年）

※以下の指導方法は、本専門家会議における事例発表をもとに作成。したがってこれらは多様な指導方法の一例であり、指導方法はこれらに限定されるものではない。道徳科を指導する教員が学習指導要領の改訂の趣旨をしっかり把握した上で、学校の実態、児童生徒の実態を踏まえ、授業の主題やねらいに応じた適切な指導方法を選択することが重要。

※以下の指導方法は、それぞれが独立した指導の「型」を示しているわけではない。それぞれに様々な展開が考えられ、例えば読み物教材を活用しつつ問題解決的な学習を取り入れるなど、それぞれの要素を組み合わせた指導を行うことも考えられる。

		読み物教材の登場人物への自我関与が中心の学習	問題解決的な学習	道徳的行為に関する体験的な学習	
ねらい		教材の登場人物の判断や心情を自分との関わりで多面的・多角的に考えることなどを通して、道徳的諸価値の理解を深める。	問題解決的な学習を通して、道徳的な問題を多面的・多角的に考え、児童生徒一人一人が生きる上で出会う様々な問題や課題を主体的に解決するために必要な資質・能力を養う。	役割演技などの疑似体験的な表現活動を通して、道徳的価値の理解を深め、様々な課題や問題を主体的に解決するために必要な資質・能力を養う。	
		学習指導要領においては、道徳科の目標を「道徳性を養うため、道徳的諸価値についての理解を基に、自己をみつめ、物事を（広い視野から）多面的・多角的に考え、自己（人として）の生き方についての考えを深める学習を通して、道徳的な判断力、心情、実践意欲と態度を育てる」と定めている。この目標をしっかり踏まえたものでなければ道徳科の指導とは言えない。			
具体例	導入	道徳的価値に関する内容の提示 　教師の話や発問を通して、本時に扱う道徳的価値へ方向付ける。	問題の発見や道徳的価値の想起など ・教材や日常生活から道徳的な問題をみつける。 ・自分たちのこれまでの道徳的な問題の捉え方を想起し、道徳的価値の本当の意味や意義への問いを持つ（原理・根拠・適用への問い）。	道徳的価値を実現する行為に関する問題場面の提示など ・教材の中に含まれる道徳的諸価値に関わる葛藤場面を把握する。 ・日常生活で、大切さが分かっていてもなかなか実践できない道徳的行為を想起し、問題意識を持つ。	
	展開	登場人物への自我関与 　教材を読み、登場人物の判断や心情を類推することを通して、道徳的価値を自分との関わりで考える。 【教師の主な発問例】 ・どうして主人公は、○○という行動を取ることができたのだろう（又はできなかったのだろう）。 ・主人公はどういう思いをもって△△という判断をしたのだろう。 ・自分だったら主人公のように考え、行動することができるだろうか。 振り返り 　本時の授業を振り返り、道徳的価値を自分との関係で捉えたり、それらを交流して自分の考えを深めたりする。	問題の探究（道徳的な問題状況の分析・解決策の構想など） ・道徳的な問題について、グループなどで話合い、なぜ問題になっているのか、問題をよりよく解決するためにはどのような行動をとればよいのかなどについて多面的・多角的に考え議論を深める。 ・グループでの話合いなどを通して道徳的問題や道徳的価値について多面的・多角的に考え、議論を深める。 ・道徳的な問題場面に対する解決策を構想し、多面的・多角的に検討する。 【教師の主な発問例】 ・ここでは、何が問題になっていますか。 ・何と何で迷っていますか。 ・なぜ、■■（道徳的諸価値）は大切なのでしょう。 ・どうすれば■■（道徳的諸価値）が実現できるのでしょう。 ・同じ場面に出会ったら自分ならどう行動するでしょう。 ・なぜ、自分はそのように行動するのでしょう。 ・よりよい解決方法にはどのようなものが考えられるでしょう。 探究のまとめ （解決策の選択や決定・諸価値の理解の深化・課題発見） ・問題を解決する上で大切にした道徳的価値について、なぜそれを大切にしたのかなどについて話し合い等を通じて考えを深める。 ・問題場面に対する自分なりの解決策を選択・決定する中で、実現したい道徳的価値の意義や意味への理解を深める。 ・考えた解決策を身近な問題に適用し、自分の考えを再考する。 ・問題の探究を振り返って、新たな問いや自分の課題を導き出す。	道徳的問題場面の把握や考察など ・道徳的行為を実践することは勇気がいることなど、道徳的価値を実践に移すためにどんな心構えや態度が必要かを考える。 ・価値が実現できない状況が含まれた教材で、何が問題になっているかを考える。 問題場面の役割演技や道徳的行為に関する体験的な活動の実施など ・ペアやグループをつくり、実際の問題場面を役割演技で再現し、登場人物の葛藤などを理解する。 ・実際に問題場面を設定し、道徳的行為を体験し、その行為をすることの難しさなどを理解する。 道徳的価値の意味の考察など ・役割演技や道徳的行為を体験したり、それらの様子を見たりしたこととともに、多面的・多角的な視点から問題場面や取り得る行動について考え、道徳的価値の意味や実現するために大切なことを考える。 ・同様の新たな場面を提示して、取りうる行動を再現し、道徳的価値を実現するために大切なことを体感することを通して実生活における問題の解決に見通しをもたせる。	主題やねらいの設定が不十分な単なる生活経験の話合い
		登場人物の心情理解のみの指導			
	終末	まとめ ・教師による説話。 ・本時を振り返り、本時で学習したことを今後どのように生かすことができるかを考える。 ・道徳的諸価値に関する根本的な問いに対し、自分なりの考えをまとめる。 ・感想を聞き合ったり、ワークシートへ記入したりして、学習で気付いたこと、学んだことを振り返る。			
指導方法の効果		・子供たちが読み物教材の登場人物に託して自らの考えや気持ちを素直に語る中で、道徳的価値の理解を図る指導方法として効果的。	・出会った道徳的な問題に対処しようとする資質・能力を養う指導方法として有効。 ・他者と対話や協働しつつ問題解決する中で、新たな価値や考えを発見・創造する可能性。 ・問題の解決を求める探究の先に新たな「問い」が生まれるという問題解決的なプロセス。	・心情と行為とをすり合わせることにより、無意識の行為を意識化することができ、様々な課題や問題を主体的に解決するために必要な資質・能力を養う指導方法として有効。 ・体験的な学習を通して、取り得る行為を考え選択させることで内面も強化していくことが可能。	
		道徳的諸価値に関わる問題について多様な他者と考え、議論する中で、多面的・多角的な見方へと発展し、道徳的諸価値の理解を自分自身との関わりで深めることが可能。			
指導上の留意点		・教師に明確な主題設定がなく、指導観に基づく発問でなければ、「登場人物の心情理解のみの指導」になりかねない。	明確なテーマ設定のもと、 ・多面的・多角的な思考を促す「問い」が設定されているか。 ・上記「問い」の設定を可能とする教材が選択されているか。 ・議論し、探究するプロセスが重視されているか。 といった検討や準備がなければ、単なる「話合い」の時間になりかねない。	明確なテーマのもと ・心情と行為との齟齬や葛藤を意識化させ、多面的・多角的な思考を促す問題場面が設定されているか。 ・上記問題場面の設定を可能とする教材が選択されているか。 といった検討や準備がなければ、主題設定の不十分な生徒・生活指導になりかねない。	
評価		・個人内評価を記述式で行う。 ※児童生徒のよい点を褒めたり、さらなる改善が望まれる点を指摘したりするなど、児童生徒の発達の段階に応じ励ましていく評価。 ・道徳科の学習において、その学習活動を踏まえ、観察や会話、作文やノートなどの記述、質問紙などを通して、例えば、 　○他者の考え方や議論に触れ、自律的に思考する中で、一面的な見方から多面的・多角的な見方へと発展しているか 　○多面的・多角的な思考の中で、道徳的価値の理解を自分自身との関わりの中で深めているか といった点に注目する必要。 ・学習状況や道徳性に係る成長の様子を把握するための工夫が必要。 ・妥当性・信頼性の確保のため組織的な取組が必要。			

225

● 資料編

小中学校の内容項目一覧

（『小(中)学校学習指導要領解説　特別の教科 道徳編』第3章第2節、平成29年6月）

	小学校第1学年及び第2学年（19）	小学校第3学年及び第4学年（20）
A　主として自分自身に関すること		
善悪の判断、自律、自由と責任	(1) よいことと悪いこととの区別をし、よいと思うことを進んで行うこと。	(1) 正しいと判断したことは、自信をもって行うこと。
正直、誠実	(2) うそをついたりごまかしをしたりしないで、素直に伸び伸びと生活すること。	(2) 過ちは素直に改め、正直に明るい心で生活すること。
節度、節制	(3) 健康や安全に気を付け、物や金銭を大切にし、身の回りを整え、わがままをしないで、規則正しい生活をすること。	(3) 自分でできることは自分でやり、安全に気を付け、よく考えて行動し、節度のある生活をすること。
個性の伸長	(4) 自分の特徴に気付くこと。	(4) 自分の特徴に気付き、長所を伸ばすこと。
希望と勇気、努力と強い意志	(5) 自分のやるべき勉強や仕事をしっかり行うこと。	(5) 自分でやろうと決めた目標に向かって、強い意志をもち、粘り強くやり抜くこと。
真理の探究		
B　主として人との関わりに関すること		
親切、思いやり	(6) 身近にいる人に温かい心で接し、親切にすること。	(6) 相手のことを思いやり、進んで親切にすること。
感謝	(7) 家族など日頃世話になっている人々に感謝すること。	(7) 家族など生活を支えてくれている人々や現在の生活を築いてくれた高齢者に、尊敬と感謝の気持ちをもって接すること。
礼儀	(8) 気持ちのよい挨拶、言葉遣い、動作などに心掛けて、明るく接すること。	(8) 礼儀の大切さを知り、誰に対しても真心をもって接すること。
友情、信頼	(9) 友達と仲よくし、助け合うこと。	(9) 友達と互いに理解し、信頼し、助け合うこと。
相互理解、寛容		(10) 自分の考えや意見を相手に伝えるとともに、相手のことを理解し、自分と異なる意見も大切にすること。
C　主として集団や社会との関わりに関すること		
規則の尊重	(10) 約束やきまりを守り、みんなが使う物を大切にすること。	(11) 約束や社会のきまりの意義を理解し、それらを守ること。
公正、公平、社会正義	(11) 自分の好き嫌いにとらわれないで接すること。	(12) 誰に対しても分け隔てをせず、公正、公平な態度で接すること。
勤労、公共の精神	(12) 働くことのよさを知り、みんなのために働くこと。	(13) 働くことの大切さを知り、進んでみんなのために働くこと。
家族愛、家庭生活の充実	(13) 父母、祖父母を敬愛し、進んで家の手伝いなどをして、家族の役に立つこと。	(14) 父母、祖父母を敬愛し、家族みんなで協力し合って楽しい家庭をつくること。
よりよい学校生活、集団生活の充実	(14) 先生を敬愛し、学校の人々に親しんで、学級や学校の生活を楽しくすること。	(15) 先生や学校の人々を敬愛し、みんなで協力し合って楽しい学級や学校をつくること。
伝統と文化の尊重、国や郷土を愛する態度	(15) 我が国や郷土の文化と生活に親しみ、愛着をもつこと。	(16) 我が国や郷土の伝統と文化を大切にし、国や郷土を愛する心をもつこと。
国際理解、国際親善	(16) 他国の人々や文化に親しむこと。	(17) 他国の人々や文化に親しみ、関心をもつこと。
D　主として生命や自然、崇高なものとの関わりに関すること		
生命の尊さ	(17) 生きることのすばらしさを知り、生命を大切にすること。	(18) 生命の尊さを知り、生命あるものを大切にすること。
自然愛護	(18) 身近な自然に親しみ、動植物に優しい心で接すること。	(19) 自然のすばらしさや不思議さを感じ取り、自然や動植物を大切にすること。
感動、畏敬の念	(19) 美しいものに触れ、すがすがしい心をもつこと。	(20) 美しいものや気高いものに感動する心をもつこと。
よりよく生きる喜び		

資料編

小学校第5学年及び第6学年（22）	中学校（22）	
A　主として自分自身に関すること		
(1) 自由を大切にし、自律的に判断し、責任のある行動をすること。	(1) 自律の精神を重んじ、自主的に考え、判断し、誠実に実行してその結果に責任をもつこと。	自主、自律、自由と責任
(2) 誠実に、明るい心で生活すること。		
(3) 安全に気を付けることや、生活習慣の大切さについて理解し、自分の生活を見直し、節度を守り節制に心掛けること。	(2) 望ましい生活習慣を身に付け、心身の健康の増進を図り、節度を守り節制に心掛け、安全で調和のある生活をすること。	節度、節制
(4) 自分の特徴を知って、短所を改め長所を伸ばすこと。	(3) 自己を見つめ、自己の向上を図るとともに、個性を伸ばして充実した生き方を追求すること。	向上心、個性の伸長
(5) より高い目標を立て、希望と勇気をもち、困難があってもくじけずに努力して物事をやり抜くこと。	(4) より高い目標を設定し、その達成を目指し、希望と勇気をもち、困難や失敗を乗り越えて着実にやり遂げること。	希望と勇気、克己と強い意志
(6) 真理を大切にし、物事を探究しようとする心をもつこと。	(5) 真実を大切にし、真理を探究して新しいものを生み出そうと努めること。	真理の探究、創造
B　主として人との関わりに関すること		
(7) 誰に対しても思いやりの心をもち、相手の立場に立って親切にすること。	(6) 思いやりの心をもって人と接するとともに、家族などの支えや多くの人々の善意により日々の生活や現在の自分があることに感謝し、進んでそれに応え、人間愛の精神を深めること。	思いやり、感謝
(8) 日々の生活が家族や過去からの多くの人々の支え合いや助け合いで成り立っていることに感謝し、それに応えること。		
(9) 時と場をわきまえて、礼儀正しく真心をもって接すること。	(7) 礼儀の意義を理解し、時と場に応じた適切な言動をとること。	礼儀
(10) 友達と互いに信頼し、学び合って友情を深め、異性についても理解しながら、人間関係を築いていくこと。	(8) 友情の尊さを理解して心から信頼できる友達をもち、互いに励まし合い、高め合うとともに、異性についての理解を深め、悩みや葛藤も経験しながら人間関係を深めていくこと。	友情、信頼
(11) 自分の考えや意見を相手に伝えるとともに、謙虚な心をもち、広い心で自分と異なる意見や立場を尊重すること。	(9) 自分の考えや意見を相手に伝えるとともに、それぞれの個性や立場を尊重し、いろいろなものの見方や考え方があることを理解し、寛容の心をもって謙虚に他に学び、自らを高めていくこと。	相互理解、寛容
C　主として集団や社会との関わりに関すること		
(12) 法やきまりの意義を理解した上で進んでそれらを守り、自他の権利を大切にし、義務を果たすこと。	(10) 法やきまりの意義を理解し、それらを進んで守るとともに、そのよりよい在り方について考え、自他の権利を大切にし、義務を果たして、規律ある安定した社会の実現に努めること。	遵法精神、公徳心
(13) 誰に対しても差別をすることや偏見をもつことなく、公正、公平な態度で接し、正義の実現に努めること。	(11) 正義と公正さを重んじ、誰に対しても公平に接し、差別や偏見のない社会の実現に努めること。	公正、公平、社会正義
(14) 働くことや社会に奉仕することの充実感を味わうとともに、その意義を理解し、公共のために役に立つことをすること。	(12) 社会参画の意識と社会連帯の自覚を高め、公共の精神をもってよりよい社会の実現に努めること。	社会参画、公共の精神
	(13) 勤労の尊さや意義を理解し、将来の生き方について考えを深め、勤労を通じて社会に貢献すること。	勤労
(15) 父母、祖父母を敬愛し、家族の幸せを求めて、進んで役に立つことをすること。	(14) 父母、祖父母を敬愛し、家族の一員としての自覚をもって充実した家庭生活を築くこと。	家族愛、家族生活の充実
(16) 先生や学校の人々を敬愛し、みんなで協力し合ってよりよい学級や学校をつくるとともに、様々な集団の中での自分の役割を自覚して集団生活の充実に努めること。	(15) 教師や学校の人々を敬愛し、学級や学校の一員としての自覚をもち、協力し合ってよりよい校風をつくるとともに、様々な集団の意義や集団の中での自分の役割と責任を自覚して集団生活の充実に努めること。	よりよい学校生活、集団生活の充実
(17) 我が国や郷土の伝統と文化を大切にし、先人の努力を知り、国や郷土を愛する心をもつこと。	(16) 郷土の伝統と文化を大切にし、社会に尽くした先人や高齢者に尊敬の念を深め、地域社会の一員としての自覚をもって郷土を愛し、進んで郷土の発展に努めること。	郷土の伝統と文化の尊重、郷土を愛する態度
	(17) 優れた伝統の継承と新しい文化の創造に貢献するとともに、日本人としての自覚をもって国を愛し、国家及び社会の形成者として、その発展に努めること。	我が国の伝統と文化の尊重、国を愛する態度
(18) 他国の人々や文化について理解し、日本人としての自覚をもって国際親善に努めること。	(18) 世界の中の日本人としての自覚をもち、他国を尊重し、国際的視野に立って、世界の平和と人類の発展に寄与すること。	国際理解、国際貢献
D　主として生命や自然、崇高なものとの関わりに関すること		
(19) 生命が多くの生命のつながりの中にあるかけがえのないものであることを理解し、生命を尊重すること。	(19) 生命の尊さについて、その連続性や有限性なども含めて理解し、かけがえのない生命を尊重すること。	生命の尊さ
(20) 自然の偉大さを知り、自然環境を大切にすること。	(20) 自然の崇高さを知り、自然環境を大切にすることの意義を理解し、進んで自然の愛護に努めること。	自然愛護
(21) 美しいものや気高いものに感動する心や人間の力を超えたものに対する畏敬の念をもつこと。	(21) 美しいものや気高いものに感動する心をもち、人間の力を超えたものに対する畏敬の念を深めること。	感動、畏敬の念
(22) よりよく生きようとする人間の強さや気高さを理解し、人間として生きる喜びを感じること。	(22) 人間には自らの弱さや醜さを克服する強さや気高く生きようとする心があることを理解し、人間として生きることに喜びを見いだすこと。	よりよく生きる喜び

227

索 引

【あ行】

新しい時代を拓く心を育てるために―次世代を育てる心を失う危機― 33
アフォーダンス 9
天野貞祐 25
アリストテレス 4
生きる力 61, 114
いじめ 10
いじめ防止対策推進法 200, 204
一般社会 107
井上毅 18
インカルケーション 28
内村鑑三 19
栄養教諭 116
エピソード 91
小原國芳 20

【か行】

学習指導案 100, 118, 126, 133, 136, 146, 150, 152, 182
学習指導過程 95, 100, 120, 122, 141, 147, 154
核心的価値 40
学制 16, 114
隠れたカリキュラム 111
価値の一般化 26
価値の明確化 5, 6
学校教育における道徳教育の充実方策について 26
学校教育法 70, 106
学校における道徳教育の充実方策について 32
考え、議論する道徳 167
環境教育 56
カント 3, 4
期待される人間像 32
基本発問 126, 155
義務教育諸学校教科用図書検定基準 70

教育勅語（教育ニ関スル勅語） 18, 20, 24
教育改革国民会議 33
教育基本法 58, 106
教育再生実行会議 34
「教育と宗教」論争 19
教学聖旨 17
教科書 70
教科書検定制度 70
教材観 142
教師の説話 145
グローバル化 54
グローバル社会 54
ケア（リング） 11
劇化 133
言語能力 210
現代社会 107
検定教科書 70
構成的グループエンカウンター 5, 180, 182
行動の記録 177
公民教育 44, 106
心のノート 33
個人内評価 90
コールバーグ 4, 8, 11, 28, 184
コンピテンシー 48, 52

【さ行】

澤柳政太郎 20
三教科停止指令 24
自己内対話 135
自己評価 91, 149
視聴覚教材 160, 172
実践意欲 141
シティズンシップ教育 42, 44
児童観 143
指導と評価の一体化 90
指導要録 149
市民性教育 46, 49
社会 107

社会規範 12
社会生活 50
宗教教育 42
修身 50
修身科 19, 20
終末 144
主題 143
宗派教育 46
小学校教則大綱 19, 22
情報活用能力 210
情報モラル 210, 214
食育 116
食育基本法 116
人格教育 40
新教育 21
人権 30
人権教育 30
心情 141
心情主義 158
心情理解 138
真正の評価 91
人物主義 22
進歩主義 6, 28
心理劇 132
数値などによる評価 90
性同一性障害者の性別の取扱いの特例に関する法律 110
生徒観 147, 152
生徒指導 80
全体計画 77, 92, 102, 118, 140
操作 23
総合的な学習の時間 76
ソクラテス 4
ソーシャルスキルトレーニング 188

【た行】

体験活動 134, 135, 196, 198
体験的な学習 87, 101
態度 141

索 引

中核価値（Core Values） 52
中心発問 126, 137, 155
注入主義 6
通知表 149
ティームティーチング 132
デューイ 4
展開 144
伝記教材 145
動作化 133
道徳教育推進教師 33, 61, 68, 92, 103, 125
道徳的価値 5, 6, 11, 20, 27, 75, 76, 80, 86, 95, 100, 103, 120, 130, 134, 138, 147, 150, 152, 154, 168, 183, 197
道徳的習慣 176
道徳的判断 167
道徳的判断力 127, 141
道徳に係る教育課程の改善等について 35, 62
道徳の時間 25, 26, 60, 62
道徳の指導資料 26, 32
導入 144
同和問題 30
特別活動 74, 81, 135
特別支援学校 113
特別の教科である道徳 35, 62
特別の教科 道徳 34, 71
徳目 6, 11, 27
徳目主義 6, 21, 22
徳目表 21
トマジウス 3

【な行】

日教組 25
年間指導計画 67, 77, 86, 94, 100, 118, 140, 146, 150, 152
野村芳兵衛 21

【は行】

発問 126, 137
パフォーマンス評価 41, 91, 177
反共教育 50
反共・道徳生活 50
板書計画 147
ピアジェ 8
評価 139
評価の視点 149
ブル 8
ヘーゲル 3
放課後子どもプラン 115
方法観 143
補助発問 126, 155
ポートフォリオ 138, 177
ポートフォリオ評価 41, 91
本質主義 6, 28
本時のねらい 140

【ま行】

村井実 5
元田永孚 17
モラルジレンマ 28, 184, 186
モラルジレンマ授業 5, 208
モラルスキル学習 188
モラルスキルトレーニング 5
問題解決的な学習 87, 101, 153, 176
問題発見・解決能力 210

【や行】

薬物乱用防止教育 78
役割演技 121, 132, 197
読み物教材 157, 160

【ら行】

ライシテ 46
臨時教育審議会 32, 54
ロールプレイ 132

【わ行】

ワークシート 138

【A－Z】

ESD 55, 56
ICT 128, 214

[編著者紹介]

貝塚　茂樹（武蔵野大学教授）
1963年茨城県生まれ。筑波大学大学院博士課程単位取得退学。博士（教育学）。国立教育政策研究所主任研究官等を経て現職。日本道徳教育学会理事。中央教育審議会専門委員（初等中等教育分科会）。主な著書に『戦後教育改革と道徳教育問題』（日本図書センター）、『教えることのすすめ』（明治図書）、『戦後道徳教育の再考』『道徳の教科化』（文化書房博文社）など。

関根　明伸（国士舘大学准教授）
1964年福島県生まれ。韓国・高麗大学校教育大学院修士課程修了、東北大学大学院博士後期課程修了。博士（教育学）。郡山女子大学講師を経て現職。文部科学省教科用図書検定調査審議会臨時委員。主な著書に『自ら学ぶ道徳教育』（共著、保育社）、『道徳の時代がきた！』（共著、教育出版）、『道徳の時代をつくる！』（共著、教育出版）など。

道徳教育を学ぶための重要項目100

2016年2月18日　初版第1刷発行
2018年2月3日　初版第3刷発行

編著者　貝塚茂樹
　　　　関根明伸
発行者　伊東千尋
発行所　教育出版株式会社
〒101-0051　東京都千代田区神田神保町2-10
電話 03-3238-6965　振替 00190-1-107340

©S. Kaizuka / A. Sekine　2016
Printed in Japan
落丁・乱丁はお取替いたします。

組版　ピーアンドエー
印刷　モリモト印刷
製本　上島製本

ISBN978-4-316-80432-3　C3037